宋亚平 主编

湖北农业农村改革开放40年丛书
1978-2018

改革开放40年
湖北农民群体研究

GAIGE KAIFANG 40 NIAN:
HUBEI NONGMIN QUNTI YANJIU

林曾 王晓磊 李梦竹 ○ 著

中国社会科学出版社

图书在版编目（CIP）数据

改革开放 40 年：湖北农民群体研究／林曾，王晓磊，李梦竹著.
—北京：中国社会科学出版社，2018.12
（湖北农业农村改革开放 40 年（1978－2018）丛书／宋亚平主编）
ISBN 978－7－5203－3150－0

Ⅰ.①改… Ⅱ.①林…②王…③李… Ⅲ.①农民—生活状况—
研究—湖北 Ⅳ.①D422.7

中国版本图书馆 CIP 数据核字（2018）第 209574 号

出 版 人　赵剑英
责任编辑　赵　丽
责任校对　郝阳洋
责任印制　王　超

出　　　版　中国社会科学出版社
社　　　址　北京鼓楼西大街甲 158 号
邮　　　编　100720
网　　　址　http://www.csspw.cn
发 行 部　010－84083685
门 市 部　010－84029450
经　　　销　新华书店及其他书店
印　　　刷　北京明恒达印务有限公司
装　　　订　廊坊市广阳区广增装订厂
版　　　次　2018 年 12 月第 1 版
印　　　次　2018 年 12 月第 1 次印刷
开　　　本　710×1000　1/16
印　　　张　21
字　　　数　338 千字
定　　　价　89.00 元

湖北农业农村改革开放 40 年
（1978—2018）丛书

编 委 会 （按姓氏笔画为序）

孔祥智　杨述明　肖伏清　宋洪远　邹进泰

张忠家　张晓山　陈池波　郑风田　项继权

赵凌云　贺雪峰　袁北星　党国英　钱远坤

徐　勇　徐祥临　覃道明　潘　维　魏后凯

主　　编　宋亚平

学术秘书　王金华

序

2018 年是中国改革开放 40 周年。40 年前，党的十一届三中全会作出了把全党工作的重点转移到社会主义现代化建设上来，实行改革开放的伟大决策。40 年来，我国农村一直昂首阔步地站在改革前列，承载着重大的历史使命。农业农村持续 40 年的变革和实践，激发了亿万农民群众的创新活力，带来了我国农村翻天覆地的巨大变化，为我国改革开放和社会主义现代化建设作出了重大贡献。

湖北是全国重要的农业大省，资源丰富，自古就有"湖广熟、天下足"之美誉。改革开放 40 年来，在党中央、国务院的正确领导下，历届湖北省委、省政府高度重视"三农"工作，始终把"三农"工作放在重中之重的位置，坚定不移深化农村改革，坚定不移加快农村发展，坚定不移维护农村和谐稳定，带领全省人民发扬改革创新精神，不断开拓进取、大胆实践、求真务实、砥砺奋进，围绕"推进农业强省建设，加快推进农业农村现代化"，作出了不懈探索与实践，取得了令人瞩目的成就。特别是党的十八大以来，农业农村发展更是取得了历史性的成就。

2017 年，湖北粮食再获丰收，属历史第三高产年，粮食总产连续五年稳定在 500 亿斤以上，为保障国家粮食安全作出了积极贡献。农村常住居民人均可支配收入达到 13812 元，高于全国平均水平。城乡居民收入差距比 2.31：1，明显低于全国的 2.71：1。全省村村通电话、有线电视、宽带比例分别达到 100%、90%、95.5%。全省农村公路总里程达到 23.6 万公里。从无到有、从有到好，公办幼儿园实现乡镇全覆盖，义务教育"两免一补"政策实现城乡全覆盖，社会保障制度实现了由主要面向城市、面向职工，扩大到城乡、覆盖到全民。2012—2017 年，全省 541.7 万人摘掉贫困帽子。

知史以明鉴，查古以知今。回顾过去 40 年湖北农业农村发展之所以能取得如此巨大的成就，最根本的是始终坚持了一面旗帜、一条道路，不断解放思想、实事求是、与时俱进，把中央各项大政方针和湖北的具体实际紧密结合起来，创造性开展各项"三农"工作的结果。改革开放 40 周年之际，《湖北农业农村改革开放 40 年（1978—2018）》这套丛书的编写出版，所形成的研究成果是对改革开放 40 年来湖北农业农村工作的全面展示。其从理论与实践相结合的高度，全景式展示了湖北农业农村发展所取得的辉煌成就与宝贵经验，真实客观记述了湖北农业农村改革开放 40 年走过的波澜壮阔的历程，深入分析了改革开放实践中出现的新问题、新情况，而且在一定的理论高度上进行了科学的概括和提炼，对今后湖北农业农村的改革和发展进行了前瞻性、战略性展望，并提出一些有益思路和政策建议，这对深入贯彻党的十八大、十九大精神，进一步深化农业农村改革，在新的起点开创农业农村发展新局面，谱写乡村振兴新篇章，朝着"建成支点、走在前列"的奋斗目标不断迈进，更加奋发有为地推进湖北省改革开放和社会主义现代化建设，都有着积极的作用。

作为长期关注农业农村问题，从事社会科学研究的学者，我认为这套丛书的编写出版很有意义，是一件值得庆贺的事。寄望这套丛书的编写出版能为湖北省各级决策者科学决策、精准施策，指导农业农村工作提供有益帮助，为广大理论与实践工作者共商荆楚"三农"发展大计，推动湖北农业全面升级、农村全面进步、农民全面发展提供借鉴。

2018.9.12

湖北农业农村改革开放 40 年
（1978—2018）丛书简介

2016 年 8 月，经由当时分管农业的湖北省人民政府副省长任振鹤同志建议，湖北省委、省政府主要领导给湖北省社会科学院下达了组织湖北省"三农"学界力量，系统回顾和深入研究"湖北农业农村改革开放40 年（1978—2018）"的重大任务，以向湖北省改革开放 40 年献上一份厚礼。

根据任务要求，湖北省社会科学院组织由张晓山、徐勇等全国"三农"著名专家组成的编委会，经过精心构思，确定了包括总论（光辉历程）、农业发展、农村社会治理、农民群体、城乡一体、公共服务、集体经济、土地制度、财税金融、扶贫攻坚、小康评估在内的 11 个专题，共同构成本丛书的主要内容。丛书作者分别来自湖北省社会科学院、武汉大学、华中科技大学、华中师范大学、华中农业大学、中南财经政法大学、湖北经济学院等高等院校。

本丛书立足现实、回望历史、展望未来，系统地回顾和总结了改革开放以来湖北省农业农村改革、创新与发展的历程，取得的成就、经验以及存在的不足，并从理论和实践相结合的高度，提出一系列切合湖北实际，具有前瞻性、指导性和可操作性的对策建议。所形成的研究成果兼具文献珍藏价值、学术价值和应用价值，是一幅全景展示湖北省农业农村改革 40 年光辉历程、伟大成就、宝贵经验的珍贵历史画卷。

目　　录

第 一 章

总　论

两湖熟，天下足。不管谚语中的两湖是指洞庭湖和鄱阳湖还是湖南和湖北，它都或多或少印证了湖北农业在全国举足轻重的地位。耕作在湖北这片土地上的农民群体因而具有很强的国家代表性。众所周知，中国的改革开放是从农村包产到户开始的。正如中国共产党领导的新民主主义革命一样，它开始走的是一条农村包围城市的道路。改革开放40年，中国的现代化建设突飞猛进，一跃成为全球的第二大经济体。湖北的农民群体在城市化浪潮的冲击下经历了翻天覆地的变化。农民群体作为农业剩余劳动力走出乡村，形成浩浩荡荡的农民工大军，为中国的现代化建设、城市化建设做出了重大的贡献。然而，青壮年的离乡背井使乡村成为儿童、妇女和老人的留守地。在某种意义上，城市的疯狂扩张引发了农村的快速衰败，湖北的农民作为一个群体产生了巨大的身份认同分化。争论中的集约农业、资本下乡、金融扶贫形成了一个与改革开放初期改革相反的方向，那就是城市向农村延伸，城市管理农村。传统的湖北农民群体，和整个中国社会的转型一起，正在人们的视野中淡化，在城市化浪潮中重生。

第一节　背景及意义

一　背景

改革开放至今，农民群体为中国的发展做出巨大的贡献。在不同的历史时期，农民群体皆以无可取代的重要性在人们心目中留下不可磨灭的印记。本书以湖北农民群体为研究对象，在详尽把握时代背景的前提下，通过对湖北农民群体改革开放 40 年来所作所为的梳理，力图向世人呈现全面且完整的湖北农民群体面貌，充分展现湖北农民群体的价值与意义。

（一）改革开放与湖北农民群体

1978 年，党的十一届三中全会的顺利召开使改革开放的方针路线得以确立，改革由此展开。随着制约农民发展的人民公社制度、统包统配就业制度等不合理制度逐渐被废除，农民群体在中国政治、经济、文化、社会等领域的作用与影响力日趋显著。湖北农民群体作为全国农民群体的重要组成部分，顺应时代的潮流，尽情演绎着人生的精彩。

1. 政治：践行社会主义民主

依据马克思主义、恩格斯的经济基础与上层建筑理论中经济基础决定上层建筑，上层建筑跟随经济基础的变化而变化。1978 年，家庭联产承包责任制的实施，使得原先由政社合一的公社组织所掌握的生产经营权开始放回到农民。而后 1987 年全国人大常委会通过的《中华人民共和国村民委员会组织法（试行）》更是促使以基层村民委员会为核心的政治管理方式逐步取代原有的以人民公社生产队为核心的政治管理方式。尽管农民可以自主生产与经营，享有独立的利益，但其生存与发展仍然离不开农村的支持和保障。农村与农民是利益相关体，农村集体事务的管理情况直接影响农民的切身利益。为保障湖北农民的切身利益，湖北省政府在 2002 年出台《湖北省村务公开实施办法》。而农村集体事务的管理主要依托村委会中的村干部，村干部手中权力运用的正确与否至关重要。基于此，湖北省纪委、省委组织部、省民政厅、省财政厅、省农业厅于 2009 年联合印发《湖北省村务公开目录（试行）》，制定市县一级村务公开民主管理制度。湖北农民经济的不断发展使得原本就具有政治诉求的湖北农民在政治参与方面的呼声越发响亮，对于自己政治权利的有效表达越来越在意。

村民自治是指在遵循村民自治法相关规定的基础上，结合当地实际，由村民充分发挥自主意识，积极参与本村的生产生活并管理本村事务，从而更好地维护自己的权益。1982 年，新修订的《中华人民共和国宪法》规定了"村民委员会是基层群众性自治组织"，村民自治开始崭露头角。为进一步推进湖北村民自治的发展，湖北省民政局于 1983 年出台《关于全省农村基层政权和基层组织建设的意见（讨论稿）》，直接提出农村应按居住地设立村民委员会。至1985年，湖北省实现全省普遍建立村民委员会。[①] 在结合湖北省实际的基础上，湖北省又于1988年印发《关于贯彻执行〈中华人民共和国村民委员会组织法（试行）〉》，并于1990年在全省开展村民自治试点工作。

　　1997年，党的十五大报告首次提出"四个民主"，即"实行民主选举、民主决策、民主管理和民主监督"，[②] 村民自治自身的运行机制由此组建完整。首先，民主选举为农民提供选择机会，意味着农民可以选择能够维护他们切身利益并深得民心的基层干部。1999年，湖北省九届人大常委会第七次会议通过《湖北省村民委员会选举办法》，使得本省的民主选举更加规范化与程序化。其次，民主决策为农民提供决策机会，在涉及村民利益的重要问题出现时，农民可以充分表达自己的意见。湖北省各地普遍建立了以村民会议和村民代表会议为主要载体的民主决策组织形式，部分地区还独创"村务大事村民公决"等办法，有效保障湖北农民的决策权。再次，民主管理为农民提供管理机会，让农民可以参与有关自身利益事务、集体经济行为等管理。湖北省以2004年的《中共中央办公厅　国务院办公厅关于健全和完善村务公开和民主管理制度的意见》为指导，逐步建立村务民主管理长效机制。最后，民主监督则为农民提供监督机会，监督村干部为农民办实事、谋实利。湖北省在规范民主监督的同时，不断加大督查力度，力保村民监督权的有效行使。湖北农民群体以切身实践不断完善村民自治的方式，从而创新中国基层政治民主形式。2007年，中国共产党第十七次全国代表大会更是宣告首次将基层群众自治制度纳入中国特色社会主义政治制度的范围。综观全局，我们会发现中国社会主义民主政治的改革发展步伐永不停歇，而湖北农民群体作为社会主义民主政治的重要实践者，将持续发挥无可取代的作用。本书希望通过对湖北农民群体的研究，了解并试图解决改革

---

　　① 谢松保：《基层民主不断发展　村民自治不断完善——60年湖北农村基层民主政治建设的回顾与思考》，《政策》2009年第10期。

　　② 中共中央文献研究室：《十五大以来重要文献选编》（上），中央文献出版社2000年版，第31页。

开放以来湖北农民群体在社会主义民主政治实践过程中遇到的问题，不断促进改革开放在社会主义民主政治中的作用发挥，帮助湖北农民群体持续深入践行社会主义民主政治，从而推动中国社会主义民主政治稳步发展。

2. 经济：推动国民经济发展

改革开放前，由人民公社化运动掀起的公社化体制实行统一生产、统一核算和统一分配，追求绝对的公有制。该体制严重打击农民的生产积极性，阻碍农村经济的发展。随着农村人口的增多与土地资源的日益减少，人地矛盾愈演愈烈。自然灾害的频繁出现，导致原本就难以满足农民生活需求的农业生产减产，农民面临的生活压力日趋沉重。再加上当时实行工农产品价格剪刀差政策，政府以行政手段管理农民，导致农民无法充分进入商品经济与市场机制，农村经济发展步履维艰。

改革开放后，家庭联产承包责任制的出现打破原有的高度集中计划管理模式，农民获得独立的生产经营权，农民可以独立自主地按照自己的意愿进行生产经营。它是一种产权相分离的土地经营模式，在不改变土地的集体所有制的前提下，于生产经营上实行承包自主经营模式，充分调动农民的生产积极性，带动农村经济发展。尤其是在农业生产方面，家庭联产承包责任制的实行使得湖北农民积极进行农业生产，湖北省粮食产量总体呈现波动增长趋势。《湖北统计年鉴 2017》显示，1978年湖北省粮食产量为 1725.6 万吨，2016 年湖北省粮食产量为 2554.11万吨，是 1978 年的 1.48 倍；人均粮食占有量从 1978 年的 379 千克增长至 2016 年的 434 千克，增长了 14.5%。[①] 粮食作为一种战略物资，关系着湖北省发展大计。粮食产量的增加，一方面使湖北省的粮食安全得到保证，为湖北国民经济的发展提供基本物质保障；另一方面也为国家的粮食安全奠定坚实的基础，为国家的平稳运行贡献自己的一分力量。

除却家庭联产承包责任制，改革开放后的农村经济体制改革也极大地推动了农村经济发展，特别是国家在税收、贷款、经营范围等方面的

---

① 《湖北统计年鉴 2017》，湖北省统计局，http：//www.stats-hb.gov.cn/info/iIndex.jsp?cat_id=10055。

政策放宽与政策扶植，在减轻农民负担的同时推动农村工业迅速成长起来。基于国家税收政策的指导，结合湖北省税收的实际状况，湖北省先后采取一系列措施来减轻农民负担。1979 年，湖北省革命委员会发出《关于实行农业税起征点办法的通知》，提高农业税起征点的同时针对存在的特殊情况实行税收免征或税收减征。1985 年中共湖北省委、湖北省人民政府颁布《关于减轻农民负担问题的若干规定》，为减轻农民负担提供法律保障。为了推动农村工业成长，中共中央、国务院在 1984 年转发的《关于开创社队企业新局面的报告》通知中，正式将社队企业、部分社员联营的合作企业、其他形式的合作工业和个体企业改称为乡镇企业，标志着乡镇企业正式登上历史舞台。湖北省委、省政府也在《关于贯彻落实中央〔1984〕1 号文件若干经济政策问题的决定》中指出要大力支持乡镇企业发展，促使其能有所作为。而后乡镇企业作为中国农村工业的主要形式，逐渐成为农村经济的主体，在为农村经济的繁荣提供大量资金支持的同时解决农村劳动力剩余问题，促进农村社会稳定。乡镇企业的迅速发展加快了湖北农业现代化进程，在提高农民收入的基础上推动湖北农村城镇化，促进城乡协调发展，并作为税收的重要贡献者来为湖北国民经济的健康发展助力加油。伴随改革开放的不断深入，城乡管理体制不断变革，农村劳动力外出就业环境逐渐改善，大量农村劳动力进城就业，为湖北城市各方面良好建设提供充足且廉价的人力保障。除此之外，农村劳动力的流动在增加农民收入的同时实现劳动力资源在城乡之间的合理有效配置，提高生产效率。无论是农闲进城务工、农忙回村务农的短期流动还是农民工常年的长期流动，农村流动劳动力对湖北城市化建设以及农村农业发展都起到相当程度的推动作用。当农民因就业环境等外部环境改善实现收入增长时，农民消费自然而然与之同步。消费作为拉动国民经济增长的三驾马车之一，特别是 2008 年国际金融危机后，投资与出口呈现出疲弱的状态，消费的增加对于国民经济发展的拉动效用越发显著。《湖北统计年鉴 2017》显示，最终消费支出对湖北省生产总值增长的贡献率从 2008 年的 35.5% 波动上升至 2016 年的 59.8%。① 值得一

① 《湖北统计年鉴 2017》，湖北省统计局，http://www.stats-hb.gov.cn/info/iIndex.jsp?cat_id=10055。

提的是农民消费的增加,虽然与城市人群消费能力相比,农民的消费能力仍相对薄弱且农村消费市场相对欠发达,但农民消费水平的逐步提高以及从生存资料消费向发展资料消费的转变能够不断优化湖北省居民消费结构,推动湖北经济良性增长。因此,充分认知农民群体对湖北国民经济发展的重要性,积极发挥其效能是深化湖北国民经济改革、实现湖北国民经济健康快速发展的重要保障。

3. 文化:传承发展农村文化

众所周知,政治、经济和文化三者之间有着密不可分的联系。其中经济作为基础,政治是经济的集中表现,文化则是政治和经济的反映,一定的文化由一定的政治、经济所决定。改革开放以来,随着国民经济的快速发展和社会主义民主政治的不断革新,作为二者反映的文化日趋受到广泛关注,尤其农村文化建设更是引起党和国家高度重视。先是1997 年的中国共产党第十五次全国代表大会明确将中国特色社会主义文化建设作为社会主义初级阶段的三大基本纲领之一,再到 2005 年中共中央办公厅、国务院办公厅联合颁布的《关于进一步加强农村文化建设的意见》,充分证明国家已经从发展战略的高度来推动农村文化建设。为加强湖北农村文化建设、推动湖北农村文化发展,湖北省人民政府分别于2007 年发布《关于实施"农家书屋"工程的意见》、2009 年发布《中共湖北省委湖北省人民政府关于推动文化大发展大繁荣的若干意见》。市场经济的盛行虽然会诱发拜金主义、利己主义等一些不合理的价值观与意识形态,使湖北农村文化的发展面临不小的挑战,但它更多的是在传播科学、开放的新思想,促使农民科学文化知识、市场经济意识以及法律意识等不断提升。市场经济的发展直接导致湖北传统的小农经济逐渐衰弱,原本的小农意识也随着小农经济的衰弱而不断弱化,商品意识与市场观念相反则日渐增强,农民思想逐渐开始改变。原有的传统文化已经无法满足湖北农民的需求,湖北农民迫切需要文化创新发展以满足自身需求,农村文化建设也蓄势待发。

2011 年,中国共产党十七届六中全会《关于深化文化体制改革推动社会主义文化大发展大繁荣若干重大问题的决定》确立深化文化体制改革,并且指明推动社会主义文化大发展大繁荣的方向。农村文化建设作为社会主义文化的重要组成部分,其发展状况直接影响着社会主义文化的发展。而农民作为农村文化建设的主力军，在保护和传承农村传统文化的同时更进行着农村文化的创造，对农村文化的建设有着不可取代的作用。基于文化自身具有传承性与连续性的特点以及农村文化与农民生活息息相关的前提，农民作为农村文化的重要承载体坚持以政府为主导、农村文化工作者为重要力量、农村文化体制为保障，逐步养成文化自觉，于日常生活中自觉传承保护优秀的农村文化。由于湖北农村经济的发展，城乡之间联系越发密切，城市的先进文化跟随商品一同流入农村，在冲击农村文化的同时为农村文化创新发展提供借鉴榜样。尤其是 2014 年湖北省政府出台《关于深入推进全省乡村社区广场文化建设的通知》后，湖北农民不断接纳学习城市先进文化，并将其与现实农村生活相结合，开展丰富多彩的活动，传播自身喜闻乐见的文化。不仅如此，湖北各地区农民还以传统文化为基础，不断挖掘农村优秀民间文化资源，在整理保护的前提下加大开放力度，逐渐实现湖北农村文化的发展创新。文化的变动影响着政治、经济的发展，湖北农村文化的发展直接促进湖北农民文化水平的提升。尤其是权利意识和参与意识的提升，湖北农民逐渐参与政治生活，进行政治表达，促使政治文化繁荣并加速湖北农民市民化进程。此外，湖北农村文化的传承与创新还促使区域特色文化的出现，形成恩施旅游经济带等农村旅游经济带，带动农村经济发展。因此，无论是农村文化的传承还是农村文化的创新发展，都离不开农民群体的切实推动。借由对湖北农民群体的研究，尝试探寻激发农民文化活力的途径，促使湖北农民群体将农村文化建设内化成自觉行动，从而加快湖北农村文化传承与发展的步伐。

4. 社会：促进农村社会建设

改革开放以来，建设社会主义新农村成为我党战略发展目标之一。2005 年，党的十六届五中全会明确指出社会建设作为社会主义新农村建设的重要组成部分，农村社会建设决定着农民的生存和发展环境以及农村的改革开放。2017 年，中国共产党第十九次全国代表大会更是提出实施乡村振兴新战略，加快建设"产业兴旺、生态宜居、乡风文明、治理有效、生活富裕"的乡村。

诚如"水能载舟亦能覆舟"，农民的生存发展环境情况在影响农民的安定与否的同时直接影响着国家根基的稳定。此外，农村社会建设占据整个社会建设的重要地位，对于社会的平稳发展有着举足轻重的意义。湖北农村经济借助改革开放浪潮迅猛发展时，其农村社会建设却没有跟上经济发展的脚步。农村社会建设出现滞后现象，农村基础设施简陋，公共服务缺失。再加上城乡二元结构，农村劳动力向城市流动导致农村留守儿童、留守妇女和留守老人逐年增多，他们基本生活存在的许多困难也加速凸显农村社会建设的重要性。因此，湖北农村社会建设面临着公共服务事业发展缓慢、社会保障体系不完备、教育落后以及农民现代化转变困难等诸多问题，农村社会建设亟待加强。

伴随着党和国家高度重视农村社会建设，湖北省于 2007 年发布《关于大力发展现代农业扎实推进社会主义新农村建设的意见》，将"三农"问题纳入全省战略发展视野，明确社会建设的重要地位。同时，湖北省将党的十九大报告中提出的乡村振兴战略作为"三农"工作的重要指导方针，合理有效地开展农村社会建设。基于农民自身素质的提高与思想观念的更新，农民逐渐成为湖北农村社会建设的主力军，并以其自身的主体地位在农村社会建设中发挥着无可替代的效能。在农村社区公共服务建设方面，农民参与修水泥村路等基础交通设施建设，同时注重社区综合配套设施建设与文娱设施建设以满足自身多种需求。在农村社会保障体系建设方面，一方面，农民对政府相关保障政策表示认可，奠定农村社会保障体系运行的基础；另一方面，农村认同并拥护农村社会保障体系的基本内容，为农村社会保障体系运行提供动力。在农村教育方面，随着 2006 年《中华人民共和国义务教育法》的实行以及 2014 年湖北省《关于进一步规范农村义务教育学校布局调整工作的通知》的发布，湖北省九年义务教育不断全面铺开。再加上湖北农民逐步认识到教育对于一个人的成长发展起着至关重要的作用，他们开始支持鼓励自己的下一代接受教育。与往昔"男童读书、女童不读"的情况不同，由于改革开放带来的思想解放，男女平等观念逐渐深入人心，越来越多的湖北农民开始让女童接受教育，教育不平等现象也得到相应减弱。除此之外，湖北农民还支持职业教育的发展，愿意让自己的子女从事技工类职业，在缓解因基础技术人才匮乏而无法满足社会主义现代化建设需要困难的同时减弱贫穷的代际传递。在农民现代化方面，作为农村社会建设的主要参与者与最终获益者，湖北农民以实际经验与切身感受帮助党和政府完善"三农"政策，解决"三农"难题，从而实现农民现代化转变。此外，农村社会组织也作为湖北农民参与农村社会建设的重要手段，在弥补政府提供公共服务不足的同时调解村民之间的矛盾与问题，促进农村社会稳定。湖北农民一直默默地参与农村社会建设，依靠自己的力量为农村社会建设添砖加瓦。但随着中国快速发展时代背景下的社会稳定的重要性越发凸显，而农村社会建设作为中国社会稳定的关键性因素，加强农村社会建设以促进社会稳定变得越来越重要。正因如此，农民群体作为农村社会建设的主体之一不得不以实际行动来回应现实的客观需要，农民更好地参与农村社会建设已经成为发展农村社会建设的现实要求。

（二）湖北城镇化与农民群体

城镇化作为社会发展的必然趋势，是中国在实现工业化与现代化过程的必经之路，也是实现农村工业化与现代化的现实选择。改革开放后，中国的城镇化共经历三个阶段，1978—1985 年的启动阶段、1986—1995年的缓慢增长阶段以及 1996 年至今的加速发展阶段。伴随城镇化的稳步推进，城市布局日趋完善，大中小城市和小城镇体系基本形成，城镇集群也逐步形成。城镇建设也取得明显成效，城镇基础设施与公共服务设施不断完善，城镇居民生活水平稳步提升，幸福指数与日俱增。一方面，人口随着城镇化的推进不断向城镇转移，城镇第二、第三产业得到迅速发展的同时，促使生产要素高度集聚与经济要素配置逐步优化，催生强烈的基础设施投资需求和消费需求，从而带动城镇经济发展。另一方面，城镇化的推进带动城镇各项社会事业迅速发展，基本公共服务得以不断推广，满足人们就业、住房、社会保障等民生需求，广大群众得以共享改革发展的成果。然而，随着城镇化进程的不断推进，中国的城镇化逐渐出现地区城镇化水平差异明显、城镇化进程迟缓、发展模式凸显粗放型、城市管理水平低下以及城乡二元体制未变革等难题。此外，城镇化更是给广大农民的生活带来前所未有的影响。由于城镇化的推行，城市良好的基础设施、完善的社会保障以及发达的经济条件吸引着大量农民离村入城务工。与美好预期不同的是，由于户籍、文化水平、技术素养等方面的限制，入城务工的农民经济收入提升甚微，医疗条件、教育条件以及生活条件等方面并没有得到有效改善，相比进城之前反而趋于恶化甚至持续恶化。如何充分利用城市的设施与条件成为入城农民的难题，这使得他们无法全面融入城市，逐渐转变为城市的边缘人。

湖北城镇化是伴随工业化的发展而逐步推进的，走的是符合湖北省情的大中城市与小城镇协调发展道路，注重发展小城镇，以此构建合理的城镇发展体系。湖北城镇化的发展为湖北发展提供强大的动力，对工业化的发展、小康社会的全面建成、"三农"问题的解决、城乡经济的协调发展、农村剩余劳动力就业问题的解决以及市场经济的发展等都具有积极作用。经济方面，调整经济结构，提高劳动生产率，推动经济发展；政治方面，强化执政建设，促进民主法制深化；文化方面，提升人民素质，繁荣文化生活；社会方面，扩大就业，提高人民生活水平。湖北城镇绝大多数是以农业发展和农村人口转移为载体发展起来的，而城镇发展又反哺农业，促进农业经济结构调整、规模效益提高和农业现代化加速发展。[①] 城镇化的发展本可以有效吸纳农村剩余劳动力、缩小城乡差距，但却受到城乡分割二元体制的阻碍。城乡间生产要素的自由流动受阻，户籍政策、社会福利等制度壁垒也限制农村剩余劳动力向城镇有效转移。由于农民的主要生活地与去向的变化，逐渐分化成在村务农农民和农民工两大类。城镇化在增加农民收入、提高农民生活质量的同时，也不可避免地对农民工、在村务农的农民造成不同程度的不利影响。

一方面，由于湖北城镇化进程的逐步加快，加之农民对美好生活的强烈愿望，农民大量外出务工，不断向城镇外迁。伴随农民的大量外迁，资金、人才以及知识等农村迫切需要的资源向城市集中，导致农村发展呈现"空心化"状态。再加上政府过分重视城镇化的推进而轻视农村建设，造成农村资源大量浪费，农村经济发展缓慢，在村务农的农民生产发展受到极大阻碍。除此之外，城镇化快速的发展也对农村文化与农业文明造成巨大的冲击，农村原有的人文景观、文化传统、生活习惯以及道德观念等发生剧烈转变，迁村腾地等现象更是屡见不鲜。农村村落被拆除，农民被"赶上楼"。以上种种直接导致在村务农的农民对自己的农民身份产生异议，身为农民却又不甘于做农民，出现身份认同危机。

---

① 严雄飞、谭穗枫：《湖北城镇化战略与农村剩余劳动力转移问题研究》，《农村经济与科技》2005 年第 7 期。

另一方面，改革开放以来，大批农民工的出现为湖北的工业化与城镇化做出巨大贡献。但农民工却没有享受到城镇化带来的红利，不断出现就业差、收入低、生活水平低下等困难，更因就业、住房、社会保障等方面的福利保障难以有效落实而无法真正融入城市。长期以来，城市发展过分追求城镇化速度，在就业、社会保障等方面没有真正落实农民工由"乡"到"城"的转变，农民工逐渐成为城市低收入群体。尤其是就业方面，稳定性难以得到保证。农民工大部分集中在中小劳动密集型企业和建筑业，部分集中在传统生活服务性行业，而这些中小企业由于自身产业链底端的定位，经济波动时有发生，直接影响着农民工就业的稳定。而且大多数农民工没有一技之长，很难寻找到高薪职业。只能在传统劳动密集型企业工作，经济水平始终处于较低水平。此外，户籍制度的存在以及社会保障制度的不完善也导致农民工无法享有城市市民可以享有的社会保障与公共福利，并长期处于社会保障体系的边缘。诚如住房方面，进城务工的农民工住房无保障，受户籍制度的限制，农民工被排除在公房租售和购买经济适用房之外，也无法在城市获得土地自建房屋。① 面对城市高额的房价，大部分农民工只能望而兴叹，住房成为农民工在城市定居的重要阻碍，最终绝大多数农民工不得不走上返乡之路，成为"离乡又离土"的小城镇居民。而就业不稳定、工资收入偏低、居住条件普遍较差以及社会保障水平较低等难题直接导致农民工对自己的身份认同出现偏差，认为自己不是农民却又无法享有市民的权利。农民的身份认同出现严重分化，农民的发展也面临严峻的挑战。

（三）湖北农民群体的现实需求

随着湖北国民经济的发展，人均收入不断提高，农民的基本生存需求得以满足。在基本生存需求得到满足之后，教育、医疗、社会保障等方面高层次的需求逐渐显现。根据《中国乡村调查 2017 年度报告——中国农民需求调查》，现今在村农民需求集中在农业生产、生活保障、文化娱乐、精神情感四个方面。农业生产方面，主要表现为农技推广服务需求与信贷资金需求；生活保障方面，养老服务需求、医疗卫生需求以及

---

① 胡放之、李良：《城镇化进程中民生改善进程问题研究——基于湖北城镇化进程中低收入群体住房、就业及社会保障的调查》，《湖北社会科学》2015 年第 2 期。

教育需求则是突出重点;文化娱乐方面,文体娱乐活动呈现得尤为明显;精神情感方面,集中体现为心理慰藉与情感支持需求。除却上述的需求外,湖北在村农民更是出现身份认同的需求。湖北在村农民的需求逐渐从原先单一的生存需求,演变成现今多元的发展需求。

由于湖北城镇化进程的日益加快,越来越多的农民来到城市打工。与湖北在村农民相比,湖北农民工的需求主要表现为生活定居需求、社会保障需求、子女教育需求、公共服务需求以及身份认同需求。生活定居需求方面,由于农民工长期生活在城镇,其定居意愿较为强烈。但由于经济能力等条件的限制,定居城镇困难重重。社会保障需求方面,尽管农民工长期生活在城镇,但极少可以享受到城镇居民享有的社会保障,成为城镇社会保障的边缘人。而且对于仅能享有的社会保障,他们的满意度也不高。子女教育需求方面,由于受到农民工家庭条件以及户籍制度等体制因素的影响,农民工子女上学尤为困难,子女教育成为他们最为忧心的事情。公共服务需求方面,户籍制度等体制性因素的存在,严重阻碍农民工获取正常的城镇公共服务。尽管大量农民工生活在城镇,但是他们仍然只能获得极为有限的服务资源。身份认同需求方面,正是由于农民工在生活定居、社会保障、子女教育以及公共服务等方面的需求无法像城市市民一样得到满足或者与市民享有相同的资源,农民工逐渐产生身份认同危机,对自己的身份认知产生偏差。无论是湖北在村农民需求的转变,还是湖北农民工的多层需求的表现,湖北农民群体的现实需求已经引起社会各界的关注,并迫切需要得到回应。

二 意义

(一) 农民群体对深化湖北改革开放进程的重大意义

众所周知,与西方国家依靠市民实行城市包围农村道路有所不同,中国改革开放主要依靠农民进行农村包围城市、以农村为试点逐步进行城市改革的道路。农民作为湖北改革开放的重要建设主体之一,贯穿湖北改革开放始终,不断以自身效能的有效发挥推动湖北改革开放持续前行。因此,本书以湖北农民群体为研究对象,谨记湖北农民群体在湖北改革开放 40 年中的自为、自信与自觉,充分认知湖北农民群体对于湖北改革开放的重大贡献。

首先,有利于推动湖北民主政治稳步提升。农民作为改革开放的发起者,对湖北民主政治发展有着举足轻重的作用,而作用的发挥离不开农民的主动性与积极性。改革开放后,村民自治的推行在给予农民自治权利实现自我管理、自我教育、自我服务的同时极大地调动农民的主动性与积极性,农民政治参与的需要越发强烈。他们越来越关注村务治理情况,对村干部权力的运用也加以监督,不断以切身实践增强民主的广泛性与真实性,探索并完善村民自治运行模式。除此之外,村民自治作为一种自下而上的基层权力运行机制,在保障农民自由表达政治意志的同时促使农民走向自身所期许的发展方向,推动基层民主有条不紊地运行。再加上农民政治参与趋向成熟理性,不仅关注个体政治权利的实现,更注重协调全局利益,不断践行基层民主政治,对湖北民主政治的发展有着巨大的推动作用。

其次,有利于促进湖北国民经济健康发展。农业作为第一产业,是湖北国民经济发展的基础。而农民身为农业发展的最重要主体,直接决定农业的走向。改革开放后,家庭联产承包责任制的实行将农民从原有的土地束缚中解放出来,农民自主经营,生产积极性得到极大调动。随之而来的便是粮食的自给率得以维持,粮食安全得以保证,为湖北国民经济健康发展提供安全稳定的社会环境。与此同时,农业作为工业化发展的重要动力与能量,为工业生产持续提供不可或缺的原材料。而且农民消费具有相当大的潜力,农民消费的与日俱增直接拉动省内生产总值迅速增长。同时发挥引擎作用,吸引厂商针对农民需求加大产品研发投入,从而促进湖北经济稳步增长。

再次,有利于推动湖北农村文化繁荣灿烂。改革开放后,以政府为主导、农民为主力军的农村文化发展机制逐渐在农民的实践过程中呈现并得以确立。农民作为湖北农村文化繁荣发展的主力军,与其生活、思想观念的实际相结合能够促使湖北农村文化富有生命力,在更迭不休的历史浪潮中仍保持传承。湖北农民坚持以先进文化为引导,结合农村的生产实际,创作广大农民群众喜闻乐见的文化。同时,湖北农民在进行农村文化创作的过程中,形成专属的文化人才。这些文化人才在宣传创作农村文化的同时积极投身农村文化生活建设,推动湖北农村文化的发展繁荣。

最后，有利于促进湖北社会建设和谐稳定。随着时代的发展，"三农"问题逐渐成为湖北省政府工作的重中之重。作为"三农"中最为重要的一个因素，再加上自身庞大的人口数量，农民的稳定发展成为湖北省乃至国家关注的焦点之一。为帮助农民享有良好的生产发展环境以促进社会有序前行，省政府继续加强农村建设，从各方面缩短湖北城乡差距，实现城乡之间均衡发展。农民作为湖北农村建设的主体，应当充分发挥并统一在村务农农民和农民工的主体作用。一方面，农民工在积累资金、技术与管理经验等为农村建设提供资金和技术支持的同时，还可以缓解人多地少的矛盾。另一方面，在村务农农民进行农业适度规模生产，为农村建设提供基本物质保障。通过将农村建设内化为农民自身的行动目标，构建农村建设的内在机制，实现外力与内力的有机结合，保障湖北新农村建设的持续发展。同时，湖北新农村建设的实施可以缓解城乡二元体制所造成的农村基础设施落后、农村教育滞后以及农村社会保障制度不健全等问题，促进农村社会平稳运行，进而促进湖北社会建设和谐稳定。

（二）农民群体对湖北城镇化发展的重要影响

城镇化是经济社会发展的必然结果，健康合理的城镇化必将对湖北经济社会发展产生积极的促进作用。同时，城镇化的推进更是实现湖北城乡统筹发展的必然选择，通过城镇化处理农村剩余劳动力问题，推动"三农"问题的解决。农民群体作为湖北城镇化发展过程中的重要载体之一，对湖北城镇化的推进、经济的发展以及社会的进步有着举足轻重的作用。

首先，有利于推动湖北城镇化良好发展。农民作为湖北城镇化的重要推动力，为湖北城镇化的发展做出巨大贡献。城镇化的发展离不开农村剩余劳动力的支撑，而城镇的就业吸引是农村剩余劳动力向城镇持续转移的重要动力。如果农民剩余劳动力在城镇无法实现就业，他们只能重回农村或者在城镇低质量的生活。这就要求城镇必须创造更多的就业机会来满足他们的需求，促使他们能在城镇留下来、活下去，从而解决农村剩余劳动力的问题。而城镇想要创造更多的就业机会，就必须创新城镇化发展路径，拓宽就业渠道，探索新型业态体系、产业结合和经济模式，不断构建新型就业空间。此外，随着农民民生的逐步改善，农民生活质量不断提升，很大程度上增强了市场经济活力，为城镇的经济发展提供更广阔的市场空间，促使城镇化良性健康推进。

其次，有利于推进湖北城乡一体化发展。城镇化推进过程中的建筑业、服务业等为农民向城镇转移提供了就业岗位，加快了农村剩余劳动力转移，不断增加了农民收入，缩小了贫富差距。同时城镇化可以缓解城乡二元体制导致的城乡矛盾，逐步建立城乡一元经济结构体制，建立城乡一体的社会保障和就业体系，逐步实现城乡居民公共服务均等化。在加强城乡之间经济、文化以及社会交流的同时，逐渐确立城乡互补机制，不断提高农民生活质量，进而推动城乡一体化稳步前进。

再次，有利于促进湖北经济社会转型。城镇化在解决农村剩余劳动力问题的同时也为城市发展提供丰富的人力资源，带动城市教育、医疗、就业以及社会保障等公共服务的发展。随着农民收入的明显增长，农民的购买能力持续增强，消费倾向和消费结构发生巨大变化。部分农民也从农产品生产者转变成农产品消费者，工业品消费量也大大增加，直接推动消费型服务业和生产型服务业的发展，促使经济结构转型升级。此外，传统农业生产对于农村富余劳动力的束缚逐渐减弱，农民人均拥有资源量相应增加，农业的规模化、产业化和现代化持续提升，农业劳动生产率和商品化率稳步提高。再加上城镇经济实力的不断提升，以工促农、以城带乡的能力逐渐增加，能够带动农村经济社会不断发展，推动湖北经济社会良性运转。

最后，有利于实现湖北农业现代化。伴随湖北城镇化战略的实施，农村经济结构得到合理调整，农村剩余劳动力得以有效转移。湖北城镇化立足人多资源少的省情，采用小城镇大战略逐步连接城乡两个市场，不断调整全省产业结构和就业结构，推动农村第二、第三产业迅速发展，农村剩余劳动力得以吸纳，农村人多地少的矛盾得以缓解，农业规模效益逐渐提高。而且由于农村剩余劳动力大量转移，农民人均资源占有量直接增加，在实现土地经营规模化的同时推进农业机械化和现代化，提高土地产出，实现农民增收。从根本上解决"三农"问题，促进农村经济发展。

（三）服务多样性发展的农民群体的现实任务

改革开放以来，湖北农民生活发生翻天覆地的变化。作为社会主义民主政治的践行者、国民经济发展的推动者、农村文化的传承发展者以及农村社会建设的促进者，农民在湖北社会发展中的作用越发显著。随着国家的迅速发展，人民生活水平日益提高，社会主要矛盾已由人民日益增长的物质文化需要同落后的社会生产之间的矛盾转变成人民日益增长的美好生活需要和不平衡不充分的发展之间的矛盾。基于社会主要矛盾的转变，湖北农民的需求也在不断发生转变，对湖北社会的发展产生不可忽视的效用。

首先，有利于缓解湖北农民的身份认同危机。一方面，通过湖北省政府加大农村支持力度，增加农业财政投入，营造良好的农业生产环境，鼓励湖北在村农民进行农业生产。同时，加快社会生产力发展步伐，不断缩小城乡差距，满足在村农民物质、精神文化等多方面需求，增强其对自身农民身份的认同感。另一方面，湖北省政府可以采取多种途径，从政策、制度、经济等多个维度来解决农民工在城市生活定居、社会保障以及子女教育等方面出现的问题，努力保障农民工与城市市民能够享有相同或者相似的社会福利，从而减少其对自身身份的认知偏差。

其次，有利于解决湖北"三农"问题。农民需求的转变对湖北省政府提出新的要求，不能仅仅重复以前的服务内容，它更需要政府坚持需求导向，采用多种形式精准把握农民的真实需求，为农民提供切实合理的服务。农民作为"三农"的主体之一，具有重大的全局性意义。政府依据农民需求为其提供所需服务，尤其是农业种植知识与相关技能培训服务，能够拓宽农民收入渠道，增加农民收入来源，直接改善农民生活，促进农民的发展。同时，依托文化传承的根基，让农民成为一种体面的职业身份。农民、农业与农村三者紧密联系且相互影响，农民的发展相应地能够影响农业、农村的发展，进而推动湖北"三农"问题的解决。

再次，有利于制定合理有效的湖北城镇化发展战略。由于人的城镇化是城镇化的核心，农民作为城镇化的重要主体，农民需求的变化为城镇化的推进创造新的机遇。湖北以往的城镇化发展战略具有较为明显的外部驱动特征，对于城镇化的真正主体——农民的内生需求的关注明显不足。① 随着农民需求的转变，省政府对其关注越加密切，了解越发透彻，能够真正把握农民的真实需求。在把握农民需求的基础上，为城镇化奠定坚实的基础，进而制定切合实际的城镇化发展战略。

最后，有利于推动湖北社会生产力继续发展。随着时代进步，湖北人民生活水平日益提高。伴随湖北城乡一体化的不断推进，湖北农民在生产生活中产生新的需求。与以往需求相比，这些新的需求呈现出高层次、多样化的特点。依据马克思的需求论，人的需求划分为生存、享受以及发展三个层次，人的低层次需求得到满足后，高层次的需求随之产生，高层次需求的满足需要更高的社会生产力与之匹配。由于农民低层次需求的满足，高层次需求逐渐出现，进而要求高层次的服务。鉴于服务要与社会生产力相匹配，高层次服务要求的出现直接催促社会生产力的不断进步与发展，以满足现实需要。

第二节　概念界定

历史证明，无论在任何时期，农民群体时刻展现着主人翁的精神面貌，持续且长久地为国家与人民做出力所能及的贡献。然而，伴随城市化的快速推进，农民群体在尽情释放自我潜能、发挥自身价值的同时面临诸多危机。尤其是身份认同危机，悄无声息地在农民群体中肆意生长。基于人们认知程度的持续提升，人们越发重视身份认同的效能发挥，农民群体的身份认同状况俨然引起诸多关注。因此，本书将重点梳理农民群体与身份认同，更为聚焦地阐述改革开放 40 年来湖北农民群体的状况。

一　农民群体

关于农民的定义，纷繁复杂。起初，农民是一个职业概念，是指参加农业生产劳动，依靠农业为生且收入的主要来源是农业的人。随着时间的不断推移，农民的定义越发多样。在不同的历史阶段，农民的内涵

①　黄振华：《城镇化进程中的农民需求——基于 7687 位农民的实证分析》，《社会科学》2014 年第 6 期。

也各不相同。孙鑫从广义与狭义两个维度来界定农民,广义农民是指长期以直接农业生产为主的劳动者,狭义农民则是指占有相应生产资料且长期直接从事农业生产的劳动者。① 而田珍则认为农民是指拥有农村户口的人。② 为了更加清晰地界定农民的概念,本书将从时间维度梳理农民的内涵变化。在不同的历史时期,农民的内涵也有所不同。尤其是改革开放后,农民的内涵开始逐渐丰富起来。改革开放前,农民等同于社员。而改革开放后,农民则主要表现为农业承包户、万元户、乡镇企业主、农民工以及兼业农民五类群体。1958 年,全国开展公社化运动,将自然村改为生产队、行政村改为生产大队。农民被分配在人民公社中,社员成为农民新的代名词。由于人民公社实行的是统一领导、统一经营以及统一分配,社员个人丧失生产经营以及农产品分配的自主权,社员的生产积极性遭受巨大挫伤。社员不得已采取消极抵抗的方式,进而导致全国粮食和农产品的长期短缺。

伴随人民公社化弊端的逐渐显现,党和国家从理论与实践两个层面对我国农村现行体制展开新的探索。1978 年,党的十一届三中全会决定实行改革开放。农村作为我国改革开放的发起阵地,率先吹起改革的号角,实行家庭联产承包责任制。这一制度的实行消解原先人民公社体制的弊端,农民获得生产经营与农产品分配的自主权,农民的生产积极性得到极大提高,农业生产也得到大幅提升。③ 基于生产分配自主权的回归,农民可以自主选择从事的行业,也可以自主生产、自主分配,农民开始出现分化。由于职业类型以及财产数量等多方面的差异,农民逐渐分化为农业承包户、万元户、乡镇企业主、农民工以及兼业农民五大类。家庭联产承包责任制将集体所有的土地长期包给农民使用,分户经营,农业承包户由此产生。农业承包户进行农业生产时需要自负盈亏,同时在保证国家以及留足集体的前提下,享有自己生产所得。与公社时期的社员相比,农业承包户的生产分配自主权有了质的飞跃。许多农民通过

---

① 孙鑫:《对当前中国农民概念内涵与农民群体划分的探讨》,《农业经济问题》1995 年第 5 期。

② 田珍:《农民群体分化与农民工市民化》,《宁夏社会科学》2009 年第 5 期。

③ 陆学艺:《"三农"问题的核心是农民问题》,《社会科学研究》2006 年第 1 期。

种植粮食作物、经济作物以及经商、打工等方式，使家庭年收入有了较大的提升。1979 年广东省中山县的黄新文社员，靠劳动致富年收入超过 1 万元。从此以后，"万元户"的叫法在全国流行开来，成为 20 世纪 80 年代最受关注的词汇之一。① 在那个允许一部分人先富起来的年代，"万元户"就成了全国经济发展的排头兵。一些农户靠个人或全家的埋头苦干，加上懂技术善经营，迅速成为农村致富的"尖子"。他们大体上是由农村的专业户和城镇的个体工商户构成。每个地方的"万元户"并不是很多，因此"万元户"就成了当时富裕户的代名词。

但经过多年的经济高速增长，人民生活水平迅速提高，家家都成为"万元户"，"万元户"也就失去原有的标杆作用，成为历史名词。到 20 世纪 90 年代初，"万元户"逐渐淡出人们的视野。② 随着改革开放的逐渐深入，农民冲破了计划经济体制的束缚，就地办起了乡镇企业，自发地向第二、第三产业转移，于是就有了"进厂不进城，离土不离乡"的农民工。农民工者，农民工人也。他们是农业户口，户籍身份是农民，在家承包有集体的耕地，但他们在乡镇企业里上班，主要从事第二、第三产业劳动，拿乡镇企业的工资，就职业说，他们已经是工人。③ 乡镇企业的出现不仅催生着农民工群体，也分化出了乡镇企业主阶层。这些乡镇企业主大多是乡、村集体所有制企业的经营管理者，包括厂长、经理、主要科室领导和供销人员。乡镇企业管理者因企业经营方式不同可分为三类：第一类仍然采取传统的经营方式，直接隶属于乡或村的行政领导，受乡或村干部的指挥，他们的工资水平只略高于本企业的职工。第二类乡镇企业采用厂长（经理）承包责任制，有的也实行雇工经营，但是严格执行 1984 年中央"一号文件"中的有关规定，企业的所有权仍归集体，实行按劳分配，民主管理，对个人投入的资金只按一定比例分红，其管理者有较大的自主权和决策权，所担负的责任与风险也大，所以报酬从优，但与工人收入不悬殊。第三类是因承包制度不完善，企业性质发生变化，集体企业蜕变成私营企业，企业管理者变成了私营企业主。

---

① 宋佳：《80 年代万元户：品味先富起来的日子》，《农村、农业、农民》2016 年第 8 期。
② 宋佳：《首批"万元户"30 年沉浮（上）》，《乡镇论坛》2009 年第 11 期。
③ 陆学艺：《农民工问题要从根本上治理》，《特区理论与实践》2003 年第 7 期。

但是，仍然挂着集体企业的牌子，享受集体企业的优惠待遇。^① 当时乡镇企业主在当地的经济、政治上很有地位，也颇有影响。乡镇企业除了培育了农村中的乡镇企业主这个群体，还吸纳了农村的部分剩余劳动力从事非农经营，为中国解决好农业、农村和农民问题探索出了一条成功之路。

乡镇企业主要吸引劳动力就地转移的能力到 20 世纪 90 年代中期，渐渐地显示出其局限性，在吸纳了 1.2 亿左右的农村劳动力之后，难以创造更多的就业机会。^② 大批的农民开始尝试离开农村，走进城市。于是"进厂又进城，离土又离乡"的农民工就大量出现了，直至发展成为 20 世纪 80 年代后期的"民工潮"现象。"农民工"称谓是中国社会科学院教授张雨林首次提出而被广泛使用的。农民工群体常年从事第二、第三产业劳动，从那里取得个人及其家庭的全部或大部分收入，但户籍还在农村，他们的身份是农民，在农村实行责任制时，还分有承包田，拥有自己的农村住房。这也就是通常所说的第一代农民工。由于这些外出务工者文化水平偏低，大多在城市从事本地人不愿干、不肯干的脏活、累活、险活和污染严重的活，待遇又低，而且因为他们是临时工，遇到经济紧缩、企业不景气时，首先解雇的就是外地农民工，挥之即去。^③ 虽然农民工在城市生活居住条件较差，但由于中国城乡发展的巨大差别，农民要提高收入，进城务工仍然是农民职业流动的一个方向，客观上也为中国的工业化和城市化发展做出了巨大的贡献。

随着大量农民工进城，特别是随着时间的推移，越来越多出生于 20 世纪 80 年代及以后的年轻人加入农民工行列，一个"新生代的农民工"群体横空出世。^④ 2010 年 1 月 31 日，国务院发布的 2010 年中央"一号文件"《关于加大统筹城乡发展力度，进一步夯实农业农村发展基础的若干意见》中，首次使用了"新生代农民工"的提法。"新生代农民工"

① 陆学艺、张厚义：《农民的分化、问题及对策》，《农业经济问题》1990 年第 1 期。
② 王春光：《新生代农民工城市融入进程及问题的社会学分析》，《青年探索》2010 年第 3 期。
③ 陆学艺：《重新认识农民问题——十年来中国农民的变化》，《社会学研究》1989 年第 12 期。
④ 王春光：《新生代农民工城市融入进程及问题的社会学分析》，《青年探索》2010 年第 3 期。

与第一代农民工在价值取向、受教育水平、生活经历和态度、家庭经济条件、城市认同等方面有着明显的差别和不同的表现，这些不同直接影响到他们与城市社会的关系。"新生代农民工"明显不同于父辈们，他们不再老老实实地待在最脏、最累、最"没出息"的工作岗位上，不再省吃俭用攒钱往家里寄，更不会挣够钱回家盖房娶媳妇。在受到歧视时，他们会摔门离去。其中原因主要是他们相较于第一代农民工有了较高的受教育水平，由于缺乏农村务农和生活的经验而对农村的依恋和感情较少，更主要的是他们对城市更为熟悉，有着更强烈的城市归属感，他们有着越来越强烈的城市化和市民化倾向。① 总体来说，农民工是改革开放以来中国社会转型过程中出现的一个非常独特的社会群体，这个群体的出现一方面体现了中国社会在改革开放中获得了很大的发展和进步，这是相对于过去而言的；另一方面也反映了中国社会结构变迁的不彻底性、艰难性。② 尤其是对农民群体来讲，城乡分割的二元社会结构、户籍管理制度等仍是农民发展中需要冲破的体制性问题。

基于城镇化与工业化的持续推进，城镇为农民提供更加丰富的就业机会，越来越多的农民可以从事非农业生产经营。农产品流通市场的改革，也直接促使农民成为面向市场的生产经营主体。再加上消费水平的日益提升，单纯从事农业经营已经难以满足农民的多重消费需求，农民必须想方设法提高收入以提高自身生活质量，从事非农业生产经营显然成为众多农民增收的核心选择。出于安全性、稳定性以及周全性的考虑，许多农民会选择兼顾农业与非农业的"半农半工"生产经营模式。由此，兼业农民得以出现。与全职农民的单一务农或农民工的单一务工相比，兼业农民的"半农半工"更为保险安全，既能为兼业农民提供充足生活口粮，又能增加兼业农民的收入，甚是符合农民群体的"求稳"心理。

至于群体，有学者认为群体就是一群地位和角色相互关联的人。③ 还有学者认为群体是由两个或两个以上共享特定目标且具有共同认同感的

---

① 王春光：《新生代农民工城市融入进程及问题的社会学分析》，《青年探索》2010 年第 3 期。

② 王春光：《农民工社会流动和社会地位的变化》，《江苏行政学院学报》2003 年第 12 期。

③ 王雪梅等：《社会学概论》，北京出版社 2010 年版，第 81 页。

人所组成的集合,群体内的成员相互联系且彼此影响。① 关于农民群体的划分,不同的标准划分出的农民群体也有所区别。按照从事农业生产具体项目的不同,可以将农民群体划分为粮农、菜农以及林农等。按照农业生产经营方式的区别,可以将农民群体划分成土地规模狭小的农户承包经营、适度家庭规模经营、统一经济型、农村股份合作企业型四类。此外,按照农民收入和生活水平方面的差异,则可以将农民群体划分成小康型农民群体、温饱型农民群体和贫困型农民群体。②

综上所述,再结合研究的需要,本书将农民群体界定为由两个或两个以上的具有共同认同感或彼此相互作用影响且户籍为农村户籍的人所组成的集合体,主要包括全职农民、农村留守群体、农民工群体以及兼业农民。

全职农民是指专职从事农业生产经营活动,并以此活动收入作为生活来源的农民。基于时代发展潮流以及农民自身发展的需要,全职农民逐渐分化成传统农民与新型农业经营主体。其中,关于传统农民的内涵,杨阳认为传统农民应该具有以小规模生产与自给自足作为主要生产生活方式以及小农意识的特征。③ 纪飞飞、武忠远提出传统农民是指拥有农业户口,从事农业生产且以农业为基本生计来源的劳动者。④ 基于对传统农民核心特征的归纳与把握,本书将传统农民定义为拥有农村户籍,以从事小规模农业生产为主要生计来源,能够自给自足的社会群体。至于新型农业经营主体,是指家庭联产承包责任制度下,从事与以往小规模生产经营不同的农业经营主体。依据组织性这一因素,新型农业经营主体分为经营规模大、集约化程度高、市场竞争力强的农业经营组织和有文化、懂技术、会经营的职业农民。同时,出于研究精细化的需要,本书还将新型农业经营主体划分为专业大户、家庭农场、农民合作社以及龙

---

① [美] 戴维·波普诺:《社会学概论》,李强等译,中国人民大学出版社 2000 年版,第 99 页。

② 孙鑫:《对当前中国农民概念内涵与农民群体划分的探讨》,《农业经济问题》1995 年第 5 期。

③ 杨阳:《传统农民向新型农民演进机制研究》,硕士学位论文,聊城大学,2015 年,第 11—12 页。

④ 纪飞飞、武忠远:《传统农民向新型职业农民转变的困境及其突破》,《商业经济》2014 年第 9 期。

头企业四大类。

农村留守群体是指因无法跟随家庭外出务工的农民搬迁至城市而留守在农村的家庭成员集合体，主要分为留守儿童、留守妇女和留守老人三类。由于城乡二元体制的限制、城乡经济发展不平衡以及"男主外女主内"等传统文化的影响，农村留守群体越发引起社会各界关注。其中，留守儿童是指父母双方或一方外出到城市打工，而自己留在农村生活且年龄在 16 岁以下的孩子。关于留守妇女，本书将其定义为丈夫进城谋生半年及以上时间，自己留守在农村生活的妇女。至于留守老人，周福林认为农村留守老人是指自己没有随同子女外出而留守在户籍地的 60 岁或 65 岁以上的老年人。① 田喜芹将农村留守老人界定为"部分或全部子女离开农村居住地外出务工半年及以上时间，自己留守农村家中的 60 岁或 65 岁以上且拥有农村户籍的老年人"。② 为了更加清晰地体现农村留守老人所需具备的条件，本书将农村留守老人界定为子女外出务工或因其他原因离家半年及以上时间，自己留守在农村户籍地且年龄在 60 岁以上的老年人。

农民工群体是伴随着中国的改革开放出现的，"农民工"是指 20 世纪 80 年代后对离开农村到城市打工农民的主要称谓，农民工群体的出现，学术界给予了高度的重视，不同领域、不同学派分别从不同的理论视角加以研究。本书对农民工群体主要从政治、经济、社会、文化四个层面加以界定和研究，此外亦关注跟随农民工进城的子女的生活及发展状况。论述过程中具体区分了第一代农民工和第二代新生代农民工。本书关于第一代"农民工"做如下界定，即 20 世纪 80 年代第一批走出农村来到城市务工的人口，也就是拥有农业户口、被他人雇用去从事非农活动的农村人口。新生代农民工（第二代农民工）指的是在 1980 年及之后出生的、外出从业 6 个月及以上的农村劳动力。他们早早进入社会，游离于城市和乡村之间，生活在别处，他们基本没种过地，不像父辈那般依恋农村。他们努力想变得和城市里的同龄人一样，但受到经济收入、文化程度等种种因素制约，城市对于他们来说依然没有归属感。

---

① 周福林：《中国留守老人状况研究》，《西北人口》2006 年第 1 期。
② 田喜芹：《农村留守老人研究的文献综述》，《企业导报》2013 年第 17 期。

与农民工群体相似的是，兼业农民同样也是改革开放的产物。兼业农民是指随着农业生产周期性的变化，不断交替进行农业生产经营活动与非农业生产经营活动的农民。① 兼业农民既从事农业生产经营，又从事非农业生产经营。在农忙的季节，兼业农民集中进行农业生产；在农闲的季节，兼业农民则主要进行非农业生产，即"农忙务农，农闲务工"。而且根据主要收入来源的不同，兼业农民分为农收型兼业农民与非农收型兼业农民。② 农收型兼业农民是指以农业收入为主要收入来源的兼业农民，非农收型兼业农民是指以非农业收入为主要收入来源的兼业农民。

二 身份认同

身份（identity）既是一个在社会生活中被经常使用的概念，又是由于其所涵盖的内容过于复杂而不好做出解释的一个概念。同时由于人们生活在不同的社会环境之下，同一个人可能同时拥有不同的身份。这种不同可以分为个人的、群体的、组织的以及社会的。

身份认同一词源于拉丁文 idem（为相同、同一之意），后来发展为英语中的 identity 一词，有多重含义：一是使等同于、认为与……一致；二是同一性、认同；三是身份、正身。③

身份认同的早期研究主要存在于哲学领域，在哲学上按其主体论的发展将身份认同分为三种研究模式：一是以主体为中心的启蒙身份认同；二是以社会为中心的社会身份认同；三是后现代去中心化身份认同。因此，身份认同涉及对自我的确认。从 20 世纪 60 年代开始，随着同性恋者、少数族群和女权主义者等群体的争权运动在欧洲的兴起，身份认同被理解为人体对所属群体身份的认可，此时心理学和社会学领域开始关注身份认同概念。④ 从心理学角度看，身份认同指的是一个人对于自己属于哪个群体的认知，是自我概念中一个极其重要的方面。例如 Mead 就对

① 孟召将：《兼业农民的分化趋势研究》，《农业经营体制》2015 年第 6 期。
② 梅建明：《从国内外比较看我国农户兼业化道路的选择》，《经济学动态》2003 年第 6 期。
③ 张淑华、李海莹、刘芳：《身份认同研究综述》，《心理研究》2012 年第 5 期。
④ 同上。

自我进行了主体"I"和客体"me"的区分。从社会学的角度看，学者们更为关心不同人群的身份认同现状，以及对影响身份认同的相关因素进行挖掘和分析。基于此，国内学者对于身份认同的理解也倾向于"身份认同是有关个人在情感和价值意义上视自己为某个群体成员以及隶属某个群体的认知，而这种认知最终是通过个体的自我心理认同来完成的，也就是说它是通过认同实现的"。[①]

可见，身份认同的概念涉及哲学、心理学与社会学等学科，不同的学科对这一概念的认识和解释也不尽相同。本书主要侧重于从社会学的视角来研究改革开放 40 年来湖北省农民群体对自身角色和身份的认同度，及其对自身角色认同方面的某种共识对社会关系以及社会结构的影响。

第三节 研究视角

随着社会生产力的快速发展，中国社会发生了巨大的变迁。农民群体顺应时代发展的潮流，在社会发展的不同阶段均做出了较为理性的选择，尤其是改革开放 40 年来农村剩余劳动力不再固守在农村和土地上，纷纷进城务工，中国农民进行了大规模的社会流动。这种社会流动不仅使农民群体增加了经济收入，而且也使其更加熟悉和了解城市、更加渴望融入城市，新生代农民工更是如此。农民群体的大规模转移客观上促进了中国工业化和城市化的发展。但是由于尚未完全突破二元社会结构的诸多限制，农民群体在此期间也出现了较强的社会认同危机。因此，针对以上现象本书主要从社会分层和社会流动视角、社会认同视角、社会变迁视角、新制度主义视角以及理性选择五种视角对农民群体尤其是改革开放 40 年来的农民群体的发展变化加以研究。

一 社会分层与社会流动

社会分层与社会流动既是社会学研究的核心概念之一，又是考察

---

① 邹英：《新生代农民工自我身份认同困境的社会学分析》，硕士学位论文，吉林大学，2007 年，第 13 页。

群体社会变迁的重要视角之一。农民群体自改革开放以来，身份、地位以及生活都发生了翻天覆地的变化。随着湖北省进入经济发展的转型期，湖北农村的社会生产力明显提高，农村出现了大量的剩余劳动力。其中一少部分人选择继续留在农村，发展乡村经济；另外一大部分剩余劳动力则选择离开农村，浩浩荡荡地进城务工；而农村中的老人、孩子和妇女等一些弱势群体则因身体、技能等原因而不便外出务工，成了农村中的留守群体。原本整体性较高的湖北农民群体随着改革开放的深入而不断出现分化与流动，此种现象已经得到了国家和社会的广泛关注，学术界也从各个层面对湖北省农民群体进行了较为全面的研究。而目前湖北省农民群体处在社会阶层中的哪个位置，他们进行社会流动的渠道有哪些、畅通与否，均是本书关注的问题。

中国自实行改革开放政策以来，整个社会结构发生了重大变化。在市场经济取代了计划经济，传统社会向现代社会的转型过程中，社会群体的身份、地位发生了分化，也就是社会分层显著化了。以湖北为例，自 20 世纪 70 年代末期以来，随着城乡严格分割的就业体制和户籍制度的逐渐松动，湖北省劳动力外出就业的趋势和规模不断壮大，[①] 农民工纷纷流向经济较为发达的长三角和珠三角地区，他们不仅为当地的经济发展做出了贡献，而且自身的收入水平也有了较大的提高。这种改变不仅仅停留在经济层面，农民工的流动还大大开阔了流动群体的眼界、极大地拓展了自身的人力资本和社会资本，诸多变化使得湖北省农民群体内部出现了较为明显的分化，除了传统的靠务农为生的产业农民之外，还出现了大量"见多识广"的进城务工群体，他们无论从生产还是从生活乃至思想意识层面上都已经不同于传统意义上的农民。与此同时，由于在城市发展适应能力的不同，农民工群体内部也日趋分化，分层明显。从学术上来看，所谓社会分层就是指依据一定具有社会意义的属性，一个社会的成员被区分为高低有序的不同等级、层次的过程和现

---

① 张俊杰:《转型期湖北省农民工流量、流向及其变动趋势研究》，硕士学位论文，武汉科技大学，2008 年，第 8 页。

象①。社会分层的两大理论传统分别是马克思主义的阶级理论与西方社会学的分层理论。马克思的社会分层理论中划分阶级的标准主要是经济地位，特别是对生产资料的占有关系。在西方的分层理论中，以马克斯·韦伯的三位一体的分层模式为代表，注重从经济、声誉、权利三个角度综合考察一个社会中的不平等。随着改革开放的深入，社会结构、社会文化发生了明显的变化，人们的价值观也在悄然地发生着变化，农民不再一味地固守着土地，而是采取多元的标准界定自身的阶层地位。虽然以上两种分层理论视角有所不同，但对当前农村的社会变化以及农民群体内部的社会分层均具有高度的解释力。

所谓社会流动，是指人们在社会关系空间中从一个地位向另一个地位的移动②。从社会流动的类型角度考察，可以把社会流动分成三类。一是按照流动的方向，社会流动分成水平流动和垂直流动（阶层内部流动和各阶层之间的流动）。二是根据流动的不同参照基点，又把社会流动分为一生中流动（代内流动）和代际流动（异代流动）③。三是根据流动的原因不同，又把流动分为由于社会结构的变化所引发的结构性流动和劳动者自身原因所引发的非结构性流动（自由流动）。改革开放前，由于严格的户籍管理制度的制约，农民被固定在土地上，社会流动较少。但改革开放后，大批农民走出农村，形成了大规模的社会流动。社会流动尽管是个人行为，但它不仅对个人有意义，而且对整个社会结构也会产生影响，它会影响社会结构的性质以及社会的运行状态。

二　社会认同

社会认同是心理学、社会心理学以及社会学所关注的一种社会现象，也是本书的另一个理论视角。社会认同理论最早由 Henry Tajfel 等人提出，该理论认为个体通过社会分类，对自己的群体产生认同，并产生内群体

---

① 郑杭生：《社会学概论新修》（第四版），中国人民大学出版社 2013 年版，第275 页。
② 同上书，第 297 页。
③ 同上书，第 298 页。

偏好和外群体偏见。个体通过实现或维持积极的社会认同来提高自尊,积极的认同来源于内群体与相关的外群体的有利比较。因此把社会认同界定为"个体认识到他（或她）属于特定的社会群体,同时也认识到作为群体成员带给他的情感和价值意义"。①

生活在社会中的个体总是在寻求积极的社会认同,避免消极的社会认同。目前农民群体就面临着身份社会认同的危机。农民工大军进入城市,他们像城市人一样在城市里工作和生活,有的还在城市里有了自己的住房,表面上看似实现了社会流动,但涉及其身份认同之时仍存在着不同程度的错位。"城里人"还不是其对自身身份的概括,当然其中原因既有制度层面的限制,亦有城乡二元文化的区隔。Henry Tajfel 认为对社会认同的渴望造成了群体间的不和谐以及群体间的排斥乃至歧视现象。

三 社会变迁

社会变迁是一种社会事实,社会学家从未停止过对社会变迁问题的思考。社会学家们尝试从不同角度解释与分析社会变迁,比较有代表性的理论有进化论、马克思主义、功能学派和冲突理论。进化论把社会变迁简单地比作生物有机体的变化,马克思主义认为社会生产力的发展最终决定了社会变迁,功能学派则认为社会结构中的所有要素都相互联系、相互作用,因此,社会变迁是相互作用的结果,注重社会变迁中协调的一面。而冲突理论则看到了社会变迁中的不协调与冲突矛盾的一面,冲突理论认为正是这些社会发展过程中的冲突的存在促使社会调整自身的结构体系,以在新的水平上达到新一轮的协调与稳定。

目前,中国社会的变迁是多层面的。改革开放伊始,社会制度尤其是经济制度和政治制度的一系列变迁使得中国的社会结构发生了翻天覆地的变化,科学技术的进步也惠及全民,人们的生活水平显著提高,随之而来的社会变迁主要体现在社会价值观念、生活方式方面。学者吴思

---

① Tajfel H. , *Differentiation Between Social Groups*: *Studies in the Social Psychology of Intergroup Relations*, London: Academic Press, 1978, chapters 1 – 3.

就从家庭经济、婚姻家庭、村庄治理、民间信仰①四个层面来分析农民外出务工引起的湖北省山区社会变迁，认为除了农户收入非农化以及村庄贫富结构分化基本形成的经济特征以外，村民的村庄治理、日常消费、婚姻观念以及价值观等均已从传统社会转向现代社会，城市生活的价值观逐渐渗透进农村，农民纷纷离开土地、进入城市，这样大规模的人口流动确实创造了中国经济发展的奇迹，但是农村由于人口大量流失所显现的问题也日益突出。留守儿童的生活、学习以及社会化、安全等问题，留守老人的养老问题以及留守妇女独自承担家庭负担等问题已经不单单是农村的问题，更是关乎全社会的问题。正像社会学家 W. F. 奥格本所说的那样，随着改革开放的深入，社会制度尤其是涉及农民、农村的税收等政策的实施，农民的物质生活方面有了较大的改善和提高，但是转型社会中的风俗、文化以及价值观等发展明显滞后于物质文化的发展，造成了一系列社会问题的滋生，此种现状已经得到了学术界的广泛关注。本书亦是从湖北省社会变迁取得的成就以及伴随社会变迁而滋生的社会问题入手，着眼于改革开放 40 年来湖北省农民的整体社会变迁。

四　新制度主义

社会学自创立之日起就密切关注着社会制度和社会变革，注重研究社会制度和行为之间的关系。而新制度主义社会学力图解释制度的存在而不是简单地假定制度的存在。它倾向于在更广泛的意义上界定制度，认为制度不仅包括正式规则、程序和规范，而且还包括人的行动提供"意义框架"的象征系统、认知模式和道德模块。因此这种界定把文化也纳入了制度的范畴。新制度主义视角可以从以下四个方面帮助我们理解制度与个人与群体行为之间的影响与作用。第一，从正式制度到非正式制度。② 这里所指的制度不像传统意义上所指的政治组织，制度也被学者们赋予了新的内涵，常常被理解为同人们现实生活紧密联系的习俗、习惯、信仰与惯例等非正式制度，甚至被社会学制度主义流派解读为文化，

---

① 吴思：《农民外出打工与山区乡村社会变迁——以湖北省南漳县龙坑村为例》，硕士学位论文，宁夏大学，2010 年，第 9 页。

② 石凯、胡伟：《新制度主义"新"在哪里》，《教学与研究》2006 年第 5 期。

从而大大拓展、深化了政治制度的理解。非正式制度和正式制度之间是相互影响与作用的,有时非正式制度可以是正式制度的有益补充,有时非正式制度也能在某个领域或范围内取缔正式制度。第二,从宏观制度到中观乃至微观制度。① 旧制度主义时期,学者们主要致力于政府的正式制度和与此相关的宪法文件或法律研究,新制度主义者则希望政治研究朝着与政治理论紧密结合的方向发展,而并非回到历史学的历史描述与法律学之法制的制度主义的传统中去。第三,新制度主义不再从整体视角来比较、描述政治制度,而更多地从中观、微观层面来分析制度对不同层面的政治行动者的影响,② 如劳资结构、政府间关系、工团组织等。第四,从静态的、独立的制度实体到动态的、嵌入的制度实体。在新制度主义者眼里,制度并不是一个不变的"东西",它更多地表现为一个动态的过程。制度不再是完全独立的实体,而是嵌入特定的环境中,如"嵌于各种政治经济体系中建构人际关系的正式规则或非正式程序、习惯、规范与惯例"。③

新制度主义认为,"制度构建了个人选择方式以及对行为的有效塑造"。也就是说,在解释、描述和预测政治行为及其后果时,是"制度攸关"而不再仅仅强调结构的重要性。④ 制度之所以攸关,是因为政治行为是镶嵌在制度之中,受制度制约或受益于制度所提供的便利。以上关于新制度主义的理论介绍为解释人的社会行为提供了一个新的视角,尤其也适用于诠释改革开放 40 年来湖北省农民的发展历程。湖北省作为中国中部的农业大省,农民群体规模较大,国家层面的正式惠农政策给湖北农民带来了重大的发展机遇,农民群体发生了较大的变化。与此同时,随着改革开放政策的深入推进,无论对传统意义的农民还是对进城务工的农民工乃至农村中的留守群体来讲,对农民产生影响的除了国家正式的法规和政策以外,风俗、习惯等非正式的制度也在为农民群体的社会活动提供着行为规范。尤其是随着国家对户籍等身份管理制度的

---

① 石凯、胡伟:《新制度主义"新"在哪里》,《教学与研究》2006 年第 5 期。
② 同上。
③ 同上。
④ 同上。

逐渐放开，农民身上的制度性桎梏正在减少，文化、风俗、习惯等非正式制度对广大农民群体的形塑作用正在增强，他们逐渐接受着越来越普遍的城市文明，这种市民化的过程改变悄然发生在农民的工作方式、生活方式乃至农民的思维方式上。因此，可以说要想更好地了解农民群体、解释农民群体的行为特征，就需要把农民群体放在正式制度和非正式制度两个框架之下，尤其应该重视非正式制度对农民群体潜移默化的影响作用。

五　理性选择理论

理性选择理论广泛运用于经济学、政治学和社会学等学科领域，在对农民群体的发展变化过程，特别是身份转换的过程进行系统评估时，理性选择理论给予了我们一个非常恰当的视角。

总体来看，理性选择理论是站在人作为"理性人""经济人"的角度上来思考问题的。该理论的核心观点即人采取理性行动来满足自身偏好，以使得其自身效用最大化。社会学中对理性选择理论贡献较大的西方学者有乔治·霍曼斯、彼得·布劳以及詹姆斯·科尔曼，其中霍曼斯和布劳主要是从社会交换的角度出发对群体行为进行解释。而在社会学研究中将理性选择理论发扬光大的是科尔曼，科尔曼对理性选择理论进行了诸多方面的有益补充，他提出了一些基本概念，如行动系统的基本元素、社会行动的基本结构、行动的权力结构、社会优化状态等，同时他也对社会规范和法人行动做出了全面论述。

理性选择理论是本书在刻画案例人物时，想要着重突出的部分。我们在科尔曼所提的诸多概念中选择了其经典的行动系统的三要素（行动者、资源与利益）①作为分析框架，这三个要素也贯穿在本书的具体案例的表述当中（第五章和第六章体现得最为明显）。其中社会行动者同经济学中所提的"具有目的性的理性人"相类似，本书也在最大限度上认为伴随我国改革开放的进程，湖北农民群体充分发挥了其作为社会行动者的功能。一个社会系统内部至少要存在两名行动者，并且每位行动者都

---

① ［美］詹姆斯·科尔曼：《社会理论的基础》，邓方译，社会科学文献出版社 1999 年版，第 34 页。

可以控制着能够使一方获利的资源，包括情感、信息、技能、财富等。而行动者的利益是由一定的偏好和需求构建的，包括来自物质上的、精神上的、社会方面的偏好和需求。本书认为，无论是对于在村务农的群体还是对于外出打工的农民工群体，理性选择的思维始终贯穿于他们的日常生活。

第二章

突破壁垒与身份转型:1978—1984 年
湖北农民群体发展变化回顾

1978 年中国农村改革前,湖北农村地区普遍实行的是"一大二公"的生产责任制,"一大二公"是中国当时开展的人民公社化运动的简称,具体来讲,"一大"是指公社的规模大,"二公"是指公社的公有化程度高。所谓大,就是将原来一两百户的合作社逐步分解成四五千户乃至一两万户的人民公社,一般是一乡一社。所谓公,即将几十个或上百个处于不同经济发展水平的合作社合并后,一切财产上交公社,由公社统一核算、统一支配,实行部分供给制。人民公社化运动在前期取得了骄人的成绩,但合作化到最后,弊端显露无遗。完全的平均主义令勤快的人变得懒惰,令本就懒惰的人变得更加懒散,出工不出力成为普遍现象,这种情况造成农田单位面积的产量严重下滑。改革前的湖北农村,同全国大多数省份农村地区相似,农民的生产积极性大打折扣,过着浑浑噩噩的乡土日子。在未实行农村改革之前,广大农民内部的阶级成分问题严重,地主、富农、中农、贫农等级别划分明显,内部成分差异性的存在造成了农民群体的贫富差距越加显著。可以说,1978 年之前的中国农村发展的道路既崎岖又黑暗,农民的生活处于水深火热之中。

1984 年,无论是对于中国还是对于湖北省来讲,都是具有重大历史意义的年份。从 1978 年到 1984 年,尽管农民背负的农业税负担较轻,但是一些税外负担(乱摊派、乱涨价、乱收费、乱罚款)令人难以承受,湖北省在减轻省内农民负担的工作中脱颖而出,截至 1984 年,陆续发出多部具有标志性的减轻农民额外负担的政府文件。1982 年至

1984 年，连续三年的中央"一号文件"，说明党和中央政府都高度重视家庭联产承包责任制所带来的农民利益的提升。1978 年至 1984 年的湖北省农村经济改革紧紧围绕着国家农村经济发展的主旋律，即家庭联产承包责任制的广泛推行和农村产业结构的重新调整，在此期间极大地提升了湖北农民的生产积极性，省内各类农产品产量稳步增加，多种产业经营方式共同发展，沉闷的乡野大地上终于再次展现出了应有的活跃，"承包户"、高度的"生产积极性"是这一时期农民群体的总体特征。农产品市场由完全封闭到逐渐开放，有"计划"的同时兼顾市场经济发展规律。从 1984 年开始，湖北省高度重视全省乡镇企业的发展，1984 年全省的乡镇企业总产值位于全国第九名。在改革开放初期，中国政府消除了农民间的成分差异。湖北省也开始为地主、富农、反革命分子和坏分子"摘帽"，农民的身份更加统一。这一时期，湖北省响应国家号召，积极发展农村基层民主政治建设，到 1984 年，村民委员会在湖北省内广泛成立。1978 年至 1984 年，中国的农村社会保障政策经历了过渡与重构阶段，而湖北省的农村社保政策尤其是湖北农村的合作医疗发展则经历了一波三折。这一时期，湖北省开始重视农村教育与农业科技推广工作，取得了显著效果。

改革开放初期的湖北农民群体之间同质性较强，这归因于国家消除了农民间的成分差异，加之家庭联产承包责任制刚刚起步，农民间的贫富差距并不大。这一阶段的农民主要进行土地耕种，对土地的依附性较强，农户间的关系常年固定在土地上，村风民风更为朴实。受到城乡二元体制的影响，农村与城市分割明显，农民与城镇居民的交集并不多，农民自身的身份认同更为统一。乡镇企业在这一时期尽管取得一定成绩，但吸纳的农村劳动力数量有限，乡镇企业工人们仍旧"离土不离乡"。

第一节　本时期农村改革与政策演变

农民群体的发展与农村环境的变迁、农业政策的倡导联系紧密，"三农"问题的任何一环都无法孤立存在。我们在探索不同时期的湖北农民群体身份认同的变化时，应对阶段性的农村政策与改革进行梳理，以便更清晰地看到历史发展的轨迹。

改革开放初期，湖北省积极响应国家农村政策号召，在各领域内进行了突破性尝试。尽管在探索改革的道路上布满荆棘，党和政府却秉持初心，带领广大农民群众奋勇前行。相较于改革开放前，这一时期的湖北农村在减轻农民各类税外负担、促进经济发展、加强基层民主政治建设、实施社会保障、开展文化服务的工作中均取得了不同程度的进步，农民群众受益良多。

一　减轻农民税外负担

以 1978 年中国共产党十一届三中全会的召开为主要标志，中国进入了改革开放的新时代。"改革开放"之战最先打响于农村，在农村推行以家庭联产承包经营为基础、统分结合的双层经营体制。这一体制的确立打破了根深蒂固的农村经营主体——社队集体经营的统治局面，转而向个体农户经营迈进。这一转变显然有利于农民自主性的充分发挥，但同时也使得农村负担的主体移向农户家庭。国家农业税、"三提五统"费用及其他税费负担均由农民直接承担。从 1979 年开始，中国逐步推进农产品流通体制的改革，在统购统销阶段，大幅度地提升农副产品的收购价格，增加农民收入。相关数据显示，从 1978 年到 1984 年，中国农产品的收购价格一共提高了 54%。[1] 同时国家开始主张对农产品的流通实行有计划的市场调节，打破了统购统销的垄断地位，以此丰富经营渠道，促进农产品市场的良性竞争。农民只需要把控好农产品质量，农产品供应和消费可以依靠市场的调节作用。市场因素的介入对于农民而言有利有弊，弊端在于能力的不同，必然会造成一部分农民的收入增长缓慢。这一时期，农民背负的农业税负担较轻，[2] 但是一些税外负担令人难以承受，一些相关部门受到利益蛊惑，过高地预估农民的经济承受能力，对农民实行"乱收费、乱集资、乱摊派"的"三乱"现象愈演愈烈。据统计，1983 年到 1988 年，

---

[1]　中国社会科学院农村发展研究所和国家统计局农村社会经济调查总队：《2000—2001年：中国农村经济形势分析与预测》，社会科学文献出版社 2001 年版，第 230 页。

[2]　陈俭、段艳：《1978—2006 年中国农民负担问题研究》，《江汉论坛》2010 年第 1 期。

中国农民负担各项费用的总额每年都要增长近9.7%。[①]

1978 年 10 月 13 日，中共湖北省委下发《关于大办社会主义农业，解决农民不合理负担的意见（试行草案）》，其目的在于巩固农村的整风成果。该草案意见提出了一些有利于减轻农民负担的规定，如要求严厉打击投机倒把，勒令禁止请客送礼、大吃大喝、铺张浪费、乱盖楼堂馆所等；规定任何单位不得向社队乱行摊派，要坚决退赔无偿平调的社队劳力、财力及物力，同时不准其扣留和挪用国家各项支农资金；社队不允许随便增加脱产人员，要严格控制常年离队的劳动力；在发展社队企业或是进行农田基本建设时，组织协调中必须要严格贯彻等价交换、自愿互利的原则。1979 年 8 月 16 日，湖北省革命委员会发出了《关于实行农业税起征点办法的通知》，该通知充分结合了湖北省历年口粮的最低标准和穷困社队收入的实际情况，将湖北省农业税起征点的标准定为人均口粮水稻产区 420 斤，杂粮产区 300 斤以上，人均分配收入 50 元以上。该通知同时也提出要求，凡口粮、收入均在起征点以下者，一律免征；有一项未达标者，减免一半；在按规定缴纳完毕后，口粮和收入又降为起征点以下的，应酌情减征，减征范围不超过五成。1984 年 12 月 27 日，中共湖北省委、湖北省人民政府发出《关于贯彻党中央、国务院〈关于帮助贫困地区尽快改变面貌的通知〉的若干规定》，要求给贫困地区的农民更大的自主权，减轻其税负，放宽购销政策。湖北省农民的直接负担从总体上有所减轻。

二　家庭联产承包：提升农民生产积极性

中国农村的农业经营体制改革始于 1978 年的家庭联产承包责任制，这种责任制与改革前的人民公社体制形成鲜明对比，同时为中国农民群体的多样性发展奠定了制度基础。我们知道，小岗村的"包产到户"方案获得了成功，不仅粮食产量获得了大丰收，而且 1979 年第一次向国家交了公粮，还上了贷款。这一成功的现实案例，得到了国家的重视，生产责任制开始向全国推广。尤其以 1982 年的中央"一号文件"《全国农村工作会议纪要》为重要指示，包产到户、包产到组的责任制政策开始

---

① 孙梅军：《农民负担的现状及其过重的根源》，《中国农村经济》1998 年第 4 期。

惠及全国各地。1983 年的中央"一号文件"《当前农村经济政策的若干问题》更是将家庭联产承包责任制评价为"在党的领导下中国农民的伟大创造，是马克思主义农业合作化理论在我国实践中的新发展"。1984 年的中央"一号文件"《关于一九八四年农村工作的通知》，要求延长土地承包期，使得中国农民在家庭经营基础上扩大规模，提升效益。连续三年的中央"一号文件"都高度重视家庭联产承包责任制所带来的农民利益的提升，而在此后的中央其他文件以及领导人的重要讲话中，家庭联产承包责任制的地位更加稳固。

家庭联产承包责任制让中国农民拥有更多的"自由"，让其能够自己掌握生存的命运。农民的直接利益与生产积极性高度相关，一片死寂的中国农村再度焕发出了勃勃生机。可以说，在这一时期，家庭联产承包责任制让中国农民重新恢复了对耕种土地的兴趣和信心，农民群体在这一时期的身份认同更为积极，从缺少衣食到基本温饱得到解决并有额外剩余，这种满足感与幸福感在这一时期的农民群体中体现得更为明显。家庭联产承包责任制更是为乡镇企业的发展、农副产品的流通、农业生产的市场化提供了基础，为中国今后的农业现代化发展道路指明了方向。

1978 年底，党的十一届三中全会胜利召开后，农村改革的呼声一浪高过一浪。1979 年 4 月 15 日，时任湖北省委第二书记的韩宁夫在考察了恩施自治州后对省委做出了汇报，汇报中指出一般的农活可以按照定额计酬的方式继续实行分组作业、小段包工，对一些包工到组、联产计酬的生产队要切实加强领导，重视并努力解决好其中出现的新问题。对于居于深山、位置偏僻的农户，许可其实行"包产到户"。[①] 宜昌县、黄冈县的部分农业生产队实行的联产计酬，取得了显著的经济效果，深受广大农民群众的欢迎。联产计酬的实行，也成了湖北省农村经济体制改革的先声。1980 年 9 月 26 日至 10 月 4 日，中共湖北省委召开各地市委书记座谈会，讨论推行农业生产责任制的问题。此次座谈会达成共识，只要有条件的生产队都应当引导其搞联产计酬责任制。这次会议对湖北农

---

① 王性初：《解放思想与新时期湖北农村改革》，《社会科学动态》1998 年第 11 期。

村改革的发展发挥了关键作用。① 1981 年 3 月 10 日,湖北省委批转了《省委农村工作会议讨论农业生产责任制几个问题的纪要》,指出责任制还没有确定的生产队要尽快确定,已经确定下来的生产队则要摸索总结经验,不断巩固和发展生产。1981 年 9 月,湖北省委批转了全省农村工作会议《关于进一步加强和完善农业生产责任制的讨论纪要》,自此之后,"大包干"在全省普及开来。1982 年 4 月 12 日,中共湖北省委批转《关于当前农村总结、完善、稳定农业生产责任制问题的讨论纪要》,认为在农业生产责任制普遍确立的情况下,要将工作重心转移到总结、完善和稳定上面来。从 1979 年到 1983 年,全省实行联产承包的生产队数逐年增多(见表 2—1)。省内的粮食、棉花、渔业、养殖等产量较以往大幅度提升,1984 年的产量甚至创造了中华人民共和国成立以来的历史之最,首次出现了农产品全面富余的局面。②

表 2—1 　　　　　　　　湖北省农村家庭联产责任制发展情况

	1979 年	1980 年	1981 年	1982 年	1983 年
生产队数(万个)	23.81	25.53	27.50	27.34	26.81
实行联产承包责任制的队数(万个)	2.38	7.65	26.37	25.22	26.78
实行大包干的队数(万个)	—	—	8.25	20.51	26.59
实行联产承包责任制的户数(万个)	—	—	—	729.85	814.53
实行大包干的户数(万个)	—	—	—	567.48	806.71
联产承包队数占生产队数的百分比(%)	10	30	95.9	92.2	99.9
大包干队数占生产队数的百分比(%)	—	—	30	75	99.2
联产承包户数占乡(社)总户数的百分比(%)	—	—	30	87.7	96.3
大包干户数占乡(社)总户数的百分比(%)	—	—	—	68.2	95.4

注:1983 年生产队数包括村民小组数。

资料来源:《湖北农村经济 1949—1989》,中国统计出版社 1990 年版。

---

① 廖长林、陶新安:《湖北农村经济发展战略的历史考察》,《湖北社会科学》2007 年第 10 期。

② 李庆仁:《回眸湖北农村改革开放 20 年》,《今日湖北(理论)》1999 年第 4 期。

三　农产品流通：摆脱计划束缚

1978 年至 1980 年，这三年时间内中国陆续对粮食和其他类农产品实行统购统销政策。如 1979 年和 1980 年，在这两年间国家就重新划分粮食、棉花、木材等为统购的范围，将茶叶、烟草等 127 种农产品划分到派购的范围内。① 前期统购统销政策的贯彻执行，为中国 20 世纪 80 年代初工业化的快速发展以及缓解这一时期内的农产品供求矛盾起到了关键性作用。统购统销政策的弊端也体现得非常明显，它造成了中国农业生产和销售市场的脱轨，不利于农产品的自由流通。

党的十一届三中全会胜利召开后，中国的经济体制开始向市场经济靠拢，实行有计划的市场调节。统购统销政策的统治地位逐渐被打破，农产品的流通逐步被放开。中共中央在 1983 年的中央"一号文件"中重点指出，少数的极其重要的农副产品有必要继续实行统购，但是种类不能过多；对于统购派购后剩余的农产品以及非统购派购的农产品则鼓励多种方式经营。

高度集中统一的计划经济体制是中华人民共和国成立后的核心体制，在国家困难时期起到了关键作用。中国农村的生产经营管理体制按照计划经济的要求进行规划，伴随时代进步，市场需求发生了天翻地覆的变化，逐渐摆脱"计划"的束缚由市场规律自然调节成了时代的必然。

1979 年 3 月 3 日至 8 日，中共湖北省委召开各地、市委主管农业的书记会议，讨论当时农村的主要工作问题。根据会议内容整理后，下发了《关于当前农村工作几个问题的讨论纪要》，宣布从 1979 年新棉收购之日起，其收购价格要提高 15%，同时也要适当提高棉籽油、短棉绒的收购价格。1979 年 7 月 14 日，中共湖北省委转发了《全省工商行政管理局长会议纪要》，重新限定了农副产品的统购范围。除了棉花不允许上市外，生猪完成派购任务后允许多余的拿来上市，其他农副产品均允许上市。大队集体所有的农副产品中，除了棉花不允许上市，粮食和油脂在收购期间不允许上市，在统购任务完成后，以县为单位进行开放，全年

① 关锐捷：《中国农产品流通体制改革的战略思考》，《财贸经济》2001 年第 4 期。

任务完成后，实行全部开放。部分农产品的上市与农产品价格的提升，帮助农民增加了收益。

四　乡镇企业发展：低谷到奋进

社队企业在中国经济中的地位正式确定是在 1979 年 9 月 28 日中国共产党第十一届中央委员会第四次全体会议高票通过的《中共中央关于加快农业发展若干问题的决定》。到了 1984 年 3 月，农牧渔业部出台《关于开创社队企业新局面的报告》，得到了中共中央和国务院转发，并将社队企业改称为乡镇企业，报告高度肯定了乡镇企业的重要作用。乡镇企业是中国农民群体的一大创举，它在改革开放进程的大背景下，在当时中国特殊的经济体制内不断发展壮大。1978 年至 1984 年，乡镇企业雇用了相当规模的农村剩余劳动力，既保证了部分乡村剩余劳动力有事可做，增加其额外收入，提升其生活水平，同时也满足了乡镇企业的用人需求，充分做到了从农民中来，到农民中去。

从 1979 年到 1983 年，由于湖北省对于当时农村改革形势认识不够深刻，对"调整、改革、整顿、提高"的社队企业发展方针缺乏深刻的理解，使得社队企业背负了一些"莫须有"的"罪名"，如误认为社队企业与国有企业争资源、争原料、争市场等，大大降低了农村社队企业的发展积极性。1978 年到 1983 年这五年间的总产值净增 21 亿元，年递增率为 16%，要远低于 1979 年前五年平均每年递增 27.3% 的水平。[①] 湖北省乡镇企业发展的转折点是在 1984 年，在这一年，国家将社队企业改为乡镇企业，并扩大其范围，在原来乡、村两级的基础上增添进联户和个体，充分肯定了乡镇企业的突出作用（见表 2—2）。湖北省委、省政府也在《关于贯彻落实中央〔1984〕1 号文件若干经济政策问题的决定》中坚决强调，对待乡镇企业的发展要给予大力支持，令其能够施展拳脚大有一番作为，以最后形成多层次、多形式、多成分的发展局面。同时决定将全省经济工作的主攻方向与"中部崛起"的实现路径指向乡镇企业的发展，要求各部门无论在资金还是在技术方面都要给予积极扶持。这样在 1984 年，湖北省的乡镇企业总产值达到 73.90 亿元，比上年净增长 80%，

---

① 《湖北农村经济 1949—1989》，中国统计出版社 1990 年版，第 52 页。

排名全国第九（见表2—3）。

表2—2　　　　　　　　**湖北省各经济类型乡镇企业单位数**　　　　（单位：万个）

年份	总计	乡办	村办	联户	个体
1978	11.15	1.60	9.55	—	—
1979	11.37	1.55	9.82	—	—
1980	11.18	1.58	9.60	—	—
1981	10.66	1.60	9.06	—	—
1982	10.81	1.64	9.17	—	—
1983	10.85	1.71	9.14	—	—
1984	39.90	2.29	12.94	3.84	20.83

资料来源：《湖北农村经济1949—1989》，中国统计出版社1990年版。

表2—3　　　　　　　　**湖北省各经济类型乡镇企业总产值**
（按现行价格计算）　　　　（单位：亿元）

年份	总计	乡办	村办	联户	个体
1978	19.17	11.88	7.29	—	—
1979	22.02	13.11	8.91	—	—
1980	24.05	14.60	9.45	—	—
1981	26.26	16.25	10.01	—	—
1982	30.55	18.75	11.80	—	—
1983	40.13	24.63	15.50	—	—
1984	73.90	34.89	24.58	5.92	8.51

资料来源：《湖北农村经济1949—1989》，中国统计出版社1990年版。

五　阶级成分修正：为四类分子"摘帽"

1979年1月11日，中共中央发出文件《关于地主、富农分子摘帽和地、富子女成分问题的决定》，该文件指出，绝大多数的地主、富农、反革命分子、坏分子经过常年的劳动改造，已经成为能够自食其力的劳动者，有必要为其摘掉先前所戴的政治"帽子"。这四类分子的子女也不应当像其父辈们那样受到打击,他们都是在新社会下成长起来的,具备遵纪守法、诚实劳动的品质。

1979 年 2 月 2 日,中共湖北省委发出《关于贯彻执行〈中共中央关于地主、富农分子摘帽和地、富子女成分问题的决定〉的通知》。截至 1979 年 2 月,湖北省共有四类分子 46 万余人,加上其亲属和子女等,有 200 万余人①,这是一个规模庞大的群体,必须要重新划分其成分,从而使其能更好地为全省的社会主义发展建设做出应有的贡献。通过此文件的指示精神,湖北省开始为四类分子及其子女"摘帽"。到 1979 年 9 月,全省共为四类分子"摘帽"41.3946 万人,"摘帽"比例高达 92.7%,其中纠正错戴"帽子"的约 1.524 万人。同时为地主、富农子女及其第三代按照其社会职业重新确定成分的达 117.7 万余人②。至此,湖北省有效解决了历史遗留的农村社会阶级成分问题,广大农村群众将以崭新的社会身份投入全面的社会主义事业中。

六 基层民主政治建设:自发开启

1978 年到 1984 年,中国的农村政治体制改革从村、乡两条路线出发,即从村民自治改革和乡镇政权改革两个方面分别进行。

中国的村民自治改革基于"四个民主",即民主选举、民主决策、民主管理和民主监督。"文化大革命"的惨痛教训让中国再次深刻认识到民主的重要性,因此在村民自治改革过程中,中国始终坚持以民主化为导向,在农村地区发展社会主义民主。在民主发展的过程当中,国家相继出台了多项重要会议要求,如 1981 年 6 月 27 日党的十一届六中全会提出"在基层政权和基层社会生活中逐步实现人民的直接民主";1982 年 9 月党的十二大上更是指出中国的社会主义民主要扩大到政治、经济、社会的方方面面;1982 年《中华人民共和国宪法》明确规定了村民委员会是基层村民自治组织,坚决贯彻了民主的原则精神。

---

① 湖北省档案馆:《湖北改革开放 30 年大事记(1978—2008)》,湖北人民出版社 2010 年版,第 7 页。

② 同上。

中国的乡镇政权改革得益于全国农村家庭联产承包责任制的大面积实行，在此之前人民公社"政社合一"的特性逐渐被废除。1982 年 12 月全国人民代表大会第五次会议通过的《中华人民共和国宪法》中第 95 条规定了"乡、民族乡、镇设立人民代表大会和人民政府"，在第 110 条中也规定了"农村按照居住地设立的村民委员会属于基层群众性自治组织"。至此，"乡政村治"的政权体系完整确立。从 1983 年 10 月 12 日由中共中央、国务院发出的《关于实行政社分开，建立乡政府的通知》到 1984 年底，中国的乡镇级政府如雨后春笋般成立起来。"政社分离"使得中国乡镇政府的工作目标更为明确，工作效率显著提升。随着国家乡镇政府的普遍建立，乡镇政权的改革便在所难免。综合来看，这一时期的农村政治体制改革取得了一定的成效，乡村的政治环境得到了一定程度的改善，在关乎农民群体切身利益的选举、乡镇企业发展等方面，更为合理协调。

农村基层民主政治建设一直是中国农村政治工作的重中之重，基层建设根基打得牢，农民群众的政治满意度和生活幸福感将会大大增加，从而进一步提升社会的和谐稳定程度。1978 年至 1984 年，湖北省农村的基层民主政治建设处于自发开启的阶段，全省顺应时代潮流，将村民自治的建设理念坚决贯彻执行，获得了农村群众的广泛好评。

在这一阶段，农民群众为了突出自身主体性质，让自己真正成为国家主人与政治上的现代公民，开始自发地通过各种方式来突破以往公社体制所带来的限制。湖北省的农村基层民主政策紧跟时代步伐。1983 年 1 月，湖北省民政局出台《关于全省农村基层政权和基层组织建设的意见（讨论稿）》，该文件要求全省农村应该按照居住地区成立村民委员会，村子规模原则上要以现有生产大队为基础；同时出台《关于做好村民委员会工作的意见（讨论稿）》，分别从村民委员会的性质、应有规模、行政地位、人员构成、部门安排等方面提出了建设性的意见。从 1983 年到 1984 年，短短两年的时间内，村民委员会便分布在湖北省内的大多数农村地区中（见表 2—4）。

表2—4　　　　　　　　湖北省农村基层组织　　　　　（单位：个）

年份	乡政府	民族乡	镇政府	民族镇	区公所	街道办事处	村民委员会	村民小组
1980	—	—	115	—	—	—		
1981	—	—	123	—	—	—		
1982	—	—	127	—	—	—		
1983	73	—	148	—	—	—	331	3346
1984	3956	—	775	—	704	—	32642	263085

　　注：1. 1983 年镇政府包括政社已经分开的镇政府、乡辖镇和政社分开的县辖镇，不包括公社辖镇。

　　2. 1984 年的镇政府包括县、区、乡辖镇。

　　资料来源：《湖北农村经济 1949—1989》，中国统计出版社 1990 年版。

七　合作医疗历程：一波三折

　　看病就医是作为一名普通公民应当享受的基本权利，农村地区的医疗卫生条件有限，加之中国农村户籍人口众多，看病就医的需求量远远高于城市。为了解决这一问题，缓解农民就医难的紧张状况，农村合作医疗制度应运而生。农村合作医疗作为解决农民医疗保障问题的一种创造性尝试，是中国整个社会保障体系的重要组成部分。

　　1978 年至 1984 年，湖北省农村合作医疗事业整体上经历了从误解停滞到发展兴盛再到逐步萎缩下滑，这期间存在着一定的困难，诸多现实因素阻碍着全省的农村合作医疗事业向更高层次迈进。1978 年，在贯彻学习当年中央文件时，有些地方干部对合作医疗产生了误解，认为其加重了农民的生活负担而将其停办。涉及政治路线的问题，各地又是进一步将合作医疗当作极"左"思潮的产物加以批判。到了 1979 年，相关数据显示，该年底湖北省有 3835 个生产大队停办了农村合作医疗，其中有286 个大队更是将其转向为经营副业，当年的农村合作医疗覆盖率仅为83%，这相比于 1976 年 98.8% 的最高纪录降低幅度较大。[①] 可以说，

---

　　① 湖北省地方志编撰委员会：《湖北省志·卫生》（下），湖北人民出版社 2000 年版，第1124 页。

1978 年和 1979 年是全省对合作医疗的误解最深的两年，主要原因仍旧要归结为思想解放的不够深入。从 1980 年开始，全省的农村合作医疗事业迎来转折。1980 年 2 月，省人民政府批准了省卫生局的《关于进一步加强农村合作医疗的请示报告》，要求全省各地加强对农村合作医疗的领导，建立健全合作医疗的管理制度，同时要稳定与提高全省的赤脚医生队伍。同年底，省卫生局在全省农村合作医疗经验交流会中深入总结了湖北在过去 20 多年中办合作医疗的经验教训，在肯定了相关成功经验的同时，指出了思想路线上的激进与偏差造成了该项事业的停滞不前。这次会议提出了一些整顿的要求，如坚定走合作医疗路线的决心，从实际出发，因地制宜，多渠道筹集资金；以岗位责任制为中心建立规章制度与管理办法；从分田、报酬等方面稳定和提高赤脚医生队伍。1981 年 4 月，湖北省政府再一次重新制定了《湖北省农村合作医疗管理办法（暂行）》。该管理办法将农村合作医疗重新定性，强调其突出性贡献，认为它是广大社员群众依靠集体力量，在自愿互利的前提条件下建立起来的社会主义医疗制度与社会福利事业。同时承认它是在湖北省乃至全国现有经济水平下解决农村群众看病就医和预防疾病的最佳途径，各地政府应当努力创造条件，给予大力支持。1980 年和 1981 年是全省农村合作医疗事业最受关注的两年，同时也是发展最为兴盛的两年。经过这两年的整顿，到 1981 年底，全省实行合作医疗的生产大队数量达到 27389 个，赤脚医生数量达到 75811 人，农村合作医疗覆盖率回升至 86.2%。① 从 1982 年起至 1985 年，全省的农村合作医疗事业出现低谷。1982 年，湖北省普遍推行了家庭联产承包责任制，这一体制的实施波及了众多方面的发展。一些地区的生产大队和公共集体经济的解体，造成了社队的基层组织职能不再像以往那样具备权威性，这使得农村合作医疗工作的推广更为随意，加之对赤脚医生的整治不够彻底，私开诊所、乱收费用、使用伪劣药品等牟取暴利，令农民群众苦不堪言。这样的混乱也造成了 20 世纪 80 年代湖北省的农村合作医疗覆盖率持续下降。1982 年底，全省覆盖率为 80.9%，1983 年全省实行合作

---

① 湖北省卫生局：《全省农村合作医疗、赤脚医生等变动情况》，《湖北省卫生统计资料汇编》，1981 年。

医疗的大队数量仅为 3845 个，大幅度减少，同时覆盖率降低至 11.7%[①]。

八 农村文化建设：软硬兼具

党的十一届三中全会后，中国确立了改革开放的发展战略，在一手抓经济建设的同时，另一手也在积极努力地开展全国文化建设，特别是农村文化建设。

农村文化建设可以从软实力建设与硬实力建设两方面同时发展，软实力建设侧重农民群众的思想道德素质的发展，对于传统的农村文化秉持"取其精华、去其糟粕"的中心思想，更多的是为了培养适应现代社会生活的新型农民。硬实力建设则侧重关乎祖国花朵未来发展的农村基础教育建设、农村文化基础设施建设等方面，主张从看得见、摸得着的举措中开展农村文化建设。作为社会主义文化建设的一项重要内容，从宏观层面来说，农村文化建设对于"三农"的影响巨大，是其健康前行的源泉，而从微观层面来看，它对广大农民的日常生活有着至关重要的现实意义。

（一）发展农村教育事业

国家发展的希望在于青少年一代能够接受良好的教育，对于农民家庭而言，更是需要依靠教育来改变整个家族的命运轨迹。从宏观层面来看，农村教育对农村经济的蓬勃发展、农业现代化的顺利实现以及农村文化环境的改善都将起到关键性作用。

从 1979 年开始到 90 年代初，中央针对农村基础教育的发展和改革等现实性问题做出了一系列指示，进一步明确了中国农村基础教育发展的目标以及改革的主要方向。首先，各级党委和政府要高度重视农村基础教育的重要作用，转变自身的思想观念。为此，1983 年 5 月，中共中央、国务院发出《关于加强和改革农村学校教育若干问题的通知》，要求"各级党委和政府必须充分认识加强和改革农村学校教育、提高农民文化水平的重要性和紧迫性，认清教育在农业现代化

---

① 湖北省卫生局：《各地、州、市、县农村卫生组织情况》（一），《湖北省卫生统计资料汇编》，1985 年。

建设中的地位和作用"。同时也做出了重要指示，"各级党政领导要以对国家和民族的未来着想的高度责任感，切实把农村学校教育工作抓紧抓好"。此文件的发出充分表达了党中央发展农村基础教育的坚定决心。其次，转变农村基础教育的培养模式，由以往固定化的应试教育转变为培养当地建设性人才，同时兼顾升学的路径。这样从农村培养出来的年青一代，才能够真正为家乡的经济发展出谋划策，做出其应有的贡献。最后，农村义务教育的普及成为当时较为紧迫的任务，为了能够让广大农村适龄儿童和青少年平等地享有受教育的机会和权利，让义务教育能够及时地得到法律上的保障，国家在促成义务教育法的工作中不断努力着。

湖北省荆门县会集公社在有限条件下合理有效地发展了农村教育事业，全社紧抓学校的勤工俭学，节省了不小的开支。全社利用此项收入修建校舍、购置教学设备，大大改善了办学条件。同时全社积极创办小学和中学，使得广大农民子女都能入学读书。从 1975 年起，小学五年教育的普及率和巩固率均在 95% 以上，并且从 1977 年开始全部小学毕业生都可升入初中。自 1977 年恢复高考制度以来，会集公社向国家输送了大中专新生 124 名，[1] 为农村培养了大批有社会主义觉悟有文化的劳动者。湖北省通山县湄港乡政府实行"一抓二增"的措施，将全乡的教育事业整理得井井有条，呈现一派生机盎然的景象。"一抓"即乡政府主要领导亲自抓村党支部书记和主任，村党支部抓各村民小组组长；"二增"即从企业利润中为教育增加教育经费，同时增派领导力量加强对学校的领导。[2]

这一阶段湖北农村教育事业在部分地区有了非常明显的提升，但是伴随生产责任制的逐步完善，农村的教育事业发展也出现了众多新问题。1981 年 7 月 24 日和 25 日，湖北省教育局连续两天向教育部、省人大常委会办公厅、省政府办公厅等报送教育情况反映，主要汇集成了《实行生产责任制后农村教育出现新问题（一）（二）》。出现的问题主

---

① 中共荆门县会集公社委员会：《坚持抓好勤工俭学 发展农村教育事业》，《湖北省勤工俭学经验交流会议材料》，1979 年 10 月。

② 《环城区湄港乡分级办学情况介绍》。来源：湖北省档案馆。

要有：由于一些地方的生产责任制不尽完善，农村教育工作并没有适应这种变化了的新形势，有相当一部分的民办教师报酬落实不下来，生活出现了严重困难的情况。虽然湖北省出台的有关文件规定民办教师不分配责任田，但在实际行动上，仍旧有社队照分不误。这样的结果便加重了民办教师在教学之外沉重的负担，反映在教学中，便出现了随意停课放假、教学生产两头忙、边教书边搞副业等，一些教师已经弃教务农、弃教经副。教师队伍的减少对于当时湖北省农村教育事业的发展是极为不利的。此外，在农村社队实行生产责任制后，大队办学困难增加，大队干部忙于种植责任田，无心管学校，集体积累减少，无力建学校。一些地方拆队拆校，造成办学条件上的新困难，同时社队集体群众分学校的"四争"（争地、争肥、争水、争房屋）事件屡见不鲜。1980年全省发生殴打教师的事件369起，其中近1/3是由"四争"引发的。还有些地县反映，实行生产责任制后，农村学生的流动性比较大，流动率初中最高，高中次之，小学较低。可以说是年级越高，流动越大。引起学生流动的原因有四个，一是"包产到户"，学生要回家劳务，替家长出工；二是家长要留学生在家搞副业，挣现钱；三是有些社队提出"谁读书，谁出钱"，擅自提高学杂费标准，以此解决民办教师报酬，造成学生流动；四是由于上述的教学秩序混乱，造成教育质量下降，家长不让子女继续上学。20世纪80年代初，湖北农村教育出现的这些新问题不利于农村人口素质的进一步提升，严重打击了农村教育发展的积极性。

（二）健全文化服务体系

改革开放以前，中国农村的文化服务体系并不健全，农民群众基本的文化需求无法得到满足，为了改变这种农村文化服务缺失的状态，保障农民群众基本的文化权益，中国共产党积极开展了农村地区的文化服务体系建设。1983年1月，中共中央要求"各级新闻、出版、广播、电视、文化部门，都要面向农村，重视对农村的宣传教育，满足八亿农民健康的和具有高尚情操的文化生活和农村精神文明建设的需要。鼓励作家和艺术家到农村去体验生活，多创作体现农村题材的作品，编写农村读物"。① 在这之后，大量的文艺会演走进了农村，拉近了与农村百姓间的距离，更多反映农民群体的电影和电视连续剧出现在了荧屏上。

湖北省妇联全力倡导农村家庭教育。1984 年 7 月 14 日，湖北省妇女联合会转发了原省妇联主席刘世英同志《在全省农村家庭教育现场经验交流会上的小结》的报告。报告中谈到了当时全省农村家庭教育的基本情况，农村家庭教育相较于城市起步晚，但也正在由点及面地逐步展开。各地抓了一至几个试点，并取得了一些成效，有的地方开展了一些宣传工作，或在节日期间举办了该方面的讲座。但是，全省大部分农村地区没有开展这项工作，应把这项工作在全省广泛深入持久地开展起来。该报告提出了几点建议，即全省家庭教育现场经验交流会的精神，要扎扎实实地宣传贯彻下去；争取党委重视和各部门的支持，建立健全家庭教育机构；在农村开展家庭教育，必须紧密联系实际，从实际出发，因地制宜；把家庭教育与学校、社会教育结合起来；在开展"五好"家庭活动中，开展争做"合格母亲"的活动；同时妇女干部要认真钻研家庭教育这门科学，提高家庭教育质量。

湖北省农村家庭文化室活动的蓬勃发展。如 1982 年中共湖北省光化县委 33 号文件《关于农村家庭文化室前段活动情况和进一步发展意见的报告》，对光化县该阶段的农村文化生活做出了总结。自 1981 年以来，全县农村全面实行了各种形式的生产责任制，随着生产组织形式的变化，农民经济上逐步富裕，时间上有了空余，对文化生活也有了新的要求，农村家庭文化室在当时便应运而生。到 1982 年，光化县的家庭文化室发展到了 29 个，在精神文明建设和活跃群众文化生活中发挥了很大作用。首先是提高了群众的思想觉悟，通过电视、图书、演唱等活动，群众中关心国家大事的增多了，违法乱纪的减少了。其次是促进了科研活动的开展，随着生产责任制的不断完善，农民的生产积极性被充分调动起来，农村出现了科学热。家庭文化室在满足群众对科学技术的追求方面发挥了积极作用。最后是丰富了群众的文化生活，在当时由于国家财力的困难，国家的文化设施不可能太多，各公社往往只有一个文化站，每站有不超过两人的专业人员，单靠国家的力量远远满足不了人民群众日益增

---

① 《十二大以来重要文献选编》（上），人民出版社 1986 年版，第 278—279 页。

长的文化需要。因此，光化县在此方面充分做到了依靠群众自己的力量开展日常性的文化活动。

（三）推广农业科学技术

改革开放以前，中国农村地区农业科学技术推广的范围有限，缺少适合农业科技创新与推广平台的大环境，国内的中心议题集中在政治生态上，经济发展和文化创新均次之，大量的农业有用之才遭受到极为不公正的待遇，这样的国家发展策略显然不利于农业科学技术的推广。中国在农村改革前，农业技术已经处于较为落后的状态，加之农民群众的整体种植力度减小，因此造成了中国改革前的农业产量并不十分理想，大量农民处于基本贫困线以下，温饱问题得不到有效解决。然而，当中国农村最先打响改革开放之战后，国家农业发展得到了前所未有的重视。中国及时认清农业技术的推广是促进农业科学技术成果的转化、推动农业科学技术进步的动力，同时更是国家实现农业工业化、产业化和现代化的重要保障。农业科学技术的推广让农村的面貌发生了翻天覆地的变化，农村也能够应用到适合自身的科技，锄头、扁担等不再完全是农民的贴身标志了。学习新的农业技术可以丰富广大农民的生活内容，同时新技术带来的农作物产出的高效益更加激发农民群众投身其中的积极性。1982 年的中央"一号文件"，党中央强调要动员和组织全国各方面的研究力量，拟定一批农林牧渔业相关的科研重点项目，对各级农业科研、教育及推广机构要求相互配合、加强协作。1983 年初，中央政治局在探讨农村经济政策的若干问题时，提出诸多可行路径，如通过建立技术承包制度，培养科技示范户，鼓励成立技术服务公司、科技普及协会等来普及农业科学技术知识、推广农业科学技术成果，[①] 造福农民群众。

截至 1983 年 9 月，湖北省 72 个县 1 个林区中已有 69 个县恢复和建立了科学技术协会；各地、市、县已建立直属科学技术学会、协会、研究会 882 个，拥有会员 4 万余人，全省已有 34% 的公社建立了科技普及协会，拥有会员 63000 多人，[②] 开始形成了群众性的农业科技队伍。各级

---

① 《十二大以来重要文献选编》（上），人民出版社 1986 年版，第 262—263 页。

② 中共湖北省委政策研究室编：《关于湖北农村文化建设的综合调查报告（一）》，《调查研究》增刊，1983 年 9 月 16 日，第 3 页。

科技群众组织与科技管理部门、农业技术部门以及其他文化工作部门紧密配合，广泛开展了科技培训、技术交流、技术承包、科技咨询服务和多种形式的科普宣传活动。1982 年，各地县编印的科普宣传资料达数百种，印发 200 万册以上；全省举办农业技术展览 1200 余次，举办半年以上的培训班 4600 期，培训了 41.9 万人次。[1] 在湖北农村群众学科学、用科学的热潮中，农业科技人员同农民土专家相结合，使现代科学技术与传统农业技术相融合，为农村各级党政机关制定增产措施，帮助农民"科学致富"。湖北农村此阶段出现的"科学热"现象，有助于武装农民群众的致富头脑，建立浓厚的勤学善用的氛围，对湖北农村文化建设的发展起到了积极的促进作用。

第二节　本时期湖北农民家庭经济发展状况

1978 年到 1984 年，湖北农民家庭经济发展状况较于改革开放前有了突破性的提升，家庭人均年收入增长显著，但各地农民收入水平参差不齐；全省农民年人均支出逐年增加，但生活质量不高，仅能维持基本温饱；日常耐用品逐渐普及到家家户户。农业生产条件得到了有效改善，机械化工作效率与劳动生产率不断提升。

一　家庭收入

如表 2—5 所示，1978 年至 1984 年，湖北省农民家庭的人均年纯收入稳步提升，由 1978 年的 110.52 元提升到 1984 年的 392.30 元。从 1983年开始，由于全省农村家庭联产承包责任制的大面积推行，全省农民家庭人均年纯收入从集体中获得收入的比重越来越小，家庭经营成了 1983年后的农民主要的收入来源渠道，同时一些其他非生产性的收入也在逐年增多。

---

① 中共湖北省委政策研究室编：《关于湖北农村文化建设的综合调查报告（一）》，《调查研究》增刊，1983 年 9 月 16 日，第 4 页。

表 2—5 　　　　　　　湖北省农民家庭人均年收入及构成情况　　　　　（单位:元）

年份	全年总收入	全年纯收入	1. 集体获得	2. 经济联合体中获得	3. 家庭经营获得	4. 其他非生产性收入
1978	122. 78	110. 52	88. 27	—	17. 96	4. 29
1979	174. 64	159. 68	114. 46	—	36. 83	8. 39
1980	182. 89	169. 96	99. 56	—	53. 46	16. 94
1981	232. 64	217. 44	113. 10	—	80. 81	23. 53
1982	331. 51	286. 07	161. 85	—	100. 19	24. 03
1983	405. 14	299. 24	22. 72	0. 07	249. 86	26. 59
1984	525. 86	392. 30	26. 03	1. 21	334. 83	30. 23

资料来源:《湖北农村经济 1949—1989》,中国统计出版社 1990 年版。

二　家庭消费

在湖北省农民家庭全年人均生活消费上,如表 2—6 所示。从 1978 年到 1984 年,全省农民年人均支出逐年增加,由 1978 年的 121. 52 元增加到了 1984 年的 470. 34 元。其中,生活消费支出占总支出的比重逐年下降,由 1978 年的 88. 05% 降低至 1984 年的 64. 85%。生活消费支出中,食品支出依然是主要部分,其他方面如衣、住、用等所占比重较轻。由此可见,这段时期中,湖北农民依然在为努力填饱肚子而奋斗。花在解决最基本的生理需求的费用越多,说明此时期湖北农民在精神文化、生活服务上的追求欲望或是享受能力就越低,进一步体现出当时湖北农民整体的生活质量并不突出。

三　生活条件

表 2—7 为 1978 年到 1984 年湖北省农民家庭每百户主要耐用物品的拥有量。从表中数据可以看到,在这七年时间里,从改革初期只拥有自行车、缝纫机、钟表、手表和收音机,到 1984 年又增添进电风扇、电视机、收录机和大型家具,湖北省农民家庭的主要耐用物品种类日益丰富。1984 年,全省农民家庭每百户中拥有的耐用物品数量最多的三类是大型家具、钟表和手表,这三样达到了普及的程度,拥有量均超过了 100,大型家具拥有量更是达到了 310. 86。收音机、自行车、缝纫机拥有量次之,

表2—6　湖北省农民家庭全年人均生活消费

（单位:元,%）

年份	全年总支出	生活消费支出	1. 食品支出	1.1 主食支出	2. 衣着支出	3. 住房支出	4. 燃料支出	5. 用品及其他支出	6. 文化、生活服务支出	生活消费支出占全年总支出比重
1978	121.52	107.00	75.80	55.26	12.89	2.28	7.23	6.32	2.48	88.05
1979	168.36	148.65	100.40	64.01	19.15	6.83	8.84	10.19	3.25	88.29
1980	172.83	152.74	98.32	61.15	17.65	11.61	8.55	12.24	4.37	88.38
1981	212.63	183.78	114.75	65.36	22.58	15.56	10.34	15.05	5.50	86.43
1982	276.31	226.96	140.64	78.44	28.26	18.53	12.35	20.95	6.23	82.14
1983	388.35	252.47	156.03	79.18	30.03	19.03	13.54	27.54	6.29	65.01
1984	470.34	305.03	186.56	92.02	32.16	27.78	18.00	33.26	7.27	64.85

资料来源:《湖北农村经济 1949—1989》,中国统计出版社 1990 年版。

尤其是缝纫机，每百户的拥有量仅达到30.33。家用电器，包括电视机、电风扇、收录机、洗衣机、电冰箱、照相机，在当时属于稀有物品，在城市家庭中也很少能见到，这些家用电器在当时的农民家庭每百户中的拥有量全部低于10。总体来讲，在这七年间，湖北农民家庭的基本耐用品已经普及到家家户户，部分条件较好的农户家庭可以享受到家用电器所带来的便捷。

表2—7　　　　　湖北省农民家庭每百户主要耐用物品拥有量

物品 ＼ 年份	1978	1980	1981	1982	1983	1984
自行车	3.45	12.37	16.14	24.68	40.07	54.24
缝纫机	5.6	13.42	18.24	22.57	27.48	30.33
钟表	10.2	36.1	50.52	70.04	104.97	126.09
手表	5.2	23.3	37.84	55.7	88.98	109.67
电风扇	—	—	—	0.63	1.57	4.83
洗衣机	—	—	—	—	—	0.07
电冰箱	—	—	—	—	—	—
收音机	9.33	31.1	41.93	48	53.47	61.33
电视机	—	—	—	0.21	1.97	7.75
收录机	—	—	—	0.21	0.88	2.25
照相机	—	—	—	—	—	—
摩托车	—	—	—	—	—	—
大型家具	—	—	248.01	221.84	296.6	310.86

注：1979 年缺数据。

资料来源：《湖北农村经济 1949—1989》，中国统计出版社 1990 年版。

四　生产条件

表2—8 为1978 年到1984 年湖北省主要的农业机械拥有量。从表中数据可知，全省农业机械总动力在不断增多，由1978 年的616.07 万千瓦增加到1984 年的859.37 万千瓦。大中型拖拉机、小型拖拉机、大中型拖车、农用汽车数量在这七年间不断增多，如大中型拖拉机由1978 年的2万多台增加到1984 年的4.7 万多台，小型拖拉机数量翻了近一番，农用汽车数量更是翻了一倍多。这些农业机械的增加为减轻农民的耕作负担发挥了重要的作用，有利于缩短农耕时间，提高农耕效率。

表2—8

湖北省主要农业机械拥有量

年份	农业机械总动力（万千瓦）	大中型拖拉机（混合台）	小型拖拉机（混合台）	大中型机引农具（部）	小型机引农具（部）	大中型拖车（台）	机耕（滚）船（台）	农用汽车（辆）
1978	616.07	28155	77491	46589	49204	22861	38986	3740
1979	717.15	33006	98271	50038	62508	26485	37181	4472
1980	772.53	36412	108911	49902	71957	34546	36023	5546
1981	797.36	36968	114370	47259	69281	28024	34124	6108
1982	813.21	37153	117293	43098	63920	35252	29303	5524
1983	829.58	41037	125509	37955	57312	38349	22151	5950
1984	859.37	47912	140013	28880	46853	46266	15938	8406

资料来源：《湖北农村经济1949—1989》，中国统计出版社1990年版。

表2—9

湖北省首次（1983.2—1984）农村五保户普查数据

（单位：人）

普查前人数	普查后人数				供养方式								
					集体供养人数							亲属代耕	其他
	小计	老人	残疾人	孤儿	小计	入敬老院	包户小组照料	派人照料	社队代养	亲属照料	自理	土地包养	
151400	168707	138521	26147	4039	153304	4866	34430	36479	2241	22556	52732	9577	5826

资料来源：湖北省民政厅文件[84]鄂民农字第5号《关于五保户普查的报告》，1990年10月。

第三节 本时期湖北农村社会保障和
医疗发展

社会保障与农村医疗卫生是农民普遍关心的方面，让农民过上安稳、幸福的生活一直是党和政府努力的基本方向。

一 农村社会保障

1978 年至 1984 年，湖北省进行了首次农村五保户的普查，这次普查使得五保户供给数据更加精确，惠及效果更加显著。

1984 年 4 月 21 日，在湖北省民政厅发出的《关于五保户普查的报告》中提到了当年湖北省普查的一些基本情况。全省当时共落实五保共 168707 人，占农业总人口的 0.43%；相较于普查前，增加 17307 人，增长 11.43%；现有五保户中：老人 138521 人，盲聋哑 12780 人，肢体及其他残疾 13367 人，孤儿 4039 人；其供养方式上，集体办敬老院集中供养的 4866 人，集体组织包户小组和指派专人照料以及社队场代养的 73150 人，由亲属照料和亲属代耕土地保养的 32133 人，集体供给但生活能自理的 52732 人，其他方式供养的 5826 人[1]。经过此次普查，评定落实的五保户均颁发了五保证。

此次普查取得了一定的效果。通过这次普查使原来应保未保的 17307 人得到了供给。全省五保户人均口粮比普查前增加了 32.8 斤，人均金额增加了 27.12 元；住房有困难的 21112 人中，在普查结束时已解决 15510 人，其他 5602 人以后也陆续得到了解决；对生活不能自理的五保户 17254 人在普查中已有 16819 人得到了照料，通过普查，使得五保对象的生活达到了当地一般群众的生活水平。如红安县当时规定了"五保对象每人每年原粮 600 斤，食油 8—12 斤，皮棉 2 斤，烧柴 2000 斤，零用钱每月 3 到 5 元，一年 2 套单衣，三年一套棉衣，五年一套被褥、蚊帐，住房保证不破不漏"。[2]

---

① 湖北省民政厅文件〔84〕鄂民农字第 5 号《关于五保户普查的报告》，第 1—2 页。
② 同上书，第 4—5 页。

普查工作的开展进一步推动了尊老爱幼、助人为乐的社会风尚，如咸丰县五保老人被群众主动接到家里照料的有 70 人，占全县五保老人的 6.5%。在五保普查工作的推动下，许多地方本着因陋就简的原则，也开始举办农村养老院，如房县桥上公社凡有五保对象 10 人以上的大队都办起了敬老院，全社共办起 9 所，收养五保对象 99 人，占全社五保对象总人数的 64.2%；当阳县一些社队，边普查边建院，全县已办院 14 所，收养 102 人。①

传统的社保项目上，如在农村社会救济方面，改变了以往单纯的"救助"性质，增添了"扶助"的政策倾向，并在 1983 年第八次全国民政会议上得到了一致通过，至此揭开了救济与扶贫相结合的农村社会救济改革的序幕。此后，一系列重要文件相继出台，如 1984 年 9 月 29 日中共中央、国务院就扶贫工作发出的《关于帮助贫困地区尽快改变面貌的通知》，反映出党减轻农村贫困状态的决心。1984 年 12 月 27 日，《中共湖北省委、湖北省人民政府关于落实党中央、国务院〈关于帮助贫困地区尽快改变面貌的通知〉的若干规定》文件发出，确定了湖北省贫困地区的标准和范围，并提出了帮助全省贫困地区尽快改变面貌的十项具体措施。

开发式扶贫是中国在农村社会救济领域内的一次创举，这种扶贫模式通过促进农村贫困地区经济发展来达到消除绝对贫困的目的，具体资金方式包括以工代赈、扶贫信贷、农业建设专项等。20 世纪 80 年代初，农业部门是扶贫资金主要的投向对象，这是收益见效最快的选择，将扶贫资金用于促进中国农业增产增收，加之家庭经营制度的不断完善，中国农民群体在这一阶段的生活水平得到了一定程度的提升。如 1983 年和 1984 年在湖北省各部门筹集的扶贫款项中，由农行贷款分别达到了 1874.83 万元和 1790.30 万元，分别占据当年扶贫款总额的 46.65% 和 46.11%。② 开发式扶贫这一创新型扶贫模式，使得中国农村广大贫困地区实现了经济的快速增长，提高了贫困农民的人均收入，温饱问题得到

---

① 湖北省民政厅文件〔84〕鄂民农字第 5 号《关于五保户普查的报告》，第 5 页。

② 《湖北省民政厅向民政部农救司报送扶贫款筹集情况》，1984 年 9 月 19 日，湖北省档案馆。

了适时的解决。

二 农村医疗卫生

该时期湖北省农村基本形成了三级医疗卫生网络，到 1982 年，全省 72 个县和 1 个林区均设有县医院、防疫站、卫生进修学校、妇幼保健所、药品检验所，每个公社均设有卫生院。[①] 1978 年至 1982 年平均每千人口有卫生工作人员由 2.11 人增加到 2.83 人，占有病床由 1.59 张增加到 1.91 张。[②] 截至 1982 年底，全省 93.4% 的大队设有卫生室，有赤脚医生 72275 人，经考试达到中专水平的有 30900 人，平均每个大队 2.3 人。[③] 省卫生部门从 1979 年开始，确定 26 个县（占全省的 1/3）的卫生医疗单位和 270 个中心公社卫生院，作为全省卫生事业整顿建设的重点。[④] 1982 年，已有 15 个县卫生医疗单位和 96 个中心公社卫生院开展了整顿建设工作，并取得了较好的效果。[⑤]

由于医疗条件的初步改善，农村防病治病能力也有所加强。全省 18 种急性传染病的发病人数，1982 年比 1981 年下降 39.54%，钉螺面积减少了 4 万亩。[⑥] 妇女两病（子宫脱垂、尿漏）的治疗人数占发病人数的 83% 以上，新法接生率达 96%，新生儿破伤风率降到 0.63‰，计划生育工作也取得了较好的效果。[⑦]

农村环境卫生也有了不同程度的改善。截至 1982 年底，建成了一批各类形式的简易自来水和带有提水工具的水井，为 375 万多农村人口提供了水质较好的饮用水，相当于中华人民共和国成立 30 多年来改水受益人口的总和。另外，还建成沼气池 28 万口，相当于原有沼气池总数的 4.5 倍。[⑧] 不少社队修建了改良厕所，实行科学堆肥，有的社队还修建了灾害厕

---

① 中共湖北省委政策研究室编：《关于湖北农村文化建设的综合调查报告（一）》，《调查研究》增刊，1983 年 9 月 16 日，第 6 页。

② 同上。

③ 同上。

④ 同上。

⑤ 同上。

⑥ 同上。

⑦ 同上书，第 6—7 页。

⑧ 同上书，第 7 页。

所。此阶段湖北农村已出现一批有沼气池、自来水、环境整洁的文明村。

第四节　本时期湖北农村文化发展状况

农村教育与农民文化福利，是党和政府在探索农村全面发展过程当中不可忽视的重要方面。湖北省历来重视发展农民文化教育、开展农民文化活动。

一　农村教育

党的十一届三中全会以来，湖北省各地认真贯彻"调整、巩固、充实、提高"的八字方针，对初高中的畸形发展做出了大范围调整。1982 年，全省高中比 1977 年减少 2526 所，减少比例达到 85.2%；初中减少 1937 所，减少比例达到 29.2%，高中、初中、小学在校生的比例，由 1977 年的 1∶2.62∶8.57，调整为 1∶9.9∶36.94。全省将 4000 多所初、高中的校舍腾给小学，并将 5 万名中学教师调回小学任教[①]，从而使农村中学恶性膨胀的现象基本得到消除，小学基础教育得到了加强。如表 2—10 所示，1982 年全省农村适龄儿童入学率达到 96.7%，绝大多数学校正常的教学秩序已进一步得到巩固。全省农村在校学生当年巩固率平均为 94.05%，学龄儿童读满修业年限的巩固率平均为 67.4%，教学质量也稳步提高。

表 2—10　　　1982 年湖北省农村适龄儿童入学率与在校生巩固率　　　（单位:%）

农村适龄儿童入学率	农村在校学生巩固率	学龄儿童读满修业年限巩固率
96.7	94.05	67.4

资料来源：中共湖北省委政策研究室编：《关于湖北农村文化建设的综合调查报告（一）》，《调查研究》增刊，1983 年 9 月 16 日。

通过培训和整顿，教师队伍的素质有所提高。到 1982 年，全省辞退不合格的小学民办教师 55600 人，小学民办教师所占比例由 1977 年的

① 中共湖北省委政策研究室编：《关于湖北农村文化建设的综合调查报告（一）》，《调查研究》增刊，1983 年 9 月 16 日，第 2 页。

76.6% 下降到 64.4%。高中、中师以上文化程度的小学教师已由 1978 年的 44.4% 提高到 54.7%。①

农业中学有所发展，农村中等教育结构单一化的状况有所改变。到 1982 年，全省拥有农业中学 220 所，班级 773 个，农业高中生 23000 余人，占农村高中学生数的 12.9%。②

扫盲和农民业余文化技术教育也有新的发展。到 1982 年，全省 1/6 的县、35.7% 的公社已基本扫除文盲。全省脱产、半脱产的初等（含扫盲班）、中等文化技术学校 8005 所，学员 248913 人。1982 年组织了 203 万农民进行短期轮训，学习文化科技知识。③

尽管农村适龄儿童入学与在校学生巩固的工作在当时完成得十分出色，但由于片面追求升学率，忽视了为国家四化建设培养合格的劳动后备力量，尤其是在中等教育和高等教育上，后续人才数量所占比重偏低。如表 2—11 所示，1982 年，全省农村小学毕业生数量达到 90.13 万人，初中只招收 58.84 万人，占 65.3%，这意味着有近 35% 的小学毕业生没有及时升到初中阶段。同年的全省农村初中毕业生数量达到 40.95 万人，而高中仅招收 6.58 万人，占 16%，这意味着有 84% 的初中毕业生没有及时升到高中阶段。同年的全省农村高中毕业生 10 万人，考上大学的仅有 1.5 万人左右，这意味着有 85% 的高中毕业生无法获得高等教育。因此，仅在 1982 年，全省农村初高中与小学毕业生中就有 74 万人返回农村。④而他们在学校里所学的知识大多与"科学务农"的需要脱节，一时很难适应生产劳动的需要。

表 2—11　　　　1982 年湖北省各类教育毕业生数量与招生率

农村小学毕业生数量（万人）	初中招生率（%）
90.13	65.3

① 中共湖北省委政策研究室编:《关于湖北农村文化建设的综合调查报告（一）》,《调查研究》增刊, 1983 年 9 月 16 日, 第 3 页。

② 同上。

③ 同上。

④ 同上书, 第 17 页。

续表

农村初中毕业生数量（万人）	高中招生率（%）
40.95	16
农村高中毕业生数量（万人）	高等教育获得率（%）
10	15

资料来源：中共湖北省委政策研究室编：《关于湖北农村文化建设的综合调查报告（一）》，《调查研究》增刊，1983 年 9 月 16 日。

二　农民文化福利

1982 年，湖北省已建立农村集镇文化中心 346 个，占公社所在地集镇的 27.5%；公社文化站 1160 个，占公社总数的 91%；大队文化室、"青年之家""青少年乐园"49848 个；电影放映单位 6657 个，比 1978 年增长一倍。据不完全统计，全省职业、半职业和季节性的乡剧团 2197 个；农民看电影、看戏剧的次数大大增加，全省农村放映点 1983 年上半年平均达到 11.32 次和 20.25 次，相当于 1978 年全年放映的场次，而且大约有 1/3 的点，农民群众不是露天看电影，而是安安稳稳地坐在电影院里面享受艺术带来的愉悦。[1]

在体育活动方面，1982 年，全省拥有各种体育队 13597 个。不少公社每年要举办至少一次农民运动会，"元旦赛灯、端午赛船、国庆赛球"已成为惯例。1983 年的端午节，黄梅县从孔垅到小池的 40 里东港上，有 235 条龙舟，11000 名运动员，分 4 个赛区竞赛，观众达到 10 万人之多。棋类、球类和武术活动，在一些公社也比较活跃。黄冈县堵城公社 1982 年的统计数据显示，全社经常打球的有 960 人，打乒乓球的有 250 多人，下棋的有 280 多人，加上看戏、看电影、看电视的，每天约有 1/3 的青年人参加各类文体活动。[2]

丰富多彩的文化体育活动，开始改变着农民"劳动—吃饭—睡觉"的单调生活，改变了"文革"中"冷冷清清一条巷，电影稀少戏不唱，

---

① 中共湖北省委政策研究室编：《关于湖北农村文化建设的综合调查报告（一）》，《调查研究》增刊，1983 年 9 月 16 日，第 4—5 页。

② 同上书，第 5 页。

图书电视看不到,赶集只有喝碗汤"的冷清局面。

另外,农民群众自办文化事业对满足群众文化生活需要也起到了很好的补充作用。1983 年的中央"一号文件"指出了农村文化卫生设施既要国家办、集体办,更要鼓励和扶持农民自己办,要坚持"两条腿走路"办文化的方针。这条倡议大大解放了人们的思想,各地积极采取措施,鼓励和支持个人办文化。到 1982 年,全省个体文化户已发展到 2 万多户,大体有四种类型:"自我娱乐""义务服务""以文补文""以艺为生"。而发展最快的是群众办电影,据统计,1983 年上半年全省 6657 个农村放映单位中,国家办的只占 8.6%,集体办的占 83.8%,农民办的占 7.6%。[①] 个体文化户设点分散,服务周到,很受群众欢迎。

综上所述,1978 年至 1984 年这段时期,尽管在农村改革的过程中困难重重,但湖北农民群体较改革开放前仍取得了长足进步。第一,在全国农民整体负担凸显的趋势下,湖北农民负担在逐步减轻,对于困难农民群众的农业税起征点不断下调,严厉打击税费负担外的其他乱收费现象;第二,在全力推行家庭联产承包责任制、有效调整农村产业结构、鼓励发展乡镇企业后,湖北农村经济发展劲头十足,湖北农民在家庭收入、生活消费、劳动生产条件等方面提升明显;第三,湖北农村基层民主政治建设稳步推进,村民委员会普遍建立,村民自治理念深入人心;第四,湖北农民社会保障进一步得到巩固,针对农村困难户给予充分照顾,农民看病就医困难的状态也日趋改善;第五,农村基础教育、家庭教育事业蒸蒸日上,农村科技人才大量涌现,农民的文化福利日渐丰富,农民精神状态更加饱满,身份认同度更高。

---

① 中共湖北省委政策研究室编:《关于湖北农村文化建设的综合调查报告(一)》,《调查研究》增刊,1983 年 9 月 16 日,第 12 页。

第 三 章

曲折前进与群体分化:1985—2002 年
湖北农民群体发展变化回顾

中国农民群体的发展变化与农村改革紧密相关,1985 年之前的农村改革主要围绕家庭联产承包责任制展开,如果说这一时期解决的是如何释放农村生产力、调动农民生产积极性的问题,那么进入 1985—2002 年这一时期,农村改革的重点则是优化落后的资源配置方式,以取消农产品统派购制度为开端,最终让市场手段在农村资源配置的过程中发挥主要作用。这一时期的农村特点可以从以下几个方面来概括。首先,农民粮食生产量连年增长,农产品流通体制逐渐由统派购制度过渡到市场收购,市场在农村资源配置过程中的作用不断增强;其次,农村乡镇企业异军突起,农村工业化道路找到突破口;再次,农村剩余劳动力转移加速,农民就业非农化趋势明显,农村留守妇女、留守儿童日益普遍;最后,国家改革重心在向城市偏移,农村改革发展出现巨大波动,城乡差距不仅没有缩小,反而急剧加大。肇始于 1985 年的农产品流通市场化改革将农村改革进程推进到第二阶段,攻克了阻碍农业和农村发展的统派购制度,在优化农村资源配置和农业经营方式转变的同时,也为后来中国社会主义市场经济改革提供了宝贵经验,因而具有鲜明的时代特色,作为个体的农民也在变革的时代洪流中展现出独有的风貌。第一,农村社会的同质性尽管有所松动,但传统的乡土性风貌已经在农民身心打上深深的烙印,使得农民这一时期的面貌相较于前后时期有着明显的区隔;第二,农民的生产积极性和经营自主权有所提高,但随着农产品流通体制改革的深化,农产品产量反而有所下降;第三,尽管这一时期农村改革也在有条不紊地开展，但毋庸置疑的是改革重心重新向城市转移，城乡差距日益加大以及民工潮的集中爆发，衍生出了一系列新的社会问题；第四，农民生产生活负担沉重，农业税收体制弊端开始显现；第五，农民对土地的依赖程度降低，就业选择越发多样，大量手艺农民自主经营成为个体工商户。农民的发展与农村的改革互为表里，这一时期农村的农产品流通体制改革为农民的发展提供了独特的平台，而农民的发展也在发现问题、解决问题的反复循环中促使农村改革不断深化，农民在这一时期表现出来的特点成为观察这一时期农村变革的重要窗口，故而农产品流通体制改革成为该阶段有别于其他时期农民群体发展变化的重要依据。

第一节　本时期农村改革与政策演变

随着家庭联产承包责任制在农村的建立，其弊端也在日益显现，农村因而衍生出新的亟待解决的问题。首先，农业具有天然的脆弱性，与其他经济活动相比效益较低，中国农村的基础设施比较落后，农业科技技术不够普及，也成为影响农业发展的原因；其次，土地改革制度和城市化、工业化进程导致大量农村劳动力与土地分离，其收入来源缺乏保障；再次，农村资金外流，地方性财政用于农业发展的资金不足；最后，计划经济体制下制定的农业税制度，已经不适应市场经济发展的需要，是导致农民负担加重的主要原因。为了激活农村生产力，解决农村新的问题，农村改革进入第二阶段。1985 年，中国开始着手对农产品流通体制进行改革，以取消农产品统购派购制度为中心展开，使整个农村的资源配置方式逐渐从计划手段转变为市场手段，在这一特殊的历史背景下，农村改革的第二幕依次展开，面对农民负担依然过重的现实，政府层面陆续出台了旨在减轻农民负担的政策措施，改革农产品流通体制机制，解决农民"卖粮难"的问题，以此提升农民的生产积极性和农村的经济活力；而在农民就业方面，得益于乡镇企业的不断发展和农民异质性的增强，政府对农民流动诸多限制的政策不得不做出改变，农民因而可以减少对土地的依赖，一方面可以加入民工潮的大军中，另一方面可以依靠手艺转变为个体工商户，过"半农"的生活；在农业发展上，积极引导农业产业发展，鼓励通过科学和投入保持农业稳定增长，此外，加大对农业基础设施的投入力度，改善农村生产生活条件，提高农业生产的效率；在农民保障方面，这一时期也开始进入实质建设当中，农村社会保障体系从试点到逐步建立，农民工的权益保护开始提上议事日程，农村的基层组织和农民的政治权利在曲折发展中得以健全和落实；在农民的生活方面，农民的生活水平在较低水平上增长，农民的生活面貌有所改观，农民享用社会福利的种类整体上不断增多。农村的改革不可能是一蹴而就的，面对中国农村底子薄的客观现实，农村改革没有先例可循，这一时期的农村改革基本上是打基础，一边摸索一边推进，同时，这一时期中国的改革重点偏向城市，农村或多或少地被忽视，其曲折性也就在所难免。

一　进一步减轻农民负担

在 1978 年到 1985 年这八年时间内，中国改革开放和现代化建设取得了非凡的成就，国家经济实力显著增强，人民生活水平得到了明显提高。在农村地区，家庭联产承包制得以在全国推行，农民获得了对土地的经营自主权，农产品的统购派购基本取消，农业生产和农村经济迅速发展。与此同时，乡镇企业的兴起有效转移了农村剩余劳动力，为农村的改革和发展提供了新的动力。但我们应清醒地意识到，农村社会依然面临着一些亟待解决的严峻问题，其中最为突出的就是农民负担问题。由于农业现代化进程进展较慢，农业产量较低，农民收入增长缓慢，而早期制定的农业税制度随着时间的推移逐渐暴露出与实际情况不相适应的缺点，最终造成征收农业税金额偏高的情况，一些地方政府向农民进行不合理的摊派、收费和集资，给广大农民带去了越来越重的负担。尽管在此期间国家对于农民负担问题十分重视，但所采取的措施仍未取得令农民群体满意的结果，减轻农民负担的工作还需进一步深化。

过度的农民负担不但会抑制农民的生产积极性，阻碍农民生活质量的提高，也会对农业发展和农村社会稳定造成不良影响。在 1986 年到 2002 年这段时期内，国家为解决农民负担过重问题曾经多次发文，为取消农民的不合理负担做出了巨大的努力，提出了诸多相关解决方案和法律条例。1990 年，国务院发布《关于切实减轻农民负担的通知》，强调要明确农民合理负担的项目、使用范围和比例，改进农民负担提取办法，实行严格的资金管理制度，建立健全监督管理体系等。随后又于 1991 年出台了《农民承担费用和劳务管理条例》，对村提留、乡统筹费、劳务的相关细则以及其他项目的监督管理、奖惩条例进行了规定。1992 年，江泽民、李鹏同志分别在六省农业和农村工作座谈会、全国农业工作电视电话会上发表重要讲话反复强调要减轻农民负担，次年中共中央办公厅、国务院办公厅发布《关于切实减轻农民负担的紧急通知》。1996 年《中共中央、国务院关于切实做好减轻农民负担工作的决定》发布，显示了党和政府解决农民负担问题的决心。1998 年党的十五届三中全会通过的《中共中央关于农业和农村工作若干重大问题的决定》，同年《中共中央办公厅、国务院办公厅关于切实做好当前减轻农民负担工作的通知》，1999 年发布的《国务院办公厅转发农业部、监察部、财政部、国家计委、法制办关于 1998 年农民负担执法检查情况报告的通知》，2000 年发布的《国务院办公厅转发农业部等部门关于巩固大检查成果进一步做好减轻农民负担工作报告的通知》，2001 年发布的《关于治理向乡镇企业乱收费、乱罚款、乱集资和各种摊派等问题的通知》《国务院办公厅关于切实做好当前减轻农民负担工作的通知》，2002 年发布的《国务院办公厅转发农业部等部门关于 2002 年减轻农民负担工作意见的通知》，连续多个通知文件，均是针对农民负担不合理的问题，足以彰显减轻农民负担的紧迫性和必要性。在党和政府的大力支持下，本时期减轻农民负担的工作取得了许多成果。

1985 年 9 月，中共湖北省委、湖北省人民政府发出《关于减轻农民负担问题的若干规定》，提出农民对不合理的额外负担有权抵制；国家税收、集体提留、地方统筹费用的负担额要控制在上年农民纯收入的 3% 到 5%；制止乱摊派、乱涨价、乱收费、乱罚款；改进负担办法，义务工和农业基本建设用工按劳动力负担。1986 年 9 月 20 日，湖北省第六届人民代表大会常务委员会第二十三次会议通过《湖北省减轻农民负担的规定》，对本省减轻农民负担做出了详细安排。1992 年 10 月，江泽民总书记前往湖北省孝感、荆门、荆州等地市进行视察，在农村地区与干部群众举行了座谈会之后在武汉召开了六省农业和农村工作座谈会，提出了要确保农民增产增收，减轻农民负担。1993 年，湖北省人民政府对涉及农民负担的文件项目进行了全面清理，总计减轻农民直接经济负担 40233 万元，人均减少了 10 元；通过精减由农民负担的非生产人员，减轻农民负担 6700 万元。除此之外，农民资金负担比上年有所减轻，共同生产费开支比上年有较大幅度下降，农民因负担过重问题来信来访得到及时处理。[①] 1996 年，湖北省省农委、省减轻农民负担办公室发布了《关于全省农民负担检查情况及意见的报告》，报告中提到，1995 年底，在各地都开展了农民负担自查、自纠工作的基础上，省里派出 12 个检查组进行了大范围的抽查，对各地区的不合理负担进行了压减，对乱收费、乱摊派问题开展专项治理，部分县市实行提留统筹预决算制度、农民负担专项审计制度、农民负担手册或监督卡制度，加强了对农民负担的管理，全省共查处涉及农民负担的案件 2000 多起，保护了农民合法权益。同时，抽查发现 1995 年农民负担总量大幅度增加，存在部分地方合同外高于合同内，集资摊派高于"三提五统"，实际金额高于统计金额；部分地区的集资摊派甚至高达人均上百元等问题。[②] 2000 年，《关于 1999 年全省减轻农民负担工作情况及 2000 年意见报告》发布，报告指出：1999 年湖北省加强了农民负担监管，取得了"两减一稳"的较好成效。全省农民承担各项费用平均负担水平为 167 元，相较于前一年减少了 15 元，大冶、远安、建始、郧西、通山、红安等 25 个县、市、区人均负担控制在 100 元以内；省政府受理的农民负担来信来访总量比 1998 年下降 35%；基本保持了农村的稳定。[③] 在 1986 年至 2002 年这段时期内，湖北省人民政府充分贯彻党中央的工作指示，始终将减轻农民负担作为政府的中心工作之一，用实际行动遏制农民负担的全面反弹，维护农民的合法权益。

二　农村基础设施建设：从生产到生活

农村基础设施是农村各项事业发展建设的基础，是影响农民生活条

---

① 姜有才：《下决心 动真格 见成效 抓到底——一九九三年全省减轻农民负担工作综述》，《湖北省人民政府公报》1994 年第 1 期。

② 《中共湖北省委办公厅、湖北省人民政府办公厅转发省农委、省减轻农民负担办公室〈关于全省农民负担检查情况及意见的报告〉的通知》，《湖北省人民政府公报》1996 年第 6 期。

③ 《中共湖北省委办公厅、湖北省人民政府办公厅转发省委农办、省农民负担监督管理办公室〈关于 1999 年全省减轻农民负担工作情况及 2000 年意见报告〉的通知》，《湖北省人民政府公报》2000 年第 3 期。

件和农业生产条件的重要因素。在农村地区，基础设施老旧、不完备的问题普遍存在。不论是农民日常的饮水、用电、燃料、交通，还是农田水利、绿化，都受到落后的农村基础设施的限制，改善农村基础设施是解决"三农"问题的有效推动力。

（一）农业生产条件

农业基础设施是农村基础设施的重要组成部分，其发展和完善对于传统农业向现代农业的转变和农业生产力水平的提升有着至关重要的作用。在农村改革工作的稳步推进下，中国的农业和农村经济发展取得了辉煌的成就，与此同时，新时代的到来伴随着新形势，农业发展也迎来了新的挑战。1986 年出台的中央"一号文件"中提出，农村工作的总要求之一是改善农业生产条件，组织产前产后服务，推动农村经济持续稳定协调地发展。1993 年，国务院制定和实施《九十年代中国农业发展纲要》，强调了农业发展的重要性，确定了 20 世纪 90 年代农业发展的目标、布局和重点措施，指出要从多种渠道加大农业投入，改善农业基础设施。同年《中共中央、国务院关于当前农业和农村经济发展的若干政策措施》提出："增强农业的发展后劲，提高综合生产能力，必须强化农业基础设施建设。"

毛泽东曾提出"水利是农业的命脉"[1]，水利工程建设是农业生产成败与否的关键所在。1986 年到 2002 年这段时期，中央狠抓农村农田水利建设工作，各地陆续掀起农田水利建设高潮，一些地区灌溉面积增加，防汛工作获得很大的成效。尽管早前的工作已有不错的成效，但中国的农村农田水利仍然面临着两大危机：第一，老旧水利工程年久失修、效益下降；第二，北方水资源十分紧缺，状况堪忧。农村农田水利设施要和农村经济发展的需要相适应，还要和自然条件等实际情况相适应。基于水资源分布不平均这一现实条件，针对存在严重的缺水问题的地区，中央强调要加大对小型农田水利建设的投入，各地区根据实际条件开展雨水集蓄、河渠整治、牧区水利、小流域治理、改水改厕和秸秆气化等小型设施建设；加快实施以节水改造为中心的大型灌区续建配套；各地政府要不断探索农田水利基本建设的新机制和新办法。与此同时，世界

---

① 毛泽东：《毛泽东选集》第一卷，人民出版社 1991 年版，第 111—115 页。

上最大的水利工程"南水北调"工程不断推进，在经过反复论证于 2000 年正式展开规划。除了水利工程以外，天然林保护、退耕还林等生态工程也是农村基础设施建设的一部分。相较于其他产业，农业受自然灾害影响较大，通过水利工程和生态工程建设，能有效地提高农业防旱抗灾的能力，减小风沙危害、水土流失等问题的影响。

湖北省处于中国腹地，拥有丰富的水资源，但由于气候和地理的特点，洪涝旱灾情况多发。因此，湖北省多年来始终在推动本省水利工程发展，并积极探索水利建设新机制。1994 年，长江三峡水利枢纽工程于湖北省宜昌县三斗坪镇正式开工，竣工后将具有防洪、发电、航运等主要效益，还具有供水、旅游等功能，是中国水利建设中举世瞩目的重要工程。1995 年，湖北省的水利水电工程初步形成了防洪、排涝、灌溉三大工程体系，跻身全国水利大省行列。① 2000 年 4 月 30 日《湖北省公益性水利基础设施建设管理办法》于省人民政府常务会议审议通过，这一办法的出台，强化了对湖北省防洪防涝、农田排灌、水土保持等公益性水利基础设施的管理，为农民创造更好的水利条件提供了保障。除省级层面外，湖北各地也积极采取措施，进行水利建设，如襄樊市在水利工程产权制度改革中，采取拍卖、承包、租赁、股份合作等方式将小型水利工程经营权转让给个人，以解决小型水利工程产权不清、经营粗放、管理松散等问题，保障水利工程的顺利运行。枣阳市资山镇在农田水利基本建设上通过召开村民代表会议对小型水利工程建设实行"一事一议"的办法，并制定优惠政策积极扶持，充分激发了群众兴修水利热情，建成水利工程 18 处，增加蓄水量 20 万立方米，新增、改善灌溉面积 5000 亩。湖北省咸宁市龙潭乡通过吸引社会各方资金，将 300 万元资金投入水利建设，兴建水利工程 18 处，完成土石方 20 万立方米。② 湖北省农村小水利工程建管制度改革对水土资源开发、农民收入增加和农村经济发展产生了积极的影响，激发了人民私营水利的生机和活力。

（二）农村生产和生活条件

在农村，水源问题始终是改善农村人口生活条件的重中之重。农

---

① 建华、潘颖：《时代的跨越——湖北水利 45 年扫描》，《湖北省人民政府公报》1995 年第 2 期。

② 裴海燕、龚富华：《小型水利工程谁来办》，《中国水利报》2001 年 1 月 20 日。

村供水安全和饮水解困与农民群体的身体健康和生命安全紧密联系。中国从 2000 年开始实施农村饮水解困工程,不断投入资金推动地方建设饮水工程,部分地区积极投入资金,将自来水引入农村。农村饮水工程建设为农民的生活带去了实实在在的便利和实惠。自来水流入农村后,农民无须再通过挑水、打井等方式获得饮用水,喝到的饮用水也更安全。

据统计,1999 年湖北省共有 242.51 万人饮水困难,这些群众主要分布在偏远深山区以及石灰岩岩溶发育地区。为了解决这部人的饮水问题,2000 年年初,经水利部和国家计划委员会批准,湖北省决定集中三年时间解决 200 万农村人口饮水难问题。截至 2002 年底,全省完成投资 3.7 亿元,建成各类饮水工程 169481 处,解困人口达 132.45 万人,工程受益群众人均增收达 586 元。① 同时,湖北省成立了农村饮水解困办公室,并通过强化对饮水工程建设的管理,为改善农村群众的生产生活条件,提高生活质量创造条件。

三 农业科技革命:科技兴农

农村改革的重点在于农业,农业的发展则依赖于农业科技的提升。1986 年中共中央、国务院发布的《关于一九八六年农村工作的部署》中明确要求依靠科学,增加投入,保持农业稳定增长;1993 年第八届全国人大常委会第二次会议通过了《中华人民共和国农业技术推广法》;1998 年《中共中央关于农业和农村工作若干重大问题的决定》中强调科教兴农。在政策支持下,21 世纪的中国农产品实现了从长期短缺到供求基本平衡,再到丰年有余的历史性转变,农村迈入由温饱转向小康的新阶段,农村社会主义市场经济体制基本建立。中国农业和农村经济的发展已进入崭新的天地,要促进农业结构调整、提高农业生产效益、增加农民收入、改善农村生态环境、推动农村经济持续稳定发展,推进新的农业科技革命刻不容缓。在这样的背景下,科技部、农业部及有关部门共同制定了《农业科技发展纲要 (2001—2010 年)》(以下简称《纲要》),为各

---

① 周长征、朱迈、龚富华:《湖北解决 132 万群众饮水难》,《中国水利报》2002 年 12 月 24 日。

地区、各有关部门提供了发展指南。

湖北省一直以来都充分贯彻落实国家政策，积极响应科教兴农的号召，根据《纲要》的指导，结合本省实际情况，积极推进湖北省农业科技革命，为实现农业现代化的远大目标而奋斗。1997 年，湖北省农业厅提出，要以组织开展"农业科技推广年"活动为契机，以"丰收计划"为龙头，加快一批增产效果显著的重大技术的推广。① 以科技武装农业，为湖北省从农业大省转为农业强省打下坚实基础。2001 年，省科技厅提出将集中 5000 万元至 6000 万元经费实施全省重大科技专项，其中包括农产品加工产业化。② 2002 年，湖北省农业厅进一步提出要"依靠科技进步增收"，即提高产品质量、卫生安全水平、节本降耗和耕地产出率，大力推广实用先进技术，大力推进科技产业化实施计划，大力开展农业技术承包和农民技术培训。③

四　粮食流通体制与农村税制改革：稳步递进

（一）粮食流通体制改革

中国早期存在人多耕地少，人均占有粮食水平不高的问题，步入"七五"时期后社会各方面对粮食的需求却在不断增长，造成部分地区供需关系不平衡，粮食价格上涨，农产品统购派购制度的弊端日益显现，已经影响农村商品生产的发展和经济效益的提高。1985 年，中共中央、国务院发布《关于进一步活跃农村经济的十项政策》，提出要着力改革农产品统购派购制度，仅针对个别品种下达农产品统购派购任务，对大部分品种实行合同定购或市场收购，1986 年国家进一步提出要适当减少农产品合同定购数量，扩大市场议价收购比重。1987 年发布的《国务院批转商业部关于当前粮食工作中几个问题请示的通知》明确提出，要丰富粮食经营渠道，落实国家粮食政策，防止抬价争购现象，解决粮食收支平衡问题，具体的解决方法为对粮食购销调拨实行包干。1991 年，国务

---

① 湖北省农业厅：《加大科技兴农力度 优化农业内部结构》，《湖北省人民政府公报》1997 年第 3 期。

② 梁均贵：《我省切回丰厚"科技蛋糕"》，《湖北日报》2002 年 8 月 5 日第 A01 版。

③ 湖北省农业厅：《湖北省提出实现 2002 年农民增收的八大措施》，《中国农业信息快讯》2002 年第 4 期。

院下发《关于调整粮食购销政策有关问题》的通知提出，对原有粮食工作计划做一部分调整，一方面继续实行粮食购销调拨包干办法，另一方面将粮食合同定购改为国家定购。除此之外，还要加强控制食油的平价销售，搞好市场调节等。1993 年，《国务院关于加快粮食流通体制改革的通知》和《国务院关于建立粮食收购保护价格制度的通知》出台，进一步对粮食流通做出了布署。1998 年，《国务院关于进一步深化粮食流通体制改革的决定》出台，确定了以"三项政策、一项改革"为主要内容的粮食流通体制改革。2001 年 7 月发布了《国务院关于进一步深化粮食流通体制改革的意见》，提出了要积极稳妥地推进以市场为取向的粮食体制改革，以保护农民利益。2001 年 11 月，《粮食风险基金管理暂行办法》出台，粮食风险基金是中央和地方政府共同筹建的专项调控基金，其作用是保持粮食生产稳定发展，深化粮食流通体制改革，加强国家宏观调控。

湖北省粮食流通体制改革充分贯彻了国家有关政策精神。在中共中央、国务院的部署下，在实行粮食收购保护价格政策，建立专项储备和粮食风险金制度，处理粮食挂账等方面进行了探索并获得了一定成效，但也存在着亟待解决的矛盾和问题。1985 年 1 月 17 日，中共湖北省委发出《省委常委会关于取消生猪派购的讨论纪要》，决定从 1985 年 3 月 1 日起，在全省范围内取消生猪派购，这是改革农产品统购派购制度的关键环节，同时也是促进农村产业结构改革的重要途径。在 1998 年湖北省粮食流通体制改革工作会议上，湖北省省长蒋祝平在讲话中提到：目前湖北省粮食流通制度面对的主要问题是粮食经营亏损急剧增加，调销渠道不畅，库存积压严重，财政包袱越背越重，处理挂账任务十分艰巨等。数据显示，截止到 1998 年 3 月底，全省粮食企业新增财务挂账达到 119.58 亿元，严重影响了粮食收购工作的顺利进行；全省粮食系统在职职工人数达到 25.1 万人，粮食系统人员急剧膨胀。[①] 针对这几点问题，湖北省政府在国有粮食企业经营机制、新老粮食财务挂账、粮食风险基金、粮食价格、粮食市场体系、粮食收购货款管理等方面的改革工作上做出了努力。

---

① 蒋祝平：《蒋祝平省长在全省粮食流通体制改革工作会议上的讲话》，《湖北省人民政府公报》1998 年第 7 期。

（二）农业税制改革

在 1987 年至 2000 年这段时间内，粮食流通体制改革工作卓有成效，但新的矛盾也逐渐暴露。这些矛盾主要是政策落实得不到位，粮食收购市场管控力度有限，粮食收储企业机制不健全。要进一步放开粮食收购市场，促进粮食增产和农民增收，仍需继续深化粮食流通体制改革。《国务院关于进一步深化粮食流通体制改革的意见》于 2001 年出台，提出了粮食直接补贴的初步构想："为了探索如何把国家财政补贴真正补给农民，可以在实行农村税费改革的地区，选择一两个县（市）进行将补贴直接补给农民的试点。"也就是说，粮食流通体制改革将与农村税费改革相结合，共同探索惠民利民的有效路径。农业税制度与农产品流通息息相关，由于早期政府制定农业税的目的是获得税收积累以及稳定的粮食供给，以保障工业发展，在某种程度上控制了农产品的价格。这种特定经济政治背景下产生的税制仅仅针对农业征收，有违税收的公平和中性原则；税种性质及归属含混不清，征收管理环节漏洞百出，不能体现扶持和优惠农业生产的政策。[①] 尽管在 1994 年中国对税收体制进行了一次大范围、大规模的全面改革，但仍然没能动摇农业税的根基，反而导致农业税实际征收税率比改革之前有一定幅度的提高。在渐进式的农村税制改革之下，农业税成了新时代的农民最大的负担。过去国家对粮食的补贴资金投入在粮食流通的过程中，对于农民的补贴属于间接补贴，然而由于体制和机制的不完善，农民并没有从中得到真正的实惠。自 2001 年起，农村税费改革试点工作不断推进，部分地区的农民陆续开始享受粮食直接补贴。这一系列准备工作为全国性的粮食直接补贴政策奠定了基础。

作为农村税费改革试点地区，湖北省根据《中共中央国务院关于进行农村税费改革试点工作的通知》，于 2001 年发布《湖北省农村税费改革试点方案》，明确了本省农村税费改革的指导思想和基本原则，确定了主要内容、配套措施和实施步骤。湖北省农村税费改革领导小组办公室向全省农户印发《致全省广大农民群众的一封信》，并在各村、各组张贴《关于全省开展农村税费改革试点工作的通告》，强调各级主管部门要结

---

① 张元红：《论中国农业税制改革》，《中国农村经济》1997 年第 12 期。

合本地实际情况制定具体的实施方案和配套办法，并在 2001 年底落实到具体的工作当中。

五 乡镇企业改革：高速发展

改革开放以后，社队企业在中国农村得到了恢复和发展，成了国民经济重要支柱和国家财政的重要来源的一部分。1984 年，《关于开创社队企业新局面的报告》被中共中央、国务院转发后，"社队企业"正式更名为"乡镇企业"。至此，社队企业完成了历史性的转折，中国乡镇企业发展进入了全新的篇章。1985 年中央"一号文件"《关于进一步活跃农村经济的十项政策》指出，所有制形式上由人民公社、生产大队创办转变为乡级办、村级办、联合户办和单独户办同时发展，经营行业上则由以农副产品加工为主的产业结构过渡到农工商、运输、建设、服务等行业共举的产业格局。此后，乡镇企业经历了飞跃式发展，充分调动了农村富余劳动力，创造了巨大的经济产值。然而在 1988 年至 1989 年期间，国家经济增长出现波动，市场经济过热、通货膨胀等经济问题暴露了出来。为了解决当时的经济困难，《中共中央关于进一步治理整顿和深化改革的决定》发布，要求对企业进行"治理整顿"，乡镇企业发展不得不进入调整阶段。面对紧缩的政策环境，乡镇企业的发展有所放缓。进入 20 世纪 90 年代后，中国乡镇企业逐步发展成熟，并依托中国社会主义市场经济体制的建立，进入了一个高速发展的阶段。

1986 年，湖北省乡镇企业的增长速度达 26%，全年乡镇企业总产值达 146.6 亿元，约占全省工农业总产值的 21%。[①] 湖北省乡镇企业的发展，对于当时湖北省农业生产效益提高和农村产业结构的调整，都有积极的影响。然而在"治理整顿"时期，湖北乡镇企业减少了 3 万余家，20 万乡镇企业职工失去了岗位。[②] 尽管湖北省乡镇企业的发展遭遇了一些挫折，但湖北省人民政府仍然对乡镇企业报以高度重视，总结经验和教训，制定了全省乡镇企业突破性发展的目标，大力推动乡镇企业的发展。

---

① 周志纯、王文胜：《湖北乡镇企业发展的基本思路》，《中南财经大学学报》1987 年第 5 期。

② 裴知强、刘晖：《湖北乡镇企业沉思录》，《瞭望新闻周刊》1994 年第 35 期。

1993 年，湖北省乡镇企业总产值突破千亿元大关，达到 1007.54 亿元，一举改变了湖北乡镇企业低于全国平均增长速度的局面，至此进入了快速发展的新时期。① 乡镇企业的不断发展是湖北省"八五"时期实现"中部崛起"的关键作用力。

六　农民工权益保障：亟待推进

自 1978 年实施家庭联产承包制后，土地经营权不再属于人民公社或生产队，而是属于土地承包者和农民家庭，农民务农不再是完成任务，而是为自己生产。与此同时，家庭工业、私营工业在农村地区有了迅速的发展。② 一部分农民不再从事农业生产，而是从事雇佣劳动或个体经营。在城镇化、工业化过程中大量耕地被征用，人均耕地面积不断下降，农村土地超载，就业机会短缺，造成严重的隐性失业；与此同时，由于经济增长出现了波动，国家采取了经济紧缩政策，导致大量乡镇企业关停，这些乡镇企业的职工也不得不面临失业。③ 而城镇建设能够提供各种的工作岗位和更高的经济回报，大批农村劳动力开始从农村向大城市转移，成了特殊的"农民工"群体。

在 20 世纪 90 年代初期，大量农民涌入城市工作被称为"民工潮"。在严格的户籍制度约束下，这些进城的农民无法改变自己的身份，就业和生活缺乏基本的保障，也不知道如何保护自己的权利不受侵犯；同时还遭到了来自城镇居民的排斥和歧视，被一部分人称作"盲流"，"农民工"问题逐渐成为社会热点问题。对于农民工群体来说，进城务工最主要的障碍和困难，就是就业和生活的权益得不到保障。2002 年，农业部发布《农业部关于做好农村富余劳动力转移就业服务工作的意见》，为做好农村富余劳动力转移就业服务工作提出了指导，强调"公平对待、合理引导、完善管理、搞好服务"，各级农业部门要与有关部门密切配合，积极维护农民工合法权益。同年，党的十六大提出要消除不利于城镇化发展的体制和政策障碍，引导农村劳动力合理有序流动。

---

① 裴知强、刘晖：《湖北乡镇企业沉思录》，《瞭望新闻周刊》1994 年第 35 期。

② 李强：《农民工与中国社会分层》，社会科学文献出版社 2004 年版，第 11—12 页。

③ 穆光宗：《"民工潮"：福音还是挑战?》，《社会》1991 年第 1 期。

进城务工的农民工主要集中在加工制造业、建筑业、采掘业及环卫、家政、餐饮等服务业中，已然成为推动中国经济社会发展不可或缺的力量。他们为城市建设做出了极大的贡献，创造了财富，促进了城市的迅猛发展，农民进城务工成为工业带动农业、城市带动农村、发达地区带动落后地区的有效形式，使城乡二元结构的不合理进一步暴露了出来，保障农民工权益的工作刻不容缓。由于雇主工资拖欠情况严重，农民工讨薪等事件层出不穷，不仅农民工合法权益遭到了损害，社会的公序良俗也受到了不良影响。2002 年底劳动和社会保障部开展的农民工工资支付情况专项检查，在 23 个外来务工人员较多的省、市（区），查处拖欠农民工工资违法案件 13000 余件，涉及 62.6 万人，追讨拖欠农民工工资达 3.5 亿元。① 除此之外，农民工的劳动安全状况也令人担忧。在矿山开采、建筑施工和化学危险品生产等行业发生的死亡事故中，农民工所占比例高达 80% 以上，② 改善农民工的劳动安全条件迫在眉睫。对于意外受工伤的农民工，一定的补偿措施十分必要。依照《工伤保险条例》，各类企业的职工以及个体工商户的雇工均有依照法定参加工伤保险、享受工伤保险待遇的权利。然而许多农民工并不知道自己也能享受这一权益，也有一部分企业或个体雇主不履行职责，未给雇用的农民工办理工伤保险及缴纳工伤保险费。

湖北省内有大批农民工在城市中从事基础性建设工作，有关农民工工伤的新闻不在少数。据《湖北日报》记者报道，2001 年，一名来自湖北咸宁通山县的农民工因为劳累过度在上班时摔断了脊椎，最终却只得到 2.5 万元补偿费。这个事件不仅体现出相关法律制度的不完善，也说明农民工在城市缺乏理解和支持。除此之外，对农民工的歧视还表现为政府的许多用工限制，部分地区通过"40 个职业禁止使用民工""26 个职业限制使用民工"、出台清理民工的规定等方式将农民工拒之门外。③ 湖北省农业厅于 2002 年提出，转移农村劳动力有利于农民增收，要继续组织农村劳力外出打工，推进乡镇企业二次创业，加快小城镇的建设和发

---

① 程国慧、马国英、李同欣：《关爱这支生力军》，《人民日报》2003 年 3 月 17 日第 8 版。
② 白天亮：《农民工：工伤保险助平安》，《人民日报》2004 年 7 月 19 日第 2 版。
③ 孔奇志：《善待进城民工》，《湖北日报》2001 年 10 月 17 日第 B02 版。

展，争取全省转移农业劳动力 50 万人，转移农村人口 30 万人，以促进全省农民人均增收 50 元。[1] 而与此同时，湖北省在农民工的权益保障及接纳包容方面还比较滞后。随着越来越多的农村人口将转移至城市，歧视性行为、工伤保险不到位等负面状况很可能不断发生，农民工权益保障问题将成为湖北省政府亟待解决的重点和难点。

七　扶贫开发工作：走在前列

扶贫开发是中国改革开放过程中逐步明确和强化的一项重大战略决策，20 世纪 80 年代中期，有计划、有组织的扶贫开发工作不断推进，逐渐在全国范围开展了以解决农村贫困人口温饱问题为主要目标，以改变贫困地区经济文化落后状态为重点的大规模扶贫开发。[2] 1986 年，国务院贫困地区经济开发领导小组成立，安排专项扶贫资金，制定专门的优惠政策，并对传统的救济式扶贫进行彻底的改革，确立了开发式扶贫的方针。1994 年国务院制定的《国家八七扶贫攻坚计划》发布，进一步明确了扶贫开发的目标、任务、途径、措施、政策，对 1994 年到 2000 年这段时间内的扶贫工作进行了具体部署，该计划明确要求集中人力、物力、财力，通过 7 年时间的努力，基本解决我国 8000 万农村贫困人口的温饱问题。2001 年，中国颁布实施的《中国农村扶贫开发纲要（2001—2010）》对扶贫工作的重点和瞄准对象做了重大调整，提出了扶贫开发的重点在于贫困人口集中的中西部少数民族地区、革命老区、边疆地区和特困地区。同时，注重发展贫困地区的科学技术、教育和医疗卫生事业，强调参与式扶贫，以村为单位进行综合开发和整村推进，承认城乡人口流动是扶贫的一个重要途径。中国 1994 年统计了国家级贫困县的数量，根据统计结果，湖北省辖区内共有 25 个县达到国家级贫困县的标准，[3] 在湖北开展扶贫工作十分有必要。时任湖北省省长贾志杰在 1998 年全省

---

[1]　湖北省农业厅：《湖北省提出实现 2002 年农民增收的八大措施》，《中国农业信息快讯》2002 年第 4 期。

[2]　国务院扶贫开发领导小组办公室：《中国扶贫开发的伟大历史进程》，《人民日报》2000年 10 月 16 日第 1 版。

[3]　国务院扶贫开发领导小组：《关于列入〈国家八七扶贫攻坚计划〉贫困县的通知》（国开发〔1994〕5 号）。

扶贫攻坚工作会议上提出："确保今年脱贫 80 万，力争 100 万，明年彻底扫尾，2000 年再巩固提高一年，决不把绝对贫困带入 21 世纪。"

湖北省政府曾多次下发有关扶贫工作的政策和通知，在每个五年计划时期均有制定具体的扶贫方案。湖北省政府在 1986 年出台了《关于加强山区建设和扶贫工作的决定》，1990 年出台了《关于进一步加强山区扶贫开发工作的决定》。两个决定的内容涵盖了生产、教育、卫生、计生等方面的扶持措施，为湖北省之后的扶贫开发工作奠定了基础。1993 年，湖北省人民政府就争取将湖北省 30 个贫困县市纳入"八七扶贫攻坚计划"，多次向国务院扶贫开发领导小组发函，请求将通山县、五峰土家族自治县等纳入全国重点贫困县，并发布《关于加快山区脱贫致富奔小康步伐的决定》，制定了多项扶贫优惠政策。到 1994 年，湖北省未达到温饱的人口已由原先的 718 万人下降到 394 万，① 扶贫开发工作取得了很大的进展。随着《国家八七扶贫攻坚计划》公布，湖北省政府于 1995 年初印发《湖北省扶贫攻坚计划》，计划在 1994—2000 年，解决好全省 394 万贫困人口的温饱问题，加大对扶贫开发工作的财政支持。根据国务院 1996 年制定的《关于尽快解决农村贫困人口温饱问题的决定》，同年 11 月 12 日湖北省八届人大常委会第二十三次会议通过《湖北省扶贫条例》，这是全国第一份扶贫工作条例，意味着湖北省走在全国扶贫开发工作的前列。除此之外，湖北省积极开展对贫困乡镇未脱贫农户中青壮年农民进行实用技术培训的工作，推进智力扶贫，帮助贫困地区人民通过科技脱贫致富。

通过一段时间的努力，湖北省大别山区、秦巴山区、武陵山区和幕阜山区等地区有 300 多万贫困人口已于 2000 年底基本解决温饱问题。按照人均年纯收入在 625 元以下的新标准，湖北省共有 25 个国家扶贫开发工作重点县，4 个省定扶贫开发工作重点县，仍有 220 万贫困人口。在 2002 年开展的新阶段扶贫工作中，湖北省人民政府积极探索扶贫工作的新路径，决定让贫困农民充分享有知情权和行使决策权，具体操作方式是每年选定 300 个贫困村实施参与式扶贫，由村民自己"海选"确定贫

---

① 湖北省人民政府：《湖北省扶贫攻坚计划》（鄂政发〔1995〕10 号），1995 年 1 月 18 号。

困村的扶贫开发项目，调动村民参与建设的责任心和积极性。①

八　农村基层组织：逐步规范

（一）步履维艰的农民政治参与

农民问题的核心在于农民利益的满足，政治利益作为关乎农民生存发展利益的重要组成部分也逐渐走到前台。早在 80 年代末期，为了疏通农民政治利益诉求渠道，切实保障农民群体的政治参与权利，全国人大常委会通过《中华人民共和国村民委员会组织法》。此后，围绕村民自治制度的完善工作持续推进，极大调动了全国农民的政治参与热情。有学者对比 1996 年和 1990 年农民群体政治参与数据发现，1996 年农民通过政治参与解决村里问题的比例均有提升。② 这一结果说明农民群体寻求运用规范途径来解决与自身利益紧密相连的村务。在整个 90 年代，中国农民群体不管是参与政治的形式，还是参与政治的觉悟都在一个适应调整期，政治参与与政治冷漠并存，③ 但已经开始从过去的政治卷入转变为具有权利主张的政治参与形态。④ 这一转变与中国农村政治体制改革紧密相关，农村基层民主选举制度打开了农民政治参与的大门，为农民制度化参与政治事务尤其是涉及村务的事提供了保障，但是如何破解农村假借制度化政治参与的幌子而行非制度化参与的事实这一难题仍然是农民政治参与的焦点。广义的非制度化参与包括非法参与，主要形式是依靠农村庞大的宗族关系网络和个人人际关系网络干涉甚至垄断农村基层民主选举，对于异见者明里暗里地排斥报复，从而为利益相关者谋求好处。倪承海（2001）把农民的非制度化参与分为四种，分别是行贿活动、越级上访活动、家族或宗族对基层政权的干预活动、报复和暴力对抗活动。⑤ 在中国这样注重人际关系的社会里，在古代历史上，农村的治理始

---

① 高友清、俞俭：《湖北：让农民海选扶贫项目》，《新华每日电讯》2003 年 6 月 17 日第 2 版。

② 杨明：《四县农民政治参与研究》，《社会学研究》2000 年第 2 期。

③ 李雪卿：《中国公民政治参与的现状分析》，《南京社会科学》1998 年第 5 期。

④ 郭正林：《卷入民主化的农村精英：案例研究》，《中国农村观察》2003 年第 1 期。

⑤ 倪承海：《社会转型时期中国农民的非制度化政治参与》，《广西社会科学》2001 年第 6 期。

终与乡绅和大家族捆绑在一起，时至今日，农村的有效治理依然对当地具有威望的人有着天然的依赖。

学者们就此对这一时期农民政治参与的因素展开研究，大多从历史环境和农民两方面入手，前者强调了受"文化大革命"政治运动造成的恐惧心理以及宗族观念重新崛起的影响，20 世纪 90 年代农民政治参与还处于萌芽阶段，后者则主要集中于农民文化教育水平低下，暂不具备参政议政的素养等。①② 徐炜（2001）认为农民的政治参与除了文化因素之外，也毫不例外地受到经济因素的制约，农民政治参与的目的主要是工具性的，即为了自身利益而参与政治。③ 李雪卿（1998）则强调经济因素和文化因素之外的政治参与制度的不健全也在一定程度上影响了公民的政治参与。④ 湖北省作为中部地区的领头羊，在保障和支持农民政治参与上也做了大量的工作，并于 2001 年通过《湖北省实施〈中华人民共和国村民委员会组织法〉办法》，在此之前，《中华人民共和国村民委员会组织法（试行）》已经颁布了很长一段时间，为了深入了解湖北省农村换届选举的状况，张厚安（1993）等人走进湖北省广水市做田园考察。他们选了三个在不同选举阶段的乡镇，调研发现选举方式主要是差额与等额相结合，至于有的村为何采用差额选举方式，当地干部则强调，干部人数多，去留都不好办，从而将决定权交给群众。在等额选举的村子，他们发现选举日每户至少派一人来参与，本质上是间接选举，大大降低了参选率，也违反了村民委员会组织法关于村民委员经由直接选举产生的规定。⑤ 为了进一步保障农民政治权利，学者们也给出了自己的方案，倪承海（2001）提出较为具体的四项措施：大力发展农村商品经济；大力发展农村教育；建立健全农民参与机制和制度；减轻农民负担，提高农

---

① 邢克鑫：《当前农民非制度化政治参与问题探析》，《中国青年政治学院学报》2003 年第 2 期。

② 孙德厚：《村民制度外政治参与行为是中国农村政治、经济体制改革的重要课题》，《中国行政管理》2002 年第 6 期。

③ 徐炜：《试论当前中国农民的政治参与》，《江西社会科学》2001 年第 7 期。

④ 李雪卿：《试论现阶段中国公民的政治参与》，《南京大学报》1998 年第 3 期。

⑤ 张厚安、蒙桂兰：《完善村民委员会的民主选举制度　推进农村政治稳定与发展——湖北省广水市村民委员会换届选举调查》，《社会主义研究》1993 年第 4 期。

村干部素质。① 另有学者主张使农民的政治参与法制化。② 张龙平（1999）也提出，媒体作为一种舆论工具是"射程最远的大炮"，农民可以借助媒介来表达自身利益要求，实现和维护自身利益。③ 经过社会剧烈的变革，农民政治参与面临的环境比以前更为复杂，尤其是在 1986 年到 2002 年这一时期内，传媒技术对农民的政治参与的作用越来越大，因此紧跟时代发展脉搏，利用新型通信传媒在这一时期的农民的政治参与中已经屡见不鲜了。自《中华人民共和国村民委员会组织法（试行）》在 1987 年实行以来，湖北省积极贯彻落实法律并结合全省实际，对村民委员会的性质、职能、选举原则、程序、方法以及基本工作制度做了具体的规定。

1994 年 2 月 25 日，湖北省民政厅根据民政部 1994 年 2 月 4 日制定的《全国农村村民自治示范活动指导纲要（试行）》，拟订了《湖北省开展村民自治示范活动实施方案》。1998 年 11 月，第九届全国人民代表大会常务委员会第五次会议正式修订颁布《中华人民共和国村民委员会组织法》，为村民自治工作提供了法律保障，标志着村民自治逐步进入法制化、规范化、程序化轨道。1989 年 8 月 26 日湖北省第七届人民代表大会常务委员会第九次会议审议通过《湖北省实施〈中华人民共和国村民委员会组织法〉（试行）办法》。1999 年 1 月，湖北省第九届人民代表大会常务委员会第七次会议审议通过《湖北省村民委员会选举办法》。2002 年党的十六大之后，省委、省政府对于推进农村基层民主政治建设的认识进一步深化，做出了一系列重要决策和部署，基层民主政治制度不断完善。2002 年 3 月，省政府出台《湖北省村务公开实施办法》；9 月 2 日，湖北省人大常委会修订了《湖北省村民委员会选举办法》，湖北省政府也下发了《省人民政府关于做好村民委员会第五次换届选举的工作通知》，并于同年在京山县新市镇高岭村进行了换届选举试点，进一步规范选举程序，保障农民的合法政治权利。

---

① 倪承海：《社会转型期中国农民的非制度化政治参与》，《广西社会科学》2001 年第 6 期。

② 白呈明：《法治下的农民政治参与与农村社会稳定》，《理论导刊》2002 年第 10 期

③ 张龙平：《政治冷漠的深层透析与政治参与形式优化》，《理论与改革》1999 年第 3 期。

（二）从轻视到重视：农民政治地位的变迁

中国农民的政治地位的变化是随着中国社会巨大变迁而变化的。在新民主主义革命之前，中国农民饱受压榨几乎没有政治地位可言，同时农民的政治觉悟也没有得到提升，资产阶级和封建阶级牢牢掌握政治资本。但随着新民主主义革命的成功，农民成为工人阶级可靠的同盟，农民的政治地位也因此得到飞跃性提升，经过人民公社化农民走上集体化道路以后，农民的彻底革命性进一步提高，政治地位也与工人阶级相媲美。不过有学者认为这一时期尽管农民的政治地位很高，但农民并没有形成明显的政治优越感。① 进入 20 世纪 90 年代后，由于长期支援工业的发展，农村的衰败已经不可扭转，再加上城乡户籍制度使得农民与工人的区隔更为明显，农民自我身份的认同再次回归到仅仅是农业劳作者的这一既定角色上，沉重的农业赋税压力使得自我身份的评价大大降低了农民对政治优越性的认知。伴随着中国改革开放进程的不断推进，大规模农民走出农村进入城市寻找工作机会以维持生计，他们在农忙时返乡务农，而在农闲时到城市打工赚钱，成为兼有农民和工人双重身份的农民工群体，这可以说是中国剧烈社会变革的一个缩影。

在 20 世纪 90 年代，农民工群体是不被官方认可的，传媒也是极力凸显农民工的负面信息（诸如影响市容、违法犯罪等）来完成对农民工群体"污名化"的构建过程，可想而知，农民工的政治地位也就无从谈起。有学者指出正是由于各种限制性、歧视性政策的张目，针对农民工的罚款收费，甚至剥夺人身自由的收容遣送开始风行。② 农民工群体最先体会到身份困境遮掩背后的制度不合理性，当仅仅被禁锢在农村时，人际关系网络内都是具有相同身份的农民，这种身份认知困境被掩藏，而只有在与城市居民的交流互动中才会凸显。在经济建设的时代浪潮下，人为的政策限制和歧视已经无法适应农民身份转变的这一事实，同时政府在尝到大量劳动密集型产业吸纳农民工就业以促进经济快速增长的甜头后，逐渐转变政府管理角色，从排斥逐步过渡到规范以至于支持农民工到城市就业，加入城市户籍彻底转变为城市居民，对待劳动力

---

① 杨龙:《试析前 28 年中国民众政治参与的主要特征》,《学习与探索》1997 年第 1 期。

② 赵树凯:《当代中国农民身份问题的思考》,《华中师范大学学报》2011 年第 6 期。

流动与农民工的种种歧视与控制政策也逐渐得到社会的广泛关注并得以改变。

九　农村社会保障：步入正轨

农村保障事业的发展对于农村地区的经济发展和社会稳定都有着重要的支撑作用。早在中华人民共和国成立初期，中国就开始开展农村保险业务，但是随着 1959 年全国保险业务的停办，农村保险事业的发展也陷入了停滞。为了填补农村社会保障体系的真空，切实保障农民的基本生活，中国政府在 1985—2003 年加大了对农村社会保障体系建设力度。在五保供养方面，1985 年中共中央、国务院发出了《关于制止向农民乱摊派、乱收费的通知》规定乡和村供养五保户等事业的费用原则上应当以税收或其他法定的收费办法来解决，在这一制度建立之前，实行收取公共事业统筹费的办法。1994 年国务院发布的《农村五保工作条例》更加准确、科学地确定了五保对象，即无法确定赡养、抚养、扶养义务人，或者虽有法定赡养、抚养、扶养义务人，但是赡养、抚养、扶养义务人无赡养、抚养、扶养能力的；无劳动能力的；无生活来源的老年人、残疾人和未成年人。作为集中供养农村五保对象场所的敬老院建设也有明确的政策依据，1985 年提出了"依靠集体、文明办院、民主管理、敬老养老"的方针，以及"入院自愿、出院自由"的原则，这对保障敬老院的健康发展起到了重要作用。1997 年 3 月，民政部颁布了《农村敬老院管理暂行办法》，这为做好农村敬老院的管理和促进其发展提供了法律依据，农村五保供养体系基本成型。在农村社会救助方面，1985 年 3 月由民政部会同有关部门联合发出了《关于扶持农村贫困户发展生产的治穷致富的请示》，再次重申对老弱病残、鳏寡孤独等实行社会救济；扶贫要扶本，要讲求实效；对已经丧失劳动能力无法扶持生产的贫困户，要实行补助或救济；对贫困户缴纳农业税有困难的，应酌情减免。在农村养老保险方面，民政部从 1987 年就开始在有条件的地区组织领导进行探索和试点，1992 年颁布施行了《县级农村社会养老保险基本方案（试行）》。党的十六届三中全会通过的《关于完善社会主义市场经济体制若干问题的决定》提出："农村养老保障以家庭为主，同社区保障、国家救济相结合的方式，"目的是制定与中国基本国情和农村实际情况相符合的农村养老保障制度，标志着中国农村养老保障制度进入制度创新、理念创新的新阶段。在农村合作医疗制度方面，1991 年，国务院批转了卫生部、农业部、人事部、国家教委、国家计委《关于改革和加强农村医疗卫生工作的请示》，指出要稳定推行合作医疗保健制度，为实现"人人享有卫生保健"提供社会保障。1993 年，党的十四届三中全会在《关于建立社会主义市场经济体制若干问题的决定》中明确提出要发展和完善农村合作医疗制度。1994 年，国务院政策研究室、卫生部、农业部与世界卫生组织合作，在全国 7 个省 14 个县（市）开展"中国农村合作医疗制度改革"试点及跟踪研究工作，为合作医疗立法工作奠定了坚实基础。1997 年中共中央、国务院在《关于卫生改革与发展的决定》中提出要积极稳妥地发展和完善合作医疗制度，明确了合作医疗筹资方式、报销比例以及加入原则。在农村最低生活保障方面，1994 年，山西阳泉市开始进行农村最低生活保障制度试点工作；1996 年，全国民政厅局长会议召开，会议首次明确提出了改革农村社会救济制度，积极探索农村居民最低生活保障制度的任务，并把做好这项工作列入了当年的工作要点。为了加强对这项工作的指导，1996 年底，民政部印发了《关于加快农村社会保障体系建设的意见》，制定了《农村社会保障体系建设指导方案》，对家庭人均收入低于最低生活保障标准的农村贫困人口按该标准进行差额补助，用于保障的资金由当地各级财政和村集体分担，并要求各地要积极试点，稳步推进。

湖北省于 1980 年恢复办理保险业务，1982 年开始面向农村提供保险服务。根据中央"一号文件"精神的指导，湖北省逐渐建立了一支初具规模的农村保险工作队伍。从开展农村保险事业到 1986 年，各级保险公司共处理了 24.5 万起赔付案件，支付赔款 9937 万元。[①]但这一水平还不能满足湖北省农村经济发展的需要，还有很大的业务发展空间。1988 年湖北省人民政府批转省保险公司《关于加快发展我省农村保险事业的报告》的通知，要求各级政府研究执行。报告中强调，在农村加速开展保险事业，还需要结合本省实际情况，进一步

---

① 中国人民保险公司湖北省分公司:《关于加快发展我省农村保险事业的报告》，1998 年 10 月。

提高对农村保险工作的认识，加强对各级保险公司及网点的建设和管理。

1986年，为了切实保障农村五保户的生活，湖北省制定了《农村五保户供养工作暂行规定》，要求各级民政部门主管，农村乡镇、村组织具体实施，财政、粮食、物资、供销、卫生、文教、司法等部门密切配合，共同为农村无劳动能力、无依无靠、无生活来源的老年人、残疾人和未成年的孤儿提供生活支持。同年，湖北省依据《批转省卫生厅关于整顿建设乡村卫生组织报告通知》开始整顿建设乡村卫生组织，着手建立覆盖农村的医疗卫生服务体系。1989年，民政部、财政部出台《关于调整部分优抚对象抚恤、补助标准的通知》，湖北省从1989年下半年开始至1990年7月，用一年时间对168231名优抚对象进行调整。1995年，湖北省颁布实施《农村社会养老保险暂行办法》，以保障农村老年人基本生活为目的，坚持以农民自我保障为主、自助与互济相结合、社会保险与家庭保障相结合、自愿投保与积极引导相结合的原则。2000年，湖北省政府颁布实施《湖北省政府关于加快实现社会福利社会化的决定》（2000年8月31日鄂政发〔2000〕55号），该决定要求从2000年到2005年，农村95%的乡镇要建立起以"五保"老人为主要对象，集中供养要达到70%以上的社会保障机制。

农村社会养老保险工作也是湖北省农村社会保障事业的重中之重，其开展始于1991年底省政府办公厅发布的《关于在鄂州市开展农村社会养老保险试点工作》的通知。在1991年到1993年这段时间内，湖北省先后在鄂州市、武昌县等25个县市区开展试点，其间《关于农村社会养老保险试点单位编制问题的通知》和《关于进一步加强农村社会养老保险业务合作的通知》出台，试点工作铺展顺利。同年10月，省政府又与省工商银行联合下发《关于进一步加强农村社会养老保险业务合作的通知》。1992年4月至7月，武汉市开展农保百日工程，三个月收取保费2000余万元。为此，民政部在武汉召开了现场会，全国民政系统掀起了"学武汉，赶山东，农村养老保险再上新台阶"的热潮。根据党的十四届三中全会提出的加快城乡社会保障体系建设，保证社会主义市场经济体制顺利建立的精神和要求，全省各级政府都加大了农村养老保险工作力度，全省农村养老保险工作得到了较快发展。1995年8月，省政府颁布了《湖北省农村社会养老保险暂行办法》，指出了全省农村养老保险工作的指导思想和基本原则，明确规定缴费、给付、管理与监督、农保机构设置等方面的具体要求。1996 年 3 月，湖北省劳动厅下发了《湖北省基本养老保险覆盖计划》；1997 年发布《湖北省人民政府关于进一步发展农村社会养老保险事业的通知》，社会保险与商业保险、养老保险与加重农民负担、政府组织引导与强迫命令等长期争议性的问题得到了澄清，为农村社会养老保险的深入发展奠定了政策基础。1998 年以后，随着农村集体经济的削弱，农民自愿缴费越来越少，保费收缴越来越困难。1998年 5 月，《关于印发农村社会养老保险基金财务管理暂行办法的通知》出台，对农保基金按照预算外资金管理办法，纳入财政专户储存，实行收支两条线管理做出了明确规定。

在农村社会养老保险试点工作顺利完成后，为了响应党的十四届三中全会提出的"加快城乡社会保障体系建设，保证社会主义市场经济体制顺利建立"的精神和要求，湖北省加大推进农保工作的力度，使全省农保工作发展有了很大的进步。1998 年后，国家明确农村社会养老保险由民政部归口劳动和社会保障部管理，湖北省农村社会养老保险发展的脚步也逐渐放缓。1999 年 7 月，国务院发文要求对农村养老保险进行整顿和规范，农村社会养老保险进入了长达 6 年的整顿规范阶段。2001 年 3月，湖北省政府《关于农村社会养老保险工作移交有关问题的会议纪要》提出，在农村养老保险整顿规范阶段，在国家农村养老保险政策出台之前，湖北省农村养老保险工作不再受理新业务，全省农村养老保险仅对老客户进行服务。这也就意味着湖北省基本停止了农村养老保险的扩展工作。截至 2002 年，已投保的农村居民仍能享受农村社会养老保险的服务，然而其间不少参保人选择了退保。2002 年参保的农民已从 1999 年的346.99 万人[①]跌至 307.5 万人[②]。尽管整顿规范期间湖北省农村社会养老保险工作发展受到了一定的限制，但已有的工作基础为后来的农村养老

[①] 国家统计局人口和就业统计司、人力资源和社会保障部规划财务司：《中国劳动统计年鉴 2000》，中国统计出版社 2000 年版，第 524—528 页。

[②] 国家统计局人口和就业统计司、人力资源和社会保障部规划财务司：《中国劳动统计年鉴 2003》，中国统计出版社 2003 年版，第 595—598 页。

保险发展奠定了良好的基础，为农村养老保险制度的改革提供了实践经验。

十 农村教育工作：硕果累累

教育乃是发展之本，中国现代化建设离不开教育和科技的发展，教育问题始终是人民群众热切关注的主题。对于农村居民来说，接受教育也是改变自身命运，展现自我价值，实现向上流动的重要途径。1986 年 4 月 12 日第六届全国人民代表大会第四次会议通过《中华人民共和国义务教育法》，旨在发展国民教育，提高人口素质；1988 年 2 月 5 日国务院发布《扫除文盲工作条例》，确认扫除文盲的工作细则，更好地在全国推动扫除文盲的工作。扫除文盲、普及义务教育，完善农村义务教育管理体制，是贯彻十六大精神，实施科教兴国战略的重要内容；是提高农村人口素质，推动中国农村经济和社会长远发展的重大举措。2001 年起国务院逐次发布《国务院关于基础教育改革与发展的决定》《国务院办公厅关于完善农村义务教育管理体制的通知》和《国务院关于进一步加强农村教育工作的决定》为全国教育事业提供了坚实的政策保障。尽管湖北省高校林立，城市教育资源丰富，但农村教育资源却十分短缺，教师素质亟待加强，义务教育得不到足够的财政支持。长此以往，农村的教育发展势必陷入僵局，农村基础教育改革势在必行。2001 年，《湖北省人民政府贯彻〈国务院关于基础教育改革与发展的决定〉的实施意见》，要求在广大农村继续抓好"两基"巩固提高工作，提高办学的总体水平，并强调确保农村中小学教师工资发放的主要责任在县级人民政府，做好农村教育费附加的征收和管理；加大教育对口支持力度，促进贫困地区义务教育的发展。

湖北省赤壁市在教育问题上走在了改革发展的前列。赤壁市委、市政府清醒地认识到，要做到"不拖欠教师工资""坚决制止乱收费"，就必须加大对教育的财政投入。自 2001 年起，赤壁市对教育经费的投入大幅度增加，在农村推行了教师"编委核编、人事核标、财政核资、银行代发"制度，为教师办理个人工资账户，逐月发放工资。教师收入有保障，学校乱收费的现象也就从根源上被遏止了。同时，他们对教师队伍进行了调整，首先是缩减编制，其次是取消乡镇教育组，这对于提高乡村教师质量和减少教育资源浪费有着积极的影响，还有效地减少了由教员编制臃肿造成的农民负担。由于早期在农村地区推广普及九年义务教育产生了一些历史遗留债务,赤壁市委、市政府通过"清理、认定、移交、偿还"四个步骤将 3650 万元"普九"债务平稳转移,使得学校得以正常运行。除了以上这些改革之外,向社会公开教育收费信息,建立监督检查制度和责任追究制度,为农村基础教育发展提供了制度保障。[1] 赤壁市的基础教育改革,为湖北省其他地区提供了良好的范本和借鉴经验。

第二节 本时期湖北农民家庭经济发展状况

农民群体的发展始终以经济条件的改善为基础。1986 年后,中国一直大力推动农村经济改革,促进农业增产、农民增收,并取得了一定的成就。湖北省积极响应国家号召,落实各项涉农政策,加大对农业生产的投入,加强对农村劳动力的管理,为促使农民脱贫致富做出了巨大的努力,使得农村群体的家庭经济状况有了积极的变化。

一 生产方式

（一）农业现代化水平

工业化建设必然会推动科学技术的发展,提高农业生产率;同时也为农业现代化建设提供了资金支持,从而带动农业现代化的发展。[2] 农业现代化水平是影响农业生产和农村经济发展的重要因素,体现了农业生产方式的改变。农业现代化水平的提高,能够有效地节约人力和土地,提高劳动效率,为城镇化建设打好基础。表 3—1 主要展示了 1990 年、1995 年和 2000 年三个节点上湖北的农业现代化情况,分别代表了三个阶段的五年计划结束后湖北农业生产方式的发展变化。在农业机械化方面,湖北农村机耕面积显著增加,"九五"期间发展较快,由 1247.00 千公顷提高到 1969.55 千公顷;机械收获面积在十年间翻了 6.60 倍,由 97.56 千公顷增加到 643.65 千公顷;机械植保面积、机播面积也呈现明显的上

---

[1] 晓方:《走在农村基础教育改革的前列》,《湖北日报》2002 年 8 月 2 日第 B02 版。

[2] 夏春萍:《工业化、城镇化与农业现代化的互动关系研究》,《统计与决策》2010 年第 10 期。

升趋势。在农用物资使用方面，化肥施用量逐步提高，"八五"期间从148.61万吨增至228.41万吨。在农村电气化方面，湖北农村用电量呈现出稳定增长的态势，由1990年的27.21亿千瓦时增加到2000年的60.86亿千瓦时。在水利方面，农田有效灌溉面积呈现出逐步减少的趋势，十年间从2324.35千公顷下降为2000年的2072.53千公顷。

整体来看，湖北农业基础设施在农业生产中的作用有所加强，农业现代化水平得到了显著的提高。这一系列变化说明，湖北省朝着不断减轻农民负担、不断推进农业深化改革等目标迈进了一大步。

表3—1　　　　　　1990—2000年湖北省农业现代化情况　　　（单位：千公顷）

指标	1990年	1995年	2000年
农业机械化情况			
机耕面积	1097.23	1247.00	1969.55
机播面积	47.83	83.38	255.69
机械植保面积	1064.75	1783.65	2426.95
机械收获面积	97.56	130.95	643.65
农用物资使用情况			
化肥施用量（折纯量）（万吨）	148.61	228.41	247.08
每亩耕地施用化肥（折纯量）（千克）	28.50	45.35	50.17
农用塑料薄膜使用量（万吨）			
农用柴油使用量（万吨）			107.81
农药使用量（万吨）	4.63	11.24	11.54
农村电气化情况			
农村用电量（亿千瓦时）	27.21	47.36	60.86
农田水利情况			
有效灌溉面积	2324.35	2172.08	2072.53
其中：机电排灌面积		1257.70	
占有效灌溉面积的比重（%）		57.9	

资料来源：《湖北统计年鉴2003》。

（二）农业机械拥有量

湖北省拥有的农业机械和农产品加工机械主要包括农用拖拉机及其配套农具、农用水泵、喷灌机械、联合收割机、机动脱粒机、机动喷雾（粉）器，主要涉及农业生产中播种、灌溉、施药、收割、脱粒等环节，以及用于畜牧业的饲料粉碎机。如表 3—2 所示,1985 年至 2002 年这一阶段里,农业机械中增长最显著的是农用水泵,2002 年较 1985 年增长了22.83 万台。其次为农用小型手扶拖拉机,相比前一阶段末增长了 12.06万台;与其配套的农具也由 4.95 万部增长为 46.44 万部。农用大中型拖拉机的使用量有所减少。和 1985 年相比,湖北省农业机械总动力在此期间翻了近一番,农用排灌动力机械则由 1985 年的 55.22 万千瓦增长为2002 年 461.86 万千瓦。农业排灌系统建设得到了大力发展。湖北省农业机械和农产品加工机械拥有量的增加反映了其农业生产的机械化水平在不断提高,农民在生产过程中对于机械的使用越来越频繁。

表 3—2 　　　 1985—2002 年主要农业机械和农产品加工机械拥有量

指标 \ 年份	1985	1990	1995	2000	2001	2002
农业机械总动力 (万千瓦)	910.94	1099.62	1174.34	1414.00	1469.24	1557.40
农用大中型拖拉机 (万台)	5.72	8.60	7.12	6.82	6.58	6.64
农用小型手扶拖拉机 (万台)	14.62	17.70	15.47	23.63	24.88	26.68
农用排灌动力机械 (万千瓦)	55.22	99.28	384.48	434.49	450.40	461.86
农用水泵 (万台)	21.06	24.30	26.56	35.47	40.46	43.89
喷灌机械 (万套)	0.73	0.31	0.72	0.85	1.01	1.08
联合收割机 (台)	479	2335	312	2704	3363	5722
机动脱粒机 (万台)	15.22	12.60	11.25	12.25	12.79	12.81
机动喷雾 (粉) 器 (万部)	0.60	3.70	6.44	8.70	9.07	9.72
饲料粉碎机 (万台)	5.90	5.60	5.32	10.73	12.60	9.59
大中型拖拉机配套农具 (万部)	2.39	2.70	2.85	4.81	5.22	5.97
小型拖拉机配套农具 (万部)	4.95	10.14	15.48	37.48	41.12	46.44

资料来源:《湖北统计年鉴 2003》。

（三）耕地面积

由表3—3可知，1986年到2002年这段时间内，湖北省年末实有耕地面积减少了450.97千公顷，耕地面积明显有所缩减。每年因国家基建占地减少的耕地面积共85.85千公顷，占年内减少总耕地面积的19.04％。1986年至1989年，每个乡村人口占有的耕地面积均为0.09公顷，约为1.35亩；自1990年开始，乡村人口人均拥有耕地0.08公顷，约为1.2亩。在耕地面积和从事农业工作的农村劳动力均逐渐减少的情况下，每个从事第一产业工作的农村劳动力所占有的耕地面积由0.27公顷跌至0.24公顷，直到1994年后才开始慢慢回升，逐渐稳定为0.27公顷。

如图3—1所示，1986年至2002年内湖北省农村家庭平均每户经营耕地面积处于上下波动之中，总体呈现下降的趋势。其中1986年平均每户经营耕地面积为7.48亩，为最高值；2000年平均每户经营耕地面积下降为5.93亩，为最低值。到2002年平均每户经营耕地面积为6.01亩，比1986年减少了1.47亩。耕地的减少，在一定程度上导致了乡村劳动力的流失，也导致了失地农民这一群体的产生。如何保护耕地，妥善安置失地农民，是解决"三农"问题将要遇到的挑战。

表3—3　　　　　　　　1986年至2002年湖北省耕地面积

年份	年末实有耕地面积（千公顷）	年内减少（千公顷）	国家基建占地（千公顷）	人均占有耕地（公顷）	
				按乡村人口计算	按农林牧渔业劳动力计算
1986	3545	49.3	7.3	0.09	0.27
1987	3517.99	36.16	7.13	0.09	0.26
1988	3498.47	25.98	4.55	0.09	0.25
1989	3486.57	17.47	1.83	0.09	0.25
1990	3476.77	15.6	2.73	0.08	0.24
1991	3458.46	24.11	4.03	0.08	0.24
1992	3421.57	41.67	4.95	0.08	0.24
1993	3392.74	32.84	6.11	0.08	0.24

续表

年份	年末实有耕地面积（千公顷）	年内减少（千公顷）	国家基建占地（千公顷）	人均占有耕地（公顷）	
				按乡村人口计算	按农林牧渔业劳动力计算
1994	3375.6	21.21	3.77	0.08	0.24
1995	3358.01	21.36	4.23	0.08	0.25
1996	3349.25	13.8	2.85	0.08	0.26
1997	3342.45	12.24	2.43	0.08	0.26
1998	3327.16	19.95	3.83	0.08	0.27
1999	3310.4	23.08	5.13	0.08	0.27
2000	3282.96	34.15	5.18	0.08	0.28
2001	3242.85	46.26	7.76	0.08	0.27
2002	3094.03	110.1	12.04	0.08	0.27

资料来源:《湖北统计年鉴 2003》。

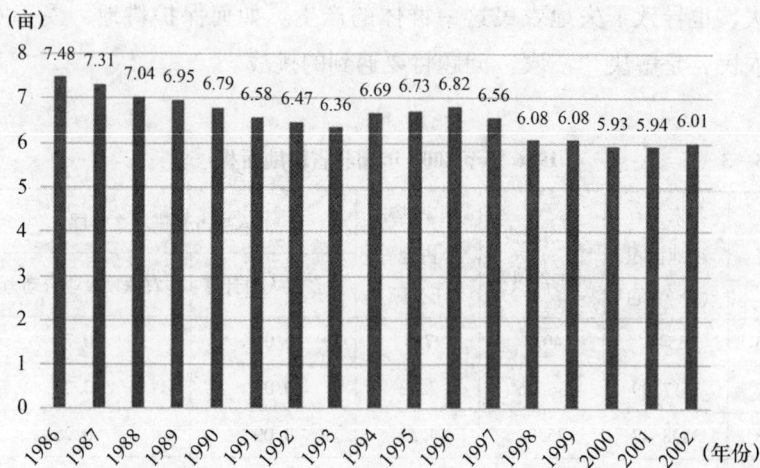

图 3—1　1986 年至 2002 年湖北省农村家庭平均每户经营耕地面积

资料来源:《湖北统计年鉴 2003》。

二 家庭收入

(一) 农民家庭年人均纯收入及构成

湖北省农民的收入来源构成自 1993 年更改了统计指标的选择,目前主要包括工资性收入、家庭经营纯收入、转移性收入、财产性收入四大类。工资性收入即农民从事雇佣劳动所获得的报酬,从表 3—4 可以看出,家庭经营纯收入是农民收入的最主要来源,包括农林牧渔业收入、工业收入、建筑业收入、交通运输邮电业收入、批零贸易餐饮业收入、社会服务和文教卫生业收入等,随着从事雇佣劳动的农民人数不断增加,家庭经营纯收入占年人均纯收入的比重逐步降低。农民工资性收入经历了飞跃性的增长,2002 年湖北农民工资性收入达到 662.19 元,在 1993 年到 2002 年这段时间里年均增长率为 22.59%,其占全年纯收入的比重也从 13.52% 上升为 27.09%。湖北省农民的转移性收入不断波动,总体来看仍处于增长之中;在 20 世纪 90 年代之后,其占农民家庭年人均纯收入的比重有所减小。湖北农民获得的年人均财产性收入从 1993 年的 2.68 元增长为 14.09 元,说明湖北省农民所拥有动产及不动产价值有所增加。截至 2002 年,湖北省农民家庭年人均纯收入达到 2444.06 元,略低于全国农民人均纯收入水平。湖北省仍需要继续推进农村地区发展,大力促进农民增收。

表 3—4   1985 年至 2002 年湖北省农民家庭年人均纯收入及构成   (单位:元)

年份	全年纯收入	家庭经营纯收入	工资性收入	转移性收入	财产性收入
1985	421.24	355.46			
1986	445.13	386.73			
1987	460.66	410.66			
1988	497.84	440.44			
1989	571.84	509.65			
1990	670.80	607.63			
1991	626.92	560.28			

续表

年份	全年纯收入	家庭经营纯收入	工资性收入	转移性收入	财产性收入
1992	677.82	603.59			
1993	783.18	646.62	105.86	28.02	2.68
1994	1170.06	969.30	147.81	32.69	20.26
1995	1511.22	1234.37	192.37	51.01	33.47
1996	1863.62	1479.01	272.65	68.58	43.38
1997	2102.20	1677.78	337.54	76.94	9.94
1998	2172.24	1652.29	396.18	109.65	13.93
1999	2217.08	1596.58	496.40	107.62	16.48
2000	2268.50	1617.80	547.69	83.46	19.55
2001	2352.16	1676.19	582.60	80.52	12.85
2002	2444.06	1694.40	662.19	73.38	14.09

资料来源:《湖北统计年鉴 1987—2003》。

(二) 城乡居民人均总收入

1986 年至 2002 年期间,湖北省常住人口总数从 5047.83 万人增长为 5672 万人,其中城镇居民由 1187.23 万人增长为 2348.2 万人,农村居民由 3860.60 下降为 3323.80 万人。[①] 在这 17 年间,城镇居民人口翻了一番,农村人口则呈现下降的趋势。更多人成了城镇居民,城乡人口之间比例的差距在逐渐缩小。与此同时,城乡居民人均总收入之间的关系也发生了一些变化。表 3—5 为 1986 年至 2002 年湖北省城乡居民人均总收入情况,最初,农村居民人均总收入为 605.67 元,与城镇居民人均总收入的比率为 1:1.42;至 2002 年,这一比率变为 1:2.20。说明在湖北省改革发展的这 17 年中,农村居民收入的增加速度略低于城镇居民。尽管在 2002 年农村居民人均总收入达到了 3239.81 元,但城乡居民之间的收入差距仍在进一步加大。在偏重市场经济发展的背景下,城镇发展与农村发展之间的不平衡越来越显著。

---

① 整理自湖北统计局《湖北统计年鉴 1987》,中国统计出版社 1987 年版;《湖北统计年鉴 2003》,中国统计出版社 2003 年版。

表 3—5　　　1986 年至 2002 年湖北省城乡居民年人均总收入 （单位: 元）

年份	城镇居民年人均总收入	农村居民年人均总收入
1986	861.5	605.67
1987	960.6	638.64
1988	1136.4	710.47
1989	1271.6	820.70
1990	1437.1	957.01
1991	1603.7	936.57
1992	1886.4	1015.62
1993	2453.5	1135.77
1994	3360.0	1690.49
1995	4031.9	2184.2
1996	4367.0	2642.45
1997	4693.8	2913.16
1998	4849.4	2917.66
1999	5234.5	2871.62
2000	5542.6	3008.13
2001	5888.7	3124.1
2002	7142.2	3239.81

资料来源:《湖北统计年鉴 2003》。

（三）湖北省各市、州农民年人均纯收入

　　湖北省内各地区发展水平不同，农民的收入状况也存在着差异。表 3—6 为 1985 年至 2002 年湖北省各阶段各地区农民的年人均纯收入情况。由于在 1990 年到 1995 年期间湖北省行政辖区划分有所变化，因此 1985 年及 1990 年的统计指标不同于后期的统计指标。由表 3—6 可知，相较于前一阶段，1985 年至 2002 年这段时期内，湖北省各地区发展形势、速度均有了较大的变化。黄冈市、咸宁市和孝感市的农民年人均纯收入在这段时期内始终低于全省农民年人均纯收入；宜昌市农民年人均纯收入在"九五"时期结束后超过全省农民年人均纯收入，到 2002 年增幅较缓，略低于全省平均水平；鄂州市农民收入在 2001 年有较大的回落，最终由 1995 年的农民年人均纯收入第二位跌至第五位；武汉作为湖北省首府，农民收入水平一直较高，但从 2001 年起才成为湖北省农民年人均纯收入最高的城市。除武汉市外，农民年人均纯收入较高的地区有仙桃市、荆门市、天门市等，湖北省发展呈现出勃勃生机。

表 3—6　　1985 年至 2002 年湖北省各市（州）农民年人均纯收入　（单位：元）

年份 地区	1985	1990	1995	2000	2001	2002
全省	421.24	670.80	1511.22	2269	2352	2444
武汉市	493.00	815.00	1878.34	2953	3100	3295
黄石市	437.00	698.33	1270	2034	2140	2230
十堰市	320.00	596.90	951	1487	1592	1714
宜昌市	438.61	590.92	1452	2363	2413	2440
襄阳市	394.00	699.62	1475.24	2386	2479	2564
鄂州市	455.81	748.91	1997.37	2863	2591	2693
荆门市	521.27	890.00	1963	2980	2999	2999
孝感市	379.00	639.00	1421	2316	2356	2444
荆州市	459.00	792.60	1732	2185	2303	2408
黄冈市	364.00	580.57	1329.4	2079	2083	2131
咸宁市	402.00	575.92	1307	2052	2123	2204
随州市	—	—	1890.16	2356	2298	2455
恩施自治州	324.00	442.03	851.34	1520	1467	1465
仙桃市	—	—	2005	2991	3083	3153
天门市	—	—	1966	2586	2630	2716
潜江市	—	—	1929	2541	2599	2680
神农架林区	268.00	481.39	1104	1241	1330	1465

资料来源:《湖北统计年鉴 1987》《湖北统计年鉴 1991》《湖北统计年鉴 2003》。

可以看出，这些年湖北省各地区农民收入水平都有较大的提高，但十堰市、恩施自治州、神农架林区发展较慢，农民收入水平始终偏低，和其他地区还有一定的差距，未来还有很大的发展空间。十堰市、恩施自治州、神农架林区海拔较高，地形地貌条件复杂，农业发展条件受自然环境限制较大；同时，这三个辖区还包含一些少数民族聚居的地区，在政府管理上需要考虑到民族团结、民族和谐的问题。政府需要加大扶持力度，在制定扶持政策时应因地制宜，加强山区建设，不断寻找行之有效的方法，带动这部分地区农民的生产、生活发展，实现全省各地区均衡发展，农民共同富裕。

三　家庭消费

（一）城乡居民消费水平

居民消费水平是考察人们生活状况的一个重要指标。从表3—7可以看出，1986年至2002年这段时期，湖北省的居民消费水平大体上呈现逐步上升的趋势，不论是在城镇还是农村，居民消费总额都在不断增长，居民消费水平都在快速提高。然而值得注意的是，1994年以前，农村居民消费总额要高于城镇居民消费总额，后期城镇的居民消费总额迅速增长，远超于农村的居民消费总额，说明城乡人口结构的变动影响了居民消费的结构。在1996年到2002年这段时间内农村居民消费水平反复波动，一度跌至1302元，7年间没有明显的增长；而城镇居民的居民消费水平大体趋势为增长。1986年的城镇居民消费水平为825元，到2002年上升为7899元，可知其年均增长率为15.16%；农村居民消费水平由402元增加到1418元，年均增长率为8.19%。城乡居民消费水平年均增长率相差6.97个百分点，两者之间的差距越来越大，1986年城镇居民消费水平约为农村居民消费水平的2.05倍，而2002年这一倍率高达5.57%。在此阶段，缩小城乡经济水平差距仍然是解决"三农"问题的关键。

表3—7　　　　　　　1986年至2002年湖北省居民消费水平

年份	居民消费总额（亿元）			居民消费水平（元）		
	小计	农村居民	城镇居民	小计	农村居民	城镇居民
1986	247.13	158.31	88.82	493	402	825
1987	271.22	172.47	98.75	533	434	891
1988	328.82	204.21	124.61	638	509	1092
1989	398.09	255.09	143.00	762	630	1218
1990	434.62	273.27	161.35	813	659	1341
1991	475.85	286.08	189.77	869	674	1541

续表

年份	居民消费总额（亿元）			居民消费水平（元）		
	小计	农村居民	城镇居民	小计	农村居民	城镇居民
1992	546.61	301.60	245.01	986	706	1926
1993	694.49	357.10	337.35	1236	831	2554
1994	845.14	413.40	431.75	1486	964	3086
1995	1095.97	504.10	591.85	1908	1183	3989
1996	1346.76	594.80	751.99	2323	1396	4892
1997	1438.12	614.90	823.26	2459	1441	5208
1998	1518.92	610.20	908.68	2579	1427	5632
1999	1507.12	558.40	948.69	2545	1302	5802
2000	1594.08	559.10	1034.96	2680	1302	6250
2001	1767.38	585.40	1181.96	2962	1365	7042
2002	1951.54	606.80	1344.70	3263	1418	7899

资料来源:《湖北统计年鉴 2003》。

（二）恩格尔系数

恩格尔系数是指食品支出占全部消费支出的比重，是用于衡量居民生活水平高低的重要指标。德国统计学家恩格尔在研究人们的消费结构变化时发现：一个家庭的收入越少，购买食物的支出占总支出的比例就越大；随着家庭和个人收入的增加，收入中用于购买食物的支出比例逐渐减小。食物和水是人类生存的基本需求，在收入较低时，人们在食品上的消费必然占有重要地位。而收入较高时，人们才能通过其他消费满足进一步的需求。其计算公式为：

$$恩格尔系数 = 食品支出 \div 全部消费支出 \times 100\%$$

表 3—8 为湖北省 1985 年到 2002 年城镇居民和农村居民家庭年人均生活消费支出情况，可得出表 3—9 湖北省城镇居民和农村居民的恩格尔系数的变动情况。尽管城乡居民在实际消费支出的金额上还有着较大的差距，但城乡居民家庭恩格尔系数的变化则展现出一种积极的发展趋势。根据表中数据可知，1985 年农村居民家庭恩格尔系数为 59.12%，随后数年系数呈上升趋势，于 1994 年达到最高点，1994 年后逐渐下降，由 73.03% 下降为 49.98%；城镇居民则由 1986 年的 51.56% 降低为

37.22%。尽管城乡居民家庭恩格尔系数均呈现下降的趋势,但两者之间的差距却有所拉大,由原来相差 8.71 个百分点,上升为相差 12.76 个百分点。这说明了在 1986 年到 2002 年这段时期内,农村居民家庭收入水平有了较大的提高,生活消费支出结构明显改善,生活质量得到了一定的提升,但和城镇发展的速度、稳定性相比,仍存在一定的差距,需要进一步促进农民增收,减轻农民负担。

随着时间的推移,湖北省农民的消费观念也发生了变化。1986 年,农民在主食和副食上的支出分别为 82.00 元和 87.14 元,副食的花费是主食的 1.06 倍,2002 年这一倍率提高为 1.65 倍,说明湖北省农民的饮食结构有所调整,在副食上的消费有所提高。对农民来说,生活质量的提升可以表现在"有肉吃",2002 年湖北省农民家庭年人均猪肉消耗量为 18.12 千克,比 1986 年增加了 2.38 千克。像牛羊肉、家禽、水产、奶及奶制品和蛋类及蛋制品等其他营养价值较高的食品的年人均消耗量也有明显的增长。此外,水果以及果制品的年人均消耗量也从 2.68 千克增加为 14.94 千克。[①] 湖北省农民的饮食结构朝着更加科学、健康的方向发展,生活条件的改善和消费观念的转变十分明显。也可以说,通过这几年的发展,传统的消费观念已被现代消费观念所替代,农民的消费意识有了质的变化。

表 3—8　　1985 年至 2002 年湖北省城乡家庭年人均生活消费支出　（单位:元）

年份	城镇		农村	
	生活消费支出	食品支出	生活消费支出	食品支出
1985	—	—	334.63	197.86
1986	751.5	387.5	360.37	217.20
1987	836.1	443.2	385.99	232.22
1988	1058.8	538.9	419.44	255.12
1989	1130.7	607.0	499.78	317.61

①　整理自湖北统计局《湖北统计年鉴 1987》,中国统计出版社 1987 年版;《湖北统计年鉴 2003》,中国统计出版社 2003 年版。

续表

年份	城镇		农村	
	生活消费支出	食品	生活消费支出	食品
1990	1220.3	652.4	507.55	315.68
1991	1380.2	717.4	562.47	363.94
1992	1577.7	799.0	549.46	368.22
1993	2097.6	941.5	626.8	440.52
1994	2733.1	1307.1	890.14	650.04
1995	3433.8	1680.6	1062.82	745.01
1996	3713.5	1731.4	1382.68	964.17
1997	3855.6	1773.6	1377.42	916.99
1998	4074.4	1787.7	1699.43	918.95
1999	4340.6	1783.4	1572.9	863.47
2000	4644.5	1779.4	1555.61	827.25
2001	4804.8	1799.4	1649.18	856.25
2002	5608.9	2087.8	1745.63	872.49

资料来源:《湖北统计年鉴》1987—2003 年。

表3—9　　　　1985 年至 2002 年湖北省城乡居民家庭恩格尔系数　　　（单位:%）

年份	城镇居民家庭恩格尔系数	农村居民家庭恩格尔系数
1985	—	59.12
1986	51.56	60.27
1987	53.01	60.16
1988	50.90	60.82
1989	53.68	63.55
1990	53.46	62.20
1991	51.98	64.70
1992	50.64	67.01
1993	44.88	70.28
1994	47.82	73.03
1995	48.94	70.10
1996	46.62	69.73
1997	46.00	66.57

续表

年份	城镇居民家庭恩格尔系数（%）	农村居民家庭恩格尔系数（%）
1998	43.88	54.07
1999	41.09	54.90
2000	38.31	53.18
2001	37.45	51.92
2002	37.22	49.98

资料来源：由《湖北统计年鉴》1987—2003 年中原有数据推算得来。

四　家庭储蓄、借贷与投资

自中华人民共和国成立以来，中国的农业和农村经济持续发展，并逐渐由计划经济向市场经济转轨，促使了农村金融需求的产生，从而推动了农村金融结构的改革。尽管从 20 世纪 80 年代初就开始了以机构多样化为主线的中国金融体制改革，但其成效并不明显，仍然需要从不同角度推进金融组织多元化，优化中国农村金融组织结构。[1] 农村家庭的储蓄、借贷与投资反映了农民的金融活动的规律及农村金融市场的变化。

（一）城乡居民储蓄情况

农村居民储蓄余额的攀升，与农民收入提高有着密切的关系，收入越高，储蓄余额越高。经研究表明，收入与储蓄金额存在正相关，而税收则对储蓄率有较大的负面影响：在收入一定的情况下，税收增加可能导致可支配收入的减少，因此减少了消费与储蓄。在中国农村，税费的收取是按照人头和地亩为标准的，很少有减免的情况发生。在农村税制改革以后，税费对于农户储蓄动机的影响则需要重新考虑；当年借贷、借贷频度以及信贷限制这些流动性约束指标及预防性储蓄动机也是影响储蓄的重要因素。[2]

如表 3—10 所示，1986 年湖北省农村居民储蓄余额由 23.83 亿元增加到 2002 年的 389.85 亿元，年均增长率为 19.09%，其占城乡储蓄存款总额的百分比却由 29.06% 降低至 14.15%。相比之下，湖北省城镇储蓄

---

① 何广文：《中国农村金融转型与金融机构多元化》，《中国农村观察》2004 年第 2 期。
② 万广华、史清华、汤树梅：《转型经济中农户储蓄行为：中国农村的实证研究》，《经济研究》2003 年第 5 期。

余额由 58. 16 亿元上升为 2364. 69 亿元，年均增长率为 26. 06%，这一方面表明了城镇居民在收入上比农村居民更具优势；另一方面表明城镇居民的储蓄意愿和金融需求更强。

表 3—11 为 1985 年至 2000 年湖北省农民家庭人均期末手存现金及期末存款余额情况。由于 2000 年后湖北省统计局停止使用这两个指标，不再单独统计农民家庭人均储蓄情况，因此该表只能反映"七五"时期、"八五"时期及"九五"时期农民储蓄状况的变化。整体来看 1985 年—2000 年，湖北省农民家庭人均期末手存现金大体上呈现逐步上升的趋势，仅 1996 年和 2000 年有所回落。三个时期农民家庭人均期末存款余额的年增长率分别为 32. 36%、16. 55%、17. 54%，可见"七五"时期湖北省农民家庭人均期末存款余额增长得最快。

表 3—10　　　　　1986 年至 2002 年湖北省城乡储蓄存款余额　（单位：亿元）

年份	城乡储蓄存款	城镇储蓄余额	农户储蓄余额
1986	81.99	58.16	23.83
1987	117.294	85.6133	31.6807
1988	147.2526	112.2575	34.9951
1989	187.0573	146.7861	40.2712
1990	247.5835	196.2932	51.2903
1991	315.0175	250.8602	64.1573
1992	376.606	306.8902	69.7158
1993	473.6963	386.246	87.4503
1994	697.7456	569.4099	128.3357
1995	947.4697	771.4307	176.039
1996	1229.8447	1006.6781	223.1666
1997	1410.57	1145.53	265.04
1998	1577.98	1297.45	280.53
1999	1705.9	1435.4	270.5
2000	1908.81	1615.93	292.88
2001	2287.4	1947.7	339.7
2002	2754.54	2364.69	389.85

资料来源:《中国金融年鉴》1987—2003 年。

表 3—11　　　1985 年至 2000 年湖北省农民家庭人均期末手存

现金及期末存款余额　　　（单位：元）

年份	期末手存现金	期末存款余额
1985	58.38	22.89
1986	75.35	31.83
1987	94.51	42.85
1988	111.42	54.75
1989	128.54	59.16
1990	138.32	92.99
1991	114.09	60.41
1992	159.08	65.81
1993	191.88	78.46
1994	284.63	135.18
1995	390.8	200.01
1996	339.43	201.03
1997	464.1	293.14
1998	698.61	369.35
1999	824.47	480.44
2000	620.33	448.67

资料来源：《湖北统计年鉴》1987—2001 年。

（二）农民家庭人均储蓄借贷现金收支

表 3—12 为 1986 年至 1999 年湖北省农民家庭人均储蓄借贷收支情况。由于 1999 年后湖北省统计局不再采集相关数据，故该表只能反映 1986 年到 1999 年这 14 年间农民家庭人均储蓄借贷的收支状况。总体来看，湖北省农民家庭人均储蓄借贷现金收入要大于储蓄借贷现金支出，但差额并不大。1996 年湖北省农民家庭人均储蓄借贷现金收支之间差额最大，收入与支出之比为 1：0.50；1999 年两者之间差额最小，收入与支出之比为 1：0.99。总体而言，湖北省农村家庭人均储蓄借贷收支基本平衡，并保持在一个稳定发展的状态之中。

表 3—12　　　**1986 年至 1999 年湖北省农民家庭人均储蓄借贷收支**　　（单位：元）

年份	储蓄借贷现金收入	储蓄借贷现金支出
1986	46.44	33.48
1987	52.68	39.9
1988	101.96	94.14
1989	120.53	91.66
1990	119.29	102.76
1991	167.23	98.92
1992	156.48	95.6
1993	149.86	104.86
1994	176.75	139.62
1995	228.11	176.7
1996	365.3	183.54
1997	376.8	253.64
1998	338.26	254.97
1999	327.07	324.82

资料来源：《湖北统计年鉴》1987—2000 年。

五　农民就业

（一）湖北省整体就业情况

表 3—13 为 1985 年到 2002 年这段时期各阶段湖北省全社会从业人员的情况。与 1985 年相比，1986 年到 2002 年这期间乡村从业人员共增加了 665.5 万人，城镇从业人员增加了 539.4 万人。新增的 1204.9 万从业人员中有 55.23% 的人员在乡村工作。第一产业的从业人员在"七五"时期增长最快，共增长了 476.5 万人，之后慢慢回落到 1652.6 万人。第二、第三产业的从业人员显著增加，尤其是第三产业，由 369.5 万人增长为 1086.3 万人。湖北省从事农林牧渔业的人员明显减少，更多的人选择从事服务业工作，更倾向于选择流入城镇而不是在乡村解决就业。在城镇化和现代化的驱动下，越来越多的农村劳动力选择脱离土地，转而到城市寻找生存发展的机会。

表 3—13　　　　1985 年至 2002 年湖北省全社会从业人员数①　　（单位：万人）

年份	合计	按城乡分		按产业分		
		城镇	乡村	第一产业	第二产业	第三产业
1985	2238.1	637.6	1600.5	1383.3	485.4	369.5
1990	3040.4	890.8	2149.6	1859.8	628.5	552.1
1995	3232.5	1015.0	2217.5	1697.0	743.5	792.0
2000	3384.9	1123.8	2261.1	1625.1	702.4	1 057.4
2001	3414.5	1148.7	2265.8	1639.0	706.8	1068.7
2002	3443.0	1177.0	2266.0	1652.6	704.1	1086.3

资料来源：《湖北统计年鉴 1987》《湖北统计年鉴 1991》《湖北统计年鉴 2003》。

（二）乡村劳动力

由表 3—14 可知，相较于 1985 年，1986 年至 2002 年湖北省农村劳动力增长了 148.68 万人，总计为 1797.56 万人，主要集中在农林牧渔业，其次在工业及建筑业，除此之外还有交通运输、仓储邮电业以及批发零售贸易业、餐饮业等。在 1995 年以后，从事工业的农村劳动力逐渐减少，由 130.91 万人下降为 110.38 万人。更多的农村劳动力往建筑业聚集，至 2002 年有 108.85 万农村劳动力从事建筑业工作。

表 3—14　　　　1985 年至 2002 年湖北省农村劳动力及构成　　（单位：万人）

年份 指标	1985	1990	1995	2000	2001	2002
农村劳动力合计	1648.88	1791.30	1810.44	1781.7	1781.68	1797.56
农林牧渔业	1324.44	1453.96	1329.18	1159.13	1143.72	1130.97
工业	126.90	112.29	130.91	116.12	112.3	110.38
建筑业	45.99	55.33	82.82	104.08	106.1	108.85
交通运输、仓储邮电业	19.10	24.20	35.6	44.61	45.09	45.71
批发零售贸易业、餐饮业	25.17	29.53	55.61	72.7	71.55	73.6
其他	107.28	115.99	176.32	285.69	302.92	328.05

资料来源：《湖北统计年鉴 1987》《湖北统计年鉴 1991》《湖北统计年鉴 2003》。

---

①　1990 年以后从业人员总数及分城乡、三次产业人数按国家要求根据人口普查和人口变动调查资料整理而得。

（三）农村剩余劳动力转移

随着工业化、城镇化的发展，农业现代化水平不断提高，农村耕地面积大量减少，许多农村劳动力从土地中解放了出来，向有岗位需求和更多机会的城镇转移。1986 年到 2002 年这段时间，湖北省内有越来越多的农村剩余劳动力进入城市工作，进入工业、建筑业、服务业等。2002 年湖北省农村外出合同工、临时工已达到 243.59 万人，占 2002 年乡村劳动力总人数的 13.55%，① 越来越多的农民选择进城务工。这一情况有利也有弊。一方面，大量的农村劳动力满足了湖北省城市基础建设的需要，为湖北省创造了巨大的经济效益；另一方面，随着流动人口的增加，在农民工权益保障和政府管理方面逐渐暴露出各种各样的问题。今后仍然会有大量农村剩余劳动力在农村和城市之间往返，越来越多的农民工会产生定居于城市的意愿，如何调动各方面的社会资源为他们提供社会保障，促进他们的市民化，将是湖北省政府即将面临的难题。

第三节　本时期湖北农村社会保障和医疗发展

在 1986 年至 2002 年，对于湖北农村来说意味着传统和现代的激烈碰撞，农村改革的持续推进促使农民传统的社会生活方式逐渐松动，青壮年农民走出农村接触外面的广阔天地，不过，由于农民在城市的权益无法得到保障，长时间的城乡分割导致对农民的排斥乃至歧视，注定了农民融入城市有着天然障碍。可喜的是，农民的社会保障体系建设得到进一步加强，在这一时期，湖北省农村社会保障体系由单一到多元，曲折发展，尽管保障范围小、作用有限、力度较弱，但对于近乎无法融入城市的农民来说确实是些许安慰。令人欣慰的是湖北省政府不断总结农村社会保障经验得失，健全农村社会保障体系，农民的社会保障压力不断减轻，政府逐渐走进农民社会保障的中心，居于主导地位。

---

① 湖北省统计局：《湖北统计年鉴 2003》，中国统计出版社 2003 年版。

一　农民社会保障

（一）农村社会养老保险

农村社会养老保险是中国这一时期探索农村保障社会化建设的重要尝试，尽管农村社会养老保险还远远达不到农村养老现实的要求，具体落实的法规还有待完善，但无疑已经摸索出了一条农村社会保障的道路，也在曲折发展中取得了一定的成绩。1995年10月湖北省民政厅设立了农村社会保险处，各地也逐步设立了相应的农保机构，从此，湖北省农村社会养老保险从无到有，缓慢曲折发展。表3—15数据显示，从1999年到2002年，尽管开展养老保险工作的地级个数缓慢增加，从12个增长到13个，但是县级、乡镇、村级和乡镇企业的数量在不断减少，分别从1999年的98个、1502个、28921个和10587个减少到2002年的95个、1067个、21662个和2991个。这一方面是由于行政区划的调整，合村并组举措的实施，消除了统计数字上的变化趋势，但另一方面从更深层次原因上看，农村社会养老保险金工作开展地区的减少确实反映了这一时期农村社会保险金工作进展不利，几近陷入停滞状态。

表3—15　　　　　湖北省农村社会养老保险金开展工作的地区和
单位的基本情况　　　　　　　　（单位：个）

年份	地级	县级	乡镇	村级	乡镇企业
1999	12	98	1502	28921	10587
2000	12	95	1438	27344	3281
2001	12	95	1158	27744	3881
2002	13	95	1067	21662	2991

资料来源：《中国劳动统计年鉴》2000—2004年。

湖北省农村社会养老保险工作也可以从养老保险参保人数和养老保险金的收支上反映出来。表3—16数据显示，湖北省农村养老保险参保人数在1999年达到顶峰，接近347万人，不过后续增长乏力，社会养老金合计参保人数降低到2002年的307.5万人，降幅为11.4%。相应地，本年参保人数也从1999年的8.48万人降至2002年的4.4万人，养老保险金的参保人数是衡量养老保险政策是否顺畅的重要标准, 这一时期的参保人数状况充分说明农村社会养老保险仍在探索阶段, 还不健全成熟, 缺乏相应的政策措施去进一步落实支持。

表3—16　　　　　　　　湖北省农村社会养老保险金参保情况　　　（单位: 万人）

年份	合计	本年参保人数	本年乡镇参保人数
1999	346.99	8.48	0.47
2000	316.45	8.12	0.39
2001	318.2	2.6	
2002	307.5	4.4	0.6

资料来源:《中国劳动统计年鉴》2000—2004 年。

表 3—17 显示, 从 1999 年到 2002 年, 湖北省农村社会养老保险资金收入随着参保人口的萎缩不断减少。1999 年本年保险资金收入为 5472.96 万元, 2002 年减少到 2338.2 万元, 降幅达 57.3%。集体补助的资金也从 1999 年的 199.60 万元, 减少到 2002 年的 141.1 万元, 中央和地方财政则无资金划入农村社会养老保险。湖北省农村社会养老保险金收支情况说明, 农村社会养老模式还远远不是主流, 广大农民在这一时期还是依靠传统的家庭养老模式。①

表 3—17　　　　　　　湖北省农村社会养老保险金资金收支情况　　　（单位: 万元）

年份	上年基金滚存结余	本年保险资金收入	本年保费收入	个人缴费	集体补助	本年基金运营收益
1999	57410.72	5472.96	2753.80	2554.20	199.60	2719.15
2000	57557.04	3510.33	1881.57	1589.53	292.04	1628.76
2001	61256.0	3478.0	2100.0	1750.0	350.4	1378.0
2002	60042.9	2338.2	1163.9	1022.8	141.1	1174.4

资料来源:《中国劳动统计年鉴》2000—2004 年。

---

① 胡艳玲:《湖北省农村社会养老保险制度研究》, 硕士学位论文, 武汉科技大学, 2009 年, 第 17 页。

（二）农村五保供养

"五保供养"是这一时期湖北省农村社会保障的重要组成部分。1986年是贯彻实施《湖北省农村五保户供养工作暂行规定》的第一年，随着后续工作的有序铺开，农村五保供养不断取得新的突破。表3—18 数据显示，从 1988 年到 2002 年，湖北省农村五保供养人数从 18.99 万人增加到 21.60 万人，增长了近 14%，供养人数已经占全省农业人口的 5.06%。五保供养经费也呈现大幅增长态势，从 1988 年的 4847.1 万元增长到 2002 年的 21005.9 万元，增幅高达 333%，五保供养人均经费相应地也从 1988 年的 302 元增长到 2002 年的 942.05 元，增长了近 210%，其中 2002 年的集中供养人均经费更是达到了 1255.8 元。为了让符合五保供养政策的农民切实享受到五保供养，湖北省加大落实力度。从 1988 年到 1990 年，五保落实率从 84.5% 提升到了 89.5%。此外，五保经费乡统筹面逐步扩大，供养标准持续提高。1988 年，湖北省有 1175 个乡镇实行统筹，占乡镇总数的 54.4%，比 1987 年增加 8.2%，其中有 12 个县市已全部实行乡镇统筹。1990 年全省实现五保供养经费统筹的乡镇占应统筹乡镇总数的 57.4%，统筹五保供养经费达到 5808.28 万元；而到了 2002 年，全省共落实五保供养经费进一步增长到 2.1 亿元。值得一提的是，五保对象采用集中和分散供养方式。1990年，五保对象由福利院集体供养的占供养对象总数的 23.3%；而到 2002年，集中供养占 24.4%，分散供养达 75.6%。

表 3—18　　　　　　湖北省 1988—2002 年农村五保供养情况

指标 ＼ 年份	1988	1990	2002
五保供养人数（人）	189900	182891	216028
五保供养经费（万元）	4847.1	5808.28	21005.9
人均五保经费（元）	302	355	942.05

资料来源：《湖北年鉴 1989》《湖北年鉴 1991》《湖北年鉴 2003》。

（三）农村社会救助

社会救助是社会福利的重要组成部分，表3—19 反映了湖北省这一时期农村社会救助情况。可以发现，从 1990 年到 2002 年，湖北省国家临时救助农业人口困难户人数从 78.87 人次增长到 114.77 人次;农业户口困难户得到国家定期定量救济的人数从 0.93 万人增加到 1.63 万人,增幅达 75.2%;享受农村最低生活保障的人数也从 1999 年的 7.36 万人增长到 2002 年的 18.64 万人,显示出湖北省农村社会保障措施正在农村见效。

表 3—19　　　　　　　　1990—2002 年湖北省农村社会救助情况

指标＼年份	1990	1995	1999	2000	2001	2002
国家临时救助农业人口困难户人数（人次）	78.87	104.04	70.73	71.03	144.65	114.77
农业户口困难户得到国家定期定量救济人数（万人）	0.93	0.56	1.61	0.94	0.83	1.63
农村最低生活保障人数（万人）	—	—	7.36	7.06	8.61	18.64

资料来源:《湖北统计年鉴 2003》。

(四) 农村优抚脱贫

湖北省的优抚工作以及其他社会福利在这一时期也在有序发展。1988 年湖北省农村义务兵家属优待金标准户均 347 元,比上年提高 34 元,绝大多数乡镇对军人家属的优待金已兑现到户。[①] 1988 年共接收退伍军人 31234 人,其中转业志愿兵 1540 人,二、三等残疾军人 336 人,按政策安排工作的 13286 人,回农村安置的 17948 人。在这一年湖北省回农村的退伍军人两用人才 10409 人,开发使用 8961 人,占 86%,其中选拔为基层干部的 1344 人,进乡镇企业的 2548 人,创办联合体 361 个,成为专业户的 862 人。全省投入扶持款 28.1 万元,用于退伍军人发展生产。此外,1988 年全省农村福利院收养五保对象 38055 人。[②] 表 3—20 集中反映了 1986 年到 1990 年的湖北省农村社会福利基本情况,可以发现,1986 年到 1990 年,湖北省在农民社会福利建设上也取得了显著的成绩,抚恤在乡复员退伍军人人数从 96.4 万人增加到 102.4 万人;农村困难户数从 86.7 万户减少到 68.9 万户;累积脱贫户数更是从 54.79 万户增加到 124.95 万户。

---

① 湖北年鉴编辑部:《湖北年鉴 1989》,湖北人民出版社 1989 年版,第 514 页。
② 同上书,第 517 页。

表 3—20　　　　　　1986—1990 年湖北省农村优抚基本情况

指标 \ 年份	1986	1990
抚恤在乡复员退伍军人人数（万人）	96.4	102.4
农村困难户数（万户）	86.7	68.9
累积脱贫户数（万户）	54.79	124.95

资料来源：《湖北统计年鉴1991》。

二　农村医疗

农村医疗卫生福利事关农民群体的身心健康，尽管农民在这一时期的经济收入已经有所提升，但疾病仍然是农民面临的巨大负担，他们根本无力承担城市高昂的医疗费用，这就使得农村医疗服务点的建设成为时代的必然选择。1986 年，湖北省依据《批转省卫生厅关于整顿建设乡村卫生组织报告通知》开始整顿建设乡村卫生组织。到 1987 年，全省3.2 万多个村中，设有卫生室的占到92%；在5.5 万多个乡村医生和卫生员中，85% 的报酬基本接近当地民办教师的水平；乡村两级卫生组织相应地新建和维修了房舍，并添置了小型医疗器械。[①] 从表 3—21 也可以看到，从 1986 年到 1990 年，湖北省有专人搞防疫保健的村数由 3489 个增加到4826 个，尽管村设置的医疗点数略有下降，但乡村医生数从 29289人增加到33429 人。

表 3—21　　　　　　1986—1990 年湖北省农村医疗福利基本情况

指标 \ 年份	1986	1990
有专人搞防疫保健的村数（个）	3489	4826
村设置的医疗点数（个）	32445	30036
乡村医生人数（人）	29289	33429

资料来源：《湖北统计年鉴1991》。

---

① 《对湖北省六届人大五次会议第589号建议的答复》，第1页，来源：湖北省档案馆。

第四节　本时期湖北农村教育与文化福利

做好农村教育和农民福利工作是国家做好农村工作的必然要求，在这一时期，湖北省积极响应国家涉农工作号召，大力推进农村教育和农民福利建设，立足湖北省情，在农村持续推进九年义务教育以及兴办农民文化技术学校，并将推广培训涉农专业技术和提高农民文化水平有机结合起来，农民的文化水平因此得以显著提升。而在农民福利上，面对农民精神文化生活内容匮乏、形式单调的现状，湖北省从无到有，不断增多农民福利项目，相比之前，农村教育和福利有了显著改观。不过，也可以看到，从 1986 年到 2002 年，湖北省农村教育和福利建设的投入深度依然不够，远远无法满足农民多样化、差异化、高层次的需求，对农民生产生活的作用还是比较微弱。

一　农村教育

（一）农村义务教育

湖北省在 20 世纪 90 年代积极开展"九年义务教育"，全力打好"普九"攻坚战，切实保障适龄儿童的受教育权利。湖北省对义务教育加大投资力度，到 2001 年，财政累计投入资金 7.7 亿元完成了第一期"普九工程"。[①]得益于这一系列举措的有效实施，湖北省义务教育工作在这一时期取得了非凡成就。从 1985 年到 2002 年，湖北省农村教育发展取得了两项重大成果：首先，1998 年基本扫除了青壮年文盲；其次，2000 年全省 101 个县、市、区基本实现了普及九年义务教育。截至 2000 年，全省小学适龄儿童入学率达到 99.53%；小学毕业生升入初中的升学率达到 94%；青壮年文盲率下降到 2.1%。[②]

（二）农村成人文化、技术培训

1986 年湖北省全年组织 14.15 万人参加学习，将识字学文化与学技

---

① 许克振:《湖北发展改革 30 年》，湖北人民出版社 2008 年版，第 197 页。
② "基础教育新三片地区教育发展水平研究"课题组、朱小蔓、曾天山:《湖北农村教育调研报告》，《教育研究》2006 年第 8 期。

术相结合，扫除文盲 1.33 万人，无盲县数量进一步增加。① 1989 年湖北省建立乡镇成人文化技术学校 1500 所，1994 年湖北省大力开展农民实用技术培训，全省 98% 的乡镇、60% 的村办起了成人文化技术学校，参加文化技术培训的农民达 598 万人次。② 1997 年湖北省共为农业产业化培训各类从业人员 300 多万人次，有 30 所成人中专学校和 500 多所乡镇成人文化技术学校开发了 1400 多个 "种、养、加" 示范基地，创建了 15 所省级示范成人中专学校和 31 所省级示范乡镇成人文化技术学校。③ 截至 1997 年底，湖北省扫除青壮年文盲 117.4 万人，非文盲率由 1990 年的 92.32% 提高到 96.75%，全省 1873 个乡镇均建立了成人文化技术学校。④ 自 20 世纪 90 年代初举办 "农村劳动力开发就业工程" 以来，湖北省已经有 150 万农民工接受培训，其中 40 万人获得了资格认证。⑤ 同时，湖北省积极组织成人教育资源对口支持农村扶贫开发。截至 1998 年，湖北省有 1000 所成人大中专学校组建了 100 支科技扶贫服务队，分别在 1000 个特困村开展对口帮扶，全省共投入资金 910 万元，捐赠价值 810 万元的计算机、电视机等科技仪器设备，先后举办农民科技培训班 23226 期，共培训 333 万人次，推广农村实用技术 1300 余项。⑥ 表 3—22 展示了 1990—2002 年，湖北省农村成人学校在校学生数的变化趋势。可以看到，湖北省农民初等学校在校人数从 45.43 万人减少到 5.57 万人，扫盲班在校人数也从 14.22 万人减少到 3.77 万人。这一数据表明，农民教育工作经过多年的有力开展，湖北农民的文化水平不断提升，文盲、半文盲人数显著减少，农民的教育已经不再仅仅局限于提高农民识字率等初级层次之上了。

---

①　湖北省统计局：《湖北统计年鉴 1987》，中国统计出版社 1987 年版，第 517 页。

②　许克振：《湖北发展改革 30 年》，湖北人民出版社 2008 年版，第 194 页。

③　湖北省教育厅：《湖北教育年鉴 1999》（总第 9 卷），武汉水利水电大学出版社 2000 年版，第 142 页。

④　同上书，第 143 页。

⑤　皮曙初、余瑾毅：《湖北五万农民工竞考农民工职业资格证书》，2005 年 8 月，南方网，http://www.southcn.com/job/careercenter/hrheadlines/200508110353.htm。

⑥　湖北省教育厅：《湖北教育年鉴 1999》（总第 9 卷），武汉水利水电大学出版社 2000 年版，第 143 页。

表3—22   **1990—2002 年湖北省农村成人学校在校学生数**   (单位: 万人)

农村成人教育情况 \ 年份	1990	1995	1996	1997	1998	1999	2002
农民初等学校	45.43	14.63	13.88	14.73	15.40	14.89	5.57
扫盲班	14.22	11.19	11.15	11.00	11.16	9.81	3.77

资料来源:《湖北统计年鉴 2000》《湖北统计年鉴 2003》。

(三) 农民整体文化水平

成人教育的发展尤其是扫盲班、职业技术学校等的发展有力地促进了农民文化知识水平的提升,为农民自身文化发展奠定了坚实基础。1982 年至 1995 年,湖北省加大对教育的投入,在农村大力普及九年义务教育,农村小学和初中的数量急剧增多,教育事业有了长足的进步,文盲和半文盲比例在农村劳动力人口的比重持续下降;1990 年,湖北省扫盲工作会议披露,全省 70 个县显示已基本无文盲单位。[①] 1995 年在 14 个村的调研数据显示,湖北农民受教育情况有所改善,全村劳动力人数中,文盲、半文盲比例为 14.4%,小学文化程度的占 37.9%,初中文化程度的占 35%,高中以上的仅占 12.6%。[②] 这一向好趋势也可以从青壮年文盲率变化中得以体现。数据显示,至 1997 年底,湖北省扫除青壮年文盲 117.4 万人,非文盲率由 1990 年的 92.32% 提高到 96.75%。[③]

2000 年以后,湖北省农村劳动力人口的文化素质继续提升。表3—23 具体反映了湖北省农民工文化水平的变化趋势,可以发现,从 1982 年到 2000 年,文盲、半文盲比例从 23.6% 降低到 0.53%;小学文化比例从 53.7% 降低到 18.34%;而初中、高中和大专的比例则分别由 20.6%、

---

① 石山:《湖北改革开放 30 年大事记 1978—2008》,湖北省人民出版社 2010 年版,第 111 页。

② 中共湖北省委农业委员会、湖北省农业委员会:《发展中的湖北农村——湖北省农村固定观察点第十一次调查文集》,第 116 页。

③ 湖北省教育厅:《湖北教育年鉴 1999》(总第 9 卷),武汉水利水电大学出版社 2000 年版,第 143 页。

2.1%、0上升到65.75%、14.54%、0.84%。总之，这一时期湖北省农民工的教育程度在持续改善，农民工群体的文化程度变化从侧面反映了整个湖北省农民的文化素质的发展趋势，这一向好趋势充分说明，湖北省在这16年来对农民教育事业投入的成效逐渐显现，并为从根本上改变全省农民文化结构奠定了坚实基础。

表3—23　　　　　1982—2005年湖北省农民工文化素质　　　（单位:%）

文化程度 ＼ 年份	1982	1995	2000
文盲、半文盲	23.6	6.64	0.53
小学	53.7	24.42	18.34
初中	20.6	56.26	65.75
高中	2.1	12.68	14.54
大专	—	—	0.84

资料来源:《湖北统计年鉴》，1987—2006年以及历年人口普查数据。

二　农民文化福利

　　文化福利对于农民来说不仅必要而且是必需的，在长期存在的城乡二元结构的影响下，农村地区文化福利水平较低，保障农民文化福利，促使农民更好地享受与城市平等的文化生活，是实现城乡统筹的重要一步。同时，文化福利的提供是一个长期过程，这就意味着农民文化发展不可能一蹴而就，文化福利的满足最终还是需要回归到农民自觉参与的道路上来，只有从被动参与文化福利活动转变到主动参与的轨道上来，才能更好地发挥文化福利的软实力，以促进农民文化的发展。

　　湖北作为中部地区的典型，农村精神文化匮乏现状也是比较普遍的。有学者深入湖北省农村调研，发现湖北省农村精神文化生活形式十分单调，内容匮乏，不良精神文化生活风行。农民的整体精神麻木，与"文革"时那种"天天批斗会"的极端做法相比，如今的农民又走上了另一种极端,在长期的个体"院子"的生活模式下,习惯了冷漠和旁观。① 面对农民精神文化匮乏的现状,如何促进农民文化发展上升到政府层面成为"三农"问题的重要内涵。总体上看,湖北省农民文化福利在这一时期总体有所改善,但形式仍然比较单调,文化设施、网络建设有待加强。1995 年,湖北 14 个村的调研数据显示,调研村电视普及率达到 77.3%,除了山区只能收看 2 个频道外,一般都能收看 4 个以上频道,最多能收看 18 个频道;调研村拥有收录音机 3306 台,平均每两户有一台;报刊订阅量 925 份,每百户拥有报刊 14 份,每村拥有报刊种类 17 种。② 而截至 1999 年,湖北省的广播和电视人口覆盖率分别达到 92.22% 和 91.71%,比 1990 年分别提高 6 个和 7 个百分点。③ 表 3—24 反映了湖北省在 20 世纪 90 年代有关农村文化福利建设的概况,可以发现,湖北省各类文化事业机构数量总体上保持平稳发展趋势,基层文化事业机构乡镇文化站的数量从 1995 年的 2295 个平稳增长到 1999 年的 2612 个,反映出湖北省为农民提供文化福利的能力进一步增强。不过,文化站人员数量有所减少,显示出农村文化福利项目建设还有很长的路要走。

表 3—24　　　　**1986—1999 年湖北省文化事业机构/人员数**　　（单位:个/人)

指标＼年份	1986	1990	1995	1996	1997	1998	1999
群众文化事业机构	2991	1849	2048	1748	1778	1744	1728
群众艺术馆	17	16	13	27	19	18	18
文化站	2974	1833	2035	1721	1759	1726	1710
群众文化事业人员	5916	6101	6718	6528	6380	6026	6016
群众艺术馆人员	472	662	663	810	792	747	762
文化站人员	5444	5439	6055	5718	5588	5279	5254
乡镇文化站			2295	3243	2762	2500	2612

资料来源:《湖北统计年鉴 1987》《湖北统计年鉴 2000》。

---

① 刘芝艳:《农民精神文化生活亟待小康——关于湖北省农村精神文化生活现状的调查报告》,《当代经理人》2006 年第 9 期。

② 中共湖北省委农业委员会、湖北省农业委员会:《发展中的湖北农村——湖北省农村固定观察点第十一次调查文集》,第 114 页。

③ 湖北省统计局:《湖北统计年鉴 2000 年》,中国统计出版社 2001 年版,第 317 页。

综上所述，1985 年至 2002 年是中国改革开放事业的探索期，农村保守落后、生产效率低下以及缺乏任何经验的现状决定了农村改革是不断推陈出新的过程，所谓"摸着石头过河"更能反映出这一时期农村改革的特点。这一时期主要围绕农产品流通体制机制进行改革，试图转变农村资源配置方式，提升农村经济活力和农民生产生活水平，逐渐让市场手段在资源配置中发挥主要作用。中国的改革开放具有从下往上再到下的特点，基层试点经验成为顶层设计变革的重要依据，这点在农村改革中也是显而易见的。为了扭转农村凋敝落后、生产力低下的局面，宏观政策不断为农村改革保驾护航，以此释放农村活力。首先是减轻农民负担，不断推进农村税制改革。根据中央政策规定，湖北省密集出台减轻农民负担的细则，大大减轻了农民负担，减少了来信来访量，为农村改革全面推进奠定了良好的社会基础。进入 21 世纪，压低农产品价格以此来补贴工业发展的模式越来越不公平，因此农村税费体制改革开始推进，作为试点省份，湖北省相继出台农村税费改革方案，加大农民的补贴，极大地调动了农民的生产积极性。其次是优化农村生产生活条件，加大对涉农基础设施的投入力度，湖北省在这一时期投入巨资有效改善上百万人的饮水条件，同时在农村推广农业科技，支持农业科技成果就地转化，不断发展农村教育和开展农民技能培训，普及农业科技知识。最后是大力发展乡镇企业，强化农民权益保障，有条不紊地推进扶贫开发，解决上百万贫困人口的温饱问题。在多重利好政策的刺激下，湖北省农业机械化水平明显提升，农业基础设施不断完善，城镇众多的就业岗位吸收有效劳动力，使得农民的收入来源不再仅仅局限于粮食作物，农民家庭经济状况和农民生活水平也得以明显改善，由此反映家庭消费支出的恩格尔系数下降明显。不过，随着流动农民工群体规模的不断扩大，这一时期存在的损害农民工权益的事件逐渐进入高发期，同时也给政府的管理带来诸多考验。

而在农民政治发展、社会发展以及福利发展层面上，湖北省在 1985 年到 2002 年期间相比以前有了巨大的进步。在保障农民政治权利和地位方面，湖北省通过"合村并组"等举措改变基层管理机构冗杂的局面，同时紧跟国家农村自治机制，调动广大农民政治参与的积极性，切实为农民参与农村治理提供平台。此外，为了保障农民工群体政治权利，湖北省从政策层面应对环境变化，防止对农民工群体的不公平待遇的发生，让农民工更有尊严地生活。在农民社会发展层面，农村社会保障体系不断健全，针对农民工和失地农民实行具体保障措施，让农民更有依靠；在农民福利建设层面，湖北省农民享受到的文化福利越来越多，农村文化设施的健全以及成人教育的发展，大大提升了农民的文化素质，丰富多彩的文化活动丰富了农民的精神生活，同时，农村社会福利的发展让农民切切实实享受到了发展成果。尽管这一时期中国改革重心向城市偏移，农村在某种程度上被忽视，但农村改革基本上还是在曲折前进，涉及农业、农村、农民的各项政策的推出为农村改革奠定了坚实基础，也为后期社会主义市场经济建设提供了宝贵的经验。

第 四 章

资源下乡与多元共存：2003 年以来
湖北农民群体发展变化回顾

2003 年是事关农民生存与发展的关键之年。2003 年掀起的农业税费改革，使国家与农民的关系发生了翻天覆地的变化，由汲取型转变为反哺型。此后，一系列涉农惠农政策相继出台，涉及农业生产、社会保障、基础设施、特定农户群体、乡村文化建设等方方面面，农村获得了国家源源不断的资源输送，农民也迎来了前所未有的发展机遇。

但也是在这一时期，农民群体的分化速度进一步加快。随着第一代农民工的外出，出生于 1980 年之后的新生代农民工也选择了步父辈后尘，来到城市寻找工作。但由于其成长环境与其父辈相比发生了很大的变化，两代人在生活方式、价值观念以及生活期望上具有很大的不同。老一代农民工的外出是基于生存理性的支配，为了增加收入，改善家庭生计情况而外出。但其本身还是要回到农村的，他们认同家乡的农村文化，认为自己的根在农村，在城市仅仅是挣钱，归根结底是农村人，在乡村才有归属感。

新生代农民工对城市生活具有无限的向往，对"种田"缺乏兴趣，常年居住在城市，只有逢年过节才会回到农村。生活上具有城市化的取向，敢追潮流，期望获取社会对他们更多的平等、尊重和承认。他们以城市人为参照对象，主动背离原生身份，自我建构社会身份的认同选择，表达了新生代农民工的身份想象。

此外，随着大量人口的外出，农村留守老人、留守儿童、留守妇女这个"386199 群体"也逐渐引起了政府与学者的关注。对于这部分人口而言，他们由于各种原因，留守农村，在养老、教育以及权益保障等方面面临一些挑战。

而对于全职农民而言，他们长期居住在农村，土地是他们的命根子，通过种地来维持生计，人际关系网也局限在农村社会内部，消费范围主要在农村。他们习惯了农村"面朝黄土背朝天""日出而作、日落而息"的生活，也安于农村的生活节奏，普遍对农村具有天然的认同感。

此外，由于部分农民小规模种田，所需人力有限，在农闲时节，越来越多的农民选择了这种"离土不离乡"的兼业方式，作为农业生产的补充。这种方式既能够通过农业生产自给自足，又能够通过务工扩展家庭收入来源，成了越来越多农民的选择。

总体来看，这一时期随着社会急速变迁，农民群体逐渐分化为多个小群体，不同小群体的生计方式不一，自我认同出现了差异化、多元化及碎片化的发展趋向。

第一节　本时期农村改革与政策演变

在经历了改革启动期与曲折发展期后，湖北农村改革迎来了跨越式发展的新时期。这一时期，党和国家惠农利农政策的实施力度更大，中央"一号文件"连续 15 年聚焦"三农"。湖北省政府在大力贯彻落实中央政策的同时，也不断改革创新，砥砺前行，在全面取消农业税、推进新农村建设、开展扶贫开发、实施社会保障、健全农村公共文化服务体系等方面出台了一系列政策，取得了卓有成效的改革成绩，湖北农民群体的生产生活也发生了翻天覆地的变化。

一　取消农业税：全面铺开

农业税是国家对一切从事农业生产、有农业收入的单位和个人征收的一种税，俗称"公粮"。长期以来，中国农业税收被作为国家财政收入的主要来源，为国家建设做出了重要贡献，但也给农民带来了巨大的经济负担和压力。特别是在 20 世纪 90 年代，税收过重导致了诸如农民自杀、群体上访等恶性事件，农村社会的稳定受到一定的威胁，税费改革逐渐被纳入政策议程。2000 年之后，国家开展了农业税改革的试点工作。2003 年，《国务院关于全面推进农村税费改革试点工作的意见》出台，决定在进一步总结经验、完善政策的基础上，全面推进农村税费改革试点工作。为配套农业税费改革，财政部还出台了《2003 年农村税费改革中央对地方转移支付办法》，提出对中西部地区的农村实行"农村税费改革转移支付"，用于填补税费改革造成的乡镇两级财政缺口。①

2004 年 3 月，在第十届全国人民代表大会第二次会议上，温家宝在政府工作报告中宣布，"自 2004 年起，逐步降低农业税税率，平均每年降低 1 个百分点以上，五年内取消农业税"。在中共中央、国务院做出这一宣布之后，农业税费改革步骤加速，全国各地积极落实"减免农业税"政策，吉林、黑龙江、北京、天津、浙江、西藏、上海和福建等省份全部免征农业税，另有 12 个省份实行了降低农业税 3 个百分点的模式，11 个省份实行了降低农业税 1 个百分点的模式。

2005 年，中共中央对 592 个国家扶贫开发工作重点县实行了免征农业税，并进一步降低了其他地区农业税税率。截止到当年年底，全国免征农业税的省份达到 28 个，河北、山东与云南三省将农业税税率降到了 2% 以下，可以说，当年农业税在全国财政收入中占比已经微乎其微。②在这样的背景下，1958 年制定的《中华人民共和国农业税条例》的废除被提上了议事日程。2005 年 12 月，第十届全国人大常委会第十九次会议决定自 2006 年 1 月 1 日起废止农业税条例，意味着有 2600 多年历史的农业税正式退出历史舞台，全国农民获得了新的解放，全面步入无税时代。

2003 年 1 月，湖北省委、省政府出台了《关于进一步加强全省农村税费改革试点工作的通知》，在对前一年农村税费改革试点工作进行总结的基础上，详细规划了当年的税费改革工作。2004 年，湖北农业税税率由 7% 降低到 4%。2005 年，省委、省政府决定全面取消农业税，比全国提前一年终结了存在 2600 多年的"皇粮国税"，农民种田真正实现了"零税赋"。数据显示，2005 年湖北省取消农业税后，与税费改革前的1999 年相比，全省农民每年减负 55 亿多元，人均减负 139 元左右。③

① 周飞舟：《从汲取型政权到"悬浮型"政权——税费改革对国家与农民关系之影响》，《社会学研究》2006 年第 3 期。

② 苏东、万其刚：《新中国农业税制的历史沿革》，《当代中国史研究》2007 年第 1 期。

③ 《辉煌的过去 灿烂的未来》，荆楚网，http://news.cnhubei.com/xw/zt/ncsfgg/201212/t2365653.shtml。

二　新农村建设：稳步推进

新农村建设是中国共产党第十六届中央委员会第五次全体会议《中共中央关于制定国民经济和社会发展第十一个五年规划的建议》中提出的重大战略任务。受长期以来的城乡二元体制影响，中国城乡发展不平衡，农村要远远落后于城市。在这样的背景下，中共中央提出了要在科学规划的指导下进行新农村建设。

新农村建设的根本内容在于四个方面：一是社会主义新农村的经济建设，即在全面发展农村生产的基础上，建立农民增收长效机制，千方百计增加农民收入。二是社会主义新农村的政治建设，即在加强农民民主素质教育的基础上，切实强化农村基层民主制度建设和农村法制建设，引导农民依法行使自己的民主权利。三是社会主义新农村的文化建设，即在加强农村公共文化建设的基础上，开展多种形式的、体现农村地方特色的群众文化活动，丰富农民群众的精神文化生活。四是社会主义新农村的社会建设，即在加大公共财政对农村公共事业投入的基础上，进一步发展农村的义务教育和职业教育，加强农村医疗卫生体系建设，建立和完善农村社会保障制度，以期实现农村"幼有所教、老有所养、病有所医"的愿望。新农村建设以农村为名，其主体却在于农民，在于通过千方百计地增加农民收入，提高农民素质，保障农民的权利，唤起农民权利意识的觉醒，保障农民基本权利的平等，使亿万农民参与到新农村建设的全过程、各环节中来。

2006 年是新农村建设的开局之年。为了更好地贯彻十六届五中全会精神，中共中央、国务院下发了《中共中央　国务院关于推进社会主义新农村建设的若干意见》，为新农村建设做了详细部署。2007 年，为了深化新农村各方面建设，当年中央"一号文件"再一次颁布了以其为主题的《中共中央　国务院关于积极发展现代农业扎实推进社会主义新农村建设的若干意见》，提出要扎实推动新农村建设，确保新农村建设取得新的进展。

为了配套党中央的政策，2007 年湖北省委"一号文件"《关于大力发展现代农业扎实推进社会主义新农村建设的意见》也明确了湖北省新农村建设的重要地位，提出了要把解决好"三农"问题作为全省工作的重中之重，要多渠道增加对"三农"的投入，加大农村基础设施建设，培养造就新型农民队伍，巩固和发展农村的好形势，为农民生产生活创造更好的条件。2008 年，湖北省委、省政府提出了建立"仙洪新农村建设试验区"，试验区地处江汉平原腹地，包括仙桃市、洪湖市、监利县三市县 14 个乡镇、办事处、管理区和工业园区①。为了推进具有"湖北首创"特色的跨行政区域的新农村建设试验，为湖北省乃至全国新农村建设做出示范，发挥标杆效应，还设立了由省委书记牵头的组织机构，即"仙洪新农村建设试验区领导小组"，并出台了详细的《仙洪新农村建设试验区总体规划实施纲要》。该试验区的建立，成了湖北新农村建设的亮点工程。

三　新型城镇化建设：由经济为本向人的发展转移

新型城镇化是党的十八大提出的概念。所谓新型城镇化，其必然与传统城镇化具有一定的区别。首先，传统城镇化强调的是城市的发展，而新型城镇化的目标是通过大中小城市和小城镇的和谐发展，实现城乡一体化②。其次，传统城镇化强调的是土地的城镇化，通过"铺大饼"的方式"再造新城"；而新型城镇则是以人为根本，实现农业转移人口的市民化，使农业转移人口不仅能够顺利"留城"，还能够平等享受城市的各项公共服务③。自改革开放以来，伴随着经济的高速增长，中国城镇化率实现了突飞猛进，由 1978 年 17.9% 增长到 2017 年的 58.5%④，但户籍城镇化率却远远低于这一数字。这是因为城镇化的统计口径是常住居民，使得中国大量进城务工的农民被纳入进来。值得注意的是，虽然他们在城市中工作和生活，却并不被视为城市市民，没有城镇居民的待遇，也无法享受子女教育、公共医疗、社会保障等方面的公共服务。一项研究

---

① 项继权：《新社区是新农村的基础——对湖北仙洪新农村建设试验区建设的思考》，《中共福建省委党校学报》2010 年第 10 期。

② 徐选国、杨君：《人本视角下的新型城镇化建设：本质、特征及其可能路径》，《南京农业大学学报》（社会科学版）2014 年第 2 期。

③ 刘海军、谢飞燕：《推进中国农业转移人口市民化对策探析》，《农业经济》2013 年第 6 期。

④ 《解读 2018 年政府工作报》，新华网，http：//www.xinhuanet.com/photo/2018－03/05/c_1122491459.htm。

表明，农业转移人口在享受基本公共服务权益方面，仅为城镇居民的45.2%，在经济生活方面仅为城镇居民平均水平的一半①。也就是说，大量在城市就业，为中国经济发展做出巨大贡献的农业转移人员，因户籍在农村，难以公平地享受到城市的公共服务和社会保障待遇。针对这一问题，党和国家努力加快农业转移人口市民化的步伐，并正式在党的十八大上做出了"新型城镇化"的战略布局。随后，中央经济工作会议进一步把"加快城镇化建设速度"列为 2013 年经济工作六大任务之一，确保转移到城镇的农村人口，不仅能够流入、融入城市，还能享受到与城镇居民同等的教育、社保、医疗与住房等公共服务。

2014 年 7 月，国务院颁布《关于进一步推进户籍制度改革的意见》，明确提出统一城乡户口登记制度，取消农业与非农业户口的区分，全面实施居住证制度，在教育、就业、基本养老、基本医疗卫生、住房保障等城镇基本公共服务方面给予进城定居农民平等待遇。此外，中共中央还出台了《国家新型城镇化规划（2014—2020 年）》《关于印发国家新型城镇化综合试点方案的通知》《国务院关于深入推进新型城镇化建设的若干意见》（国发〔2016〕8 号），进一步彰显了党和国家在推进农业转移人口市民化工作中的决心和魄力。

早在 2010 年，湖北省就制定了《关于加快推进新型城镇化的意见》。在党中央提出新型城镇化的战略之后，湖北省出台了《湖北省新型城镇化规划（2014—2020 年）》，并颁布了一系列配套政策，如《省人民政府关于进一步推进户籍制度改革的实施意见》（鄂政发〔2015〕57 号），提出要从教育、社保、就业、住房保障等方面，加快农业转移人口市民化，推进以人为核心的新型城镇化，进一步为农业人口这一城镇化的主力军进城"保驾护航"。湖北荆门、荆州、宜昌等多个城市也陆续放开落户门槛，鼓励农村居民进城落户。《省人民政府关于进一步做好为农民工服务工作的实施意见》（鄂政发〔2015〕67 号）则从农民工就业创业、劳动保障权益、城镇落户等方面提出了具体的意见。《湖北省教育厅关于推进户籍制度改革完善教育相关配套政策的实施意见》从农村转移人口子女

---

① 常红：《城市蓝皮书：当前中国农业转移人口市民化仅 40%》，2013 年 7 月，人民网，http://politics.people.com.cn/n/2013/0730/c1001-22382610.html。

的受教育权方面提出了详细的改革意见。这些配套措施的出台,为农业转移人口"进得来、住得下、融得进",实现安心"上楼"提供了坚实的制度保障。

四 农村扶贫开发:从区域瞄准到精准到户

贫困是人类长期面临的社会现象。消除贫困,是人类社会的共同使命。中国是世界反贫困事业的积极倡导者和有力推动者,改革开放以来,国家相继出台了《关于帮助贫困地区尽快改变面貌的通知》《国家八七扶贫攻坚计划》《中国农村扶贫开发纲要(2000—2010年)》,使上亿人摆脱了贫困,形成了贫困治理的"中国经验",为加快推进全球贫困治理进程做出了重大的直接贡献。

2003年以来,随着贫困人口数量的减少,剩余贫困人口呈现出一些新的特征,表现为区域的集中性。对此,2011年,国务院出台了《中国农村扶贫开发纲要(2010—2020年)》,提出了将扶贫开发的工作重点放到集中连片特困地区中来,划定了14个集中连片特困地区:六盘山区、秦巴山区、武陵山区、乌蒙山区、滇桂黔石漠化区、滇西边境山区、大兴安岭南麓山区、燕山—太行山区、吕梁山区、大别山区、罗霄山区等区域的连片特困地区和已明确实施特殊政策的西藏、四川藏区、新疆南疆三地州,并将武陵山区作为区域发展和扶贫攻坚示范区。

湖北省根据国家的要求,出台了《湖北省农村扶贫开发纲要(2011—2020)》,并结合湖北的实际,确定了大别山、秦巴山、武陵山、幕阜山四个集中连片特困的地区,其中恩施、宜昌十一县等地被划为武陵山连片特困地区,孝感、黄冈八县市被划定为大别山区,十堰、襄阳七县市被划为秦巴山区,咸宁、黄石四县被划定为幕阜山区,并颁布了《湖北省武陵山片区区域发展与扶贫攻坚"十三五"实施规划》《湖北省人民政府关于加快推进湖北大别山革命老区振兴发展的实施意见》。

自党的十八大以来,为了解决扶贫帮扶对象针对性不强、扶贫资金和项目指向不准等问题,提高扶贫开发效率,2013年11月,习近平总书记在湖南湘西考察时,首次提出了"精准扶贫"的概念。所谓精准扶贫,是指要根据具体的贫困对象,采取不同的方法,因地制宜,对症下药,构建起"因人因地施策、分类扶持贫困家庭"多元化、高效化的路径。

随后,围绕"谁来扶、扶持谁、怎么扶、如何落实"等关键问题,从主体、对象、程序、目标各个要素上,精准扶贫进一步细化为"扶持对象精准、项目安排精准、资金使用精准、措施到户精准、因村派人精准、脱贫成效精准"六个精准。2015 年 11 月,在中央扶贫开发工作会议上,习近平总书记提到精准扶贫的主要途径是"五个一批",即"发展生产脱贫一批、易地扶贫搬迁脱贫一批、生态补偿脱贫一批、发展教育脱贫一批、社会保障兜底一批"。

为了配合精准扶贫政策的实施,国务院办公厅、扶贫办先后颁布了《关于创新机制扎实推进农村扶贫开发工作的意见》《关于印发〈建立精准扶贫工作机制实施方案〉的通知》《关于印发〈扶贫开发建档立卡工作方案〉的通知》《关于建立贫困退出机制的意见》《关于打赢脱贫攻坚战的决定》等配套文件,为改善中国农村贫困人口生产生活提供了政策保证。此外,2016 年 9 月,民政部、扶贫办等报请国务院办公厅转发了《关于做好农村最低生活保障制度与扶贫开发政策有效衔接的指导意见》,提出了从政策、对象、标准、管理等方面加强制度衔接,强化兜底脱贫。

为贯彻落实中央精神,提高本区域内扶贫开发精准度,改善农村贫困人口生活条件,湖北省委、省政府先后出台了《中共湖北省委湖北省人民政府关于创新机制扎实推进全省农村扶贫开发工作的实施意见》《中共湖北省委省政府关于全力推进精准扶贫精准脱贫的决定》《湖北省精准扶贫精准脱贫规划(2015—2020 年)》《湖北省"十三五"产业精准扶贫规划(2016—2020 年)》,为本省精准扶贫脱贫工作做出了系统安排。这一系列政策举措,成了湖北省精准扶贫工作的行动纲领,发挥了显著的脱贫成效。据统计,2016 年,湖北省实现了 147 万人脱贫,1601 个村出列,26.7 万人易地扶贫搬迁①,超额完成了各项脱贫指标,脱贫成绩受到了中央好评。

五　农村公共文化供给:走向多元化

公共文化服务体系建设是党中央为满足人民群众日益增长的文化需求,实现城乡一体化,推进社会主义文化大发展、大繁荣而做出的一项

---

① 《去年湖北 147 万人脱贫　今年力争脱贫 128 万人》,新华网,http://news. xinhuanet. com/local/2017 - 01/15/c_ 1120314760. htm。

重要战略决策。改革开放以来，中国城市社区文化建设取得了显著成效，为提升城市文明形象、改善居民生活质量、优化居民发展环境发挥了重要作用。然而，由于城乡二元结构的限制，城乡文化发展水平差距较大，农村基层普遍存在公共文化资源总量偏少、文化服务供给不足、文化活动相对贫乏的问题，这严重制约了农村文化建设的开展，农民日益增长的精神文化需求也难以得到满足。[①]

2005 年，党中央、国务院从加快城乡公共文化服务体系建设，推动农村文化建设与全面建设小康社会的目标要求相适应的角度出发，颁布了《关于进一步加强农村文化建设的意见》，提出了推进农村公共文化服务体系建设的具体路径。2007 年，中共中央办公厅、国务院办公厅颁布了《关于加强公共文化服务体系建设的若干意见》，明确指出了要"着力改善农村和中西部地区公共文化服务网络"。2011 年，在党的十七届六中全会上，《关于深化文化体制改革推动社会主义文化大发展大繁荣若干重大问题的决定》提到，文化领域存在"城乡、区域文化发展不平衡"的问题，并阐述了加快城乡文化一体化发展的重要性，"增加农村文化服务总量，缩小城乡文化发展差距，对推进社会主义新农村建设、形成城乡经济社会一体化新格局具有重大意义"。党的十八大上，再次提出"着力在城乡规划、基础设施、公共服务等方面推进一体化"。

2015 年，面对公共文化服务发展沉疴难除的"城乡不均衡、区域不均衡与人群不均衡"三大不均衡难题[②]，中共中央办公厅、国务院办公厅再次印发了《关于加快构建现代公共文化服务体系的意见》，提出了要"统筹推进公共文化服务均衡发展"，并进一步指明了公共文化服务体系建设方向："因地制宜，科学规划，分类指导，按照一定标准推动实现基本公共文化服务均等化，切实保障人民群众基本文化利益，促进社会公平"，"推动革命老区、民族地区、边疆地区、贫困地区公共文化服务实现跨越式发展"，"将老年人、未成年人、残疾人、农民工、农村留守妇女儿童、生活困难群众作为公共文化服务的重点对象"，以实现到 2020

---

① 闫平：《城乡文化一体化发展的内涵、重点及对策》，《山东社会科学》2014 年第 11 期。
② 李国新：《现代公共文化服务体系建设与公共图书馆发展》，《中国图书馆学报》2015 年第 3 期。

年，基本建成覆盖城乡、便捷高效、保基本、促公平的现代公共文化服务体系。

为了贯彻中央文件精神，为农村人口提供更加丰富多彩的文化产品和文化福利，2007 年 7 月湖北省人民政府办公厅发布《关于实施"农家书屋"工程的意见》（鄂政办发〔2007〕91 号），提出要加强全省农家书屋建设。2009 年 11 月省政府发布了《中共湖北省委湖北省人民政府关于推动文化大发展大繁荣的若干意见》（鄂发〔2009〕31 号），指出要"继续实施好广播电视'村村通'、乡镇综合文化站和基层文化阵地建设、文化信息资源共享、农村电影放映、农家书屋等重点工程"。2011 年 4 月湖北省文化厅、湖北省发展和改革委员会、湖北省财政厅出台了《湖北省"十二五"期间县级公共图书馆、文化馆（站）建设实施办法》。2012 年 7 月颁布了《省人民政府办公厅关于加强农家书屋工程建设管理工作的意见》。2014 年《深化文化体制改革实施方案》《关于深入推进全省乡村社区广场文化建设的通知》相继出台。2015 年湖北省颁布《关于加快构建现代公共文化服务体系的实施意见》，明确指出公共文化服务体系建设的重点在农村。此外，还提到推进"三农"出版物出版发行、广播电视涉农节目制作和农村题材文艺作品创作。完善农家书屋出版物补充更新工作。巩固和发展农村电影放映工程，实施校园电影、广场电影、社区电影工程；统筹推进农村地区广播电视直播卫星用户接收设备配备、农村智能广播网的建设工作，建设农村广播电视维修服务网点。运用数字化手段升级传统文化惠民工程，推进公共文化流动服务"上山下乡"、数字服务"进村入户"，打通公共文化服务"最后一公里"。并提出将老年人、未成年人、残疾人、农民工、农村留守妇女儿童、生活困难群众作为公共文化服务的重点对象。这些举措极大地促进了湖北省农村公共文化福利供给。

六 社会保障制度：日益完善

社会保障是保障居民基本民生、维护社会公平正义、促进社会和谐发展的重要制度保障。长期以来，农民为中国的社会经济发展做出了巨大的牺牲和贡献，面对现代市场经济的发展，农民的收入水平相对较低而且面临的风险日益增加。为了保障他们的生存权，国家设立了一系列社保制度，主要包括新型农村合作医疗制度、新型农村社会保养保险制度、农村低保、五保户供养等。

新型农村合作医疗制度（以下简称"新农合"）是指由政府组织、引导、支持，农民自愿参加，政府、集体与个人多方筹资，以大病统筹为主的农民医疗互助共济制度，具有准公共产品与社会福利特征①。2003年党中央在全国部分县市开展了新农合的试点，2007年在全国范围内铺开。经过多年的发展，新农合覆盖率不断上升，收益率逐年提升，各级财政对新农合的人均补助标准也逐年提升，住院费用报销比例明显提高，保障范围也不断拓展。卫生和计划生育委员会公报统计数据表明，2015年底，全国参加新型农村合作医疗人口数达6.7亿人，参合率为98.8%，政府对新农合的补助标准从2003年的20元增长到2016年的380元，新农合门诊和住院费用报销比例分别提高到50%和75%左右，病种范围扩大到30—50种②。

为更好地保障农村居民年老时的基本生活，2009年，国务院发布了《关于开展新型农村社会养老保险试点的指导意见》，提出了自2009年起开展新型农村社会养老保险试点，"2009年试点覆盖面为全国10%的县（市、区、旗）"，到2020年之前基本实现对农村适龄居民的全覆盖。并规定参加新农保的农村居民自主选择每年100元、200元、300元、400元、500元五个档次缴费标准的任意档次缴费，地方政府对参保人以不低于每人每年30元的标准给予补助，中央财政对中西部地区按每人每年55元的基础养老金标准给予全额补助，对东部地区给予55元的50%补助，并鼓励地方可以提高基础养老金补助标准，进一步明晰了政府对新农保的财政责任③。该文件的出台，标志着中国农村社会养老保险制度建设进入了一个新时期，由过去的老农保正式过渡到新农保。数据显示，2010年底，新农保参保人数达1.03亿人，约有2863万60岁以上的农村老人

---

① 于卉兰、张乐柱：《新农合：实施绩效、发展制约与制度改进路径》，《华南农业大学学报》（社会科学版）2009年第3期。

② 《2015年中国卫生和计划生育事业发展统计公报》，卫计委，http://www.moh.gov.cn/guihuaxxs/s10748/201607/da7575d64fa04670b5f375c87b6229b0.shtml。

③ 李冬：《"新农保"制度：现状评析与政策建议》，《南京大学学报》（哲学·人文科学社会科学版）2011年第1期。

享受国家财政提供的基础养老金①。

最低生活保障制度是国家对年家庭人均收入低于一定标准的困难群体人口，按最低生活标准实行差额补助的一种救济制度②。根据受助对象的不同，可以分为城市低保制度和农村低保制度。城市低保制度由来已久，而农村低保制度在全国范围内的建立仅十年之余。2007 年，国务院发布了《关于在全国建立农村最低生活保障制度的通知》，提出了在全国范围内建立农村低保制度，将符合条件的农村贫困人口全部纳入保障范围，以稳定、持久、有效地解决全国农村贫困人口的温饱问题。农村低保制度的建立具有十分重要的意义，将部分农村人口纳入国家制度范畴，不仅能够保障农村贫困人口的基本生活，维护其生存权，而且改变了过去社会保障制度"重城市、轻农村"的发展倾向，体现了制度的公平性③。自农村低保制度建立以来，农村低保救助范围逐年扩大，救助标准逐年提升，根据民政部发布的《2016 年社会服务发展统计公报》显示，2016 年底，农村低保共覆盖全国 2635.3 万户、4586.5 万人，全国农村低保平均标准 3744.0 元/人·年，比上年增长 17.8%④。

农村五保户供养是指针对农村的老年、残疾或者未满 16 周岁的村民，无劳动能力、无生活来源又无法定赡养、抚养、扶养义务人，或者其法定赡养、抚养、扶养义务人无赡养、抚养、扶养能力的情况下，由国家在吃、穿、住、医、葬方面给予其一定的生活照顾和物质帮助。该制度的实行始于 2006 年，经过十余年的发展，截至 2015 年 11 月底，全国共有农村五保供养对象 519.3 万人，其中集中供养 163.3 万人，集中供养率为 31.5%。农村五保集中供养和分散供养年人均标准分别达到 5883元、4388 元，同比增长 14%、14.1%⑤。以新农合、新农保、农村低保、五保户供养为主要内容的农村社会保障体系，切实发挥了安全网的作用，

---

① 《中国老龄化形势超出预测 2055 年老人数达峰值 4.72 亿》，人民网，http://politics. people. com. cn/GB/1026/16438817. html。

② 李忠林、崔树义:《中国农村低保的现状、问题与对策》，《东岳论丛》2009 年第 8 期。

③ 方菲:《农村低保制度的公平正义问题探讨》，《求实》2013 年第 1 期。

④ 《民政部发布〈2016 年社会服务发展统计公报〉》，新华网，http://news. xinhua-net. com/politics/2017 −08/03/c_ 129672055. htm。

⑤ 《基本民生保障篇》，民政部，http://mzzt. mca. gov. cn/article/elyl/gzbg/201512/2015120 0878860. shtml。

保障了农民群众的基本生活。

七　农民工劳动权益保障：逐步重视

为城市化、工业化和现代化做出巨大贡献的农民工群体，由于自身禀赋的欠缺和制度的不健全，他们在次级劳动力市场中从事着脏、苦、难、险的行业，不仅人身安全和健康得不到充分的保障，还要面临超时劳动、恶意欠薪、工资水平低下等各类权利被剥夺的情况，成了社会中的弱势群体。[①]

为了维护农民工合法权益，自 2008 年以来，人社厅连续发布了《关于农民工劳动合同签订"春暖行动"的通知》等一系列通知，以此来提高农民工劳动合同签订率，保障农民工就业的合法权益。2010 年，国务院办公厅颁布了《关于切实解决企业拖欠农民工工资问题的紧急通知》，提出了"把解决企业拖欠农民工工资问题作为一项重要而紧迫的任务抓紧抓细"。2011 年 2 月 25 日通过的《中华人民共和国刑法修正案（八）》中，恶意欠薪则直接上升为具有社会危害性的犯罪行为。另外，2014 年 9 月，国务院颁布了《关于进一步做好农民工服务工作的意见》，着重提出了要"规范使用农民工的劳动用工管理""保障农民工工资报酬权益""加强农民工安全生产和职业健康保护"，到 2020 年，实现农民工劳动条件明显改善、工资基本无拖欠并稳定增长。

2015 年，湖北省也出台了《湖北省人民政府关于进一步做好为农民工服务工作的实施意见》，提出要"指导和督促用人单位与农民工依法普遍签订并履行劳动合同，在务工流动性大、季节性强、时间短的农民工中制订和推广《湖北省简易劳动合同示范文本》"，在建设领域和其他易发欠薪的行业建立健全工资保证金和欠薪应急周转金制度，完善并落实工程总承包企业对所承包工程的农民工工资支付全面负责制度、劳动保障监察执法与刑事司法联动治理恶意欠薪制度、解决欠薪问题地方政府负总责制度，建立工资支付专用账户，推广实名制工资支付银行卡，按月支付工资。对恶意拖欠农民工工资的企业，纳入"黑名单"，

---

① 翟绍果、黄国武：《农民工社会保障权利贫困及其治理》，《四川师范大学学报》（社会科学版）2012 年第 6 期。

录入企业征信系统，并依法责令停业整顿、降低或取消资质直至吊销营业执照，涉嫌犯罪的，依法追究刑事责任，为维护农民工劳动权益提供了制度保障。

八 新型经营主体：不断发育

在面临资源环境约束的背景下，为转变农业发展方式，提升农业竞争实力，实现农民收入较快增长，确保亿万农民与全国人民一道迈入全面小康社会，党的十八大报告中明确提出要"培育新型经营主体，发展多种形式规模经营，构建集约化、专业化、组织化、社会化相结合的新型农业经营体系"。2013 年中央"一号文件"《关于加快发展现代农业进一步增强农村发展活力的若干意见》提到，要鼓励和支持承包土地向专业大户、家庭农场、农民合作社流转，并提出了要培育壮大龙头企业，支持龙头企业通过兼并、重组、收购、控股等方式组建大型企业集团。从 2014 年开始，中央"一号文件"《关于全面深化农村改革加快推进农业现代化的若干意见》《关于加大改革创新力度加快农业现代化建设的若干意见》《关于落实发展新理念加快农业现代化实现全面小康目标的若干意见》连续三年均提出要发展多种形式的新型农业经营主体。2017 年 6 月，中共中央办公厅与国务院办公厅印发了《关于加快构建政策体系培育新型农业经营主体的意见》，在该文件中，培育新型农业经营主体上升为一项事关中国农业现代化的重大战略。

新型农业经营主体是建立在家庭承包经营基础之上，适应市场经济和农业生产力发展要求，从事专业化、集约化生产经营，组织化、社会化程度较高的现代农业生产经营组织形式。从实践来看，新型经营主体具有以市场化为导向、以专业化为手段、以规模化为基础、以集约化为标志的基本特征。与传统承包经营农户"小而全"、兼业化的经营方式不同，新型农业经营主体以市场为导向，从事专业化生产、集约化经营和社会化服务，规模经营水平和组织化程度较高，能够优化集成利用各类先进生产要素，代表了现代农业的发展方向。目前，除了传统承包户之外，中国的农业经营主体主要分为四类，即专业大户、家庭农场、龙头企业和合作组织。这几类经营主体各具特色，对提升农民组织化程度、提高农户收入水平具有至关重要的作用。一方面能够发挥对普通农户的辐射带动作用，通过将分散的农户集合起来，有助于提升组织化程度，提高农民在市场上的议价能力，让农民成为现代农业发展的参与者、受益者；另一方面通过农业的产业化、规范化与集约化经营，有助于提高农业抗风险能力和农业产业效益，让更多的农户通过农业生产受益。得益于中共中央的一系列政策支持，据统计，当前全国农户家庭农场已超过87万家，依法登记的农民合作社188.8万家，农业产业化经营组织38.6万个，其中龙头企业12.9万家①。

2016年湖北省政府发布的《湖北省农业发展"十三五"规划纲要》（以下简称《纲要》）中，也明确提出了"加大对联户经营、专业大户、家庭农场、农民合作社（联合社）等新型农业经营主体的扶持力度"，构建新型农业经营体系。《纲要》指出，湖北现代农业经营体系建设的目标是"新型农业经营主体和新型农业服务主体成为建设现代农业的骨干力量，到2020年，农民合作社数量增长到8万家，在工商登记注册的家庭农场数量增长到6万家，销售收入过10亿元的农业龙头企业达到100家，农村产权交易额达到500亿元"。该《纲要》的提出，对帮助农民、提高农民、富裕农民提供了指南。

九　农村教育：进入深化改革期

教育是民族振兴的基石。长期以来，由于财力、人力与物力等教育资源配置失衡，衍生了城乡二元教育结构，造成了城乡教育的巨大差距。由城乡分割走向城乡教育一体化，推进教育的均衡发展是缩小城乡差距的根本之道，也是教育现代化的时代特征和教育现代化目标模式的战略选择②。

事实上，农村教育是个系统工程，从横向上来说，其涉及师生、校舍；从纵向上来说，它又包括各个不同阶段，涵盖范围非常之广。

2010年，教育部颁布了《国家中长期教育改革和发展规划纲要（2010—2020年）》，在该文件中，农村教育占据了重要的部分，全文出

---

① 《农业部部长韩长赋解读〈关于加快构建政策体系培育新型农业经营主体的意见〉》，新华社，http://news.xinhuanet.com/fortune/2017-06/01/c_1121070752.htm。

② 韩清林、秦俊巧：《中国城乡教育一体化现代化研究》，《教育研究》2012年第8期。

现"农村""城乡"等涉农关键词 50 余处[①],不仅明确提出了"到 2020年基本实现区域内义务教育均衡发展",还指出要通过"重点发展农村学前教育""以农村教师为重点,化解农村义务教育学校债务,加大农村、边远贫困地区、民族地区教育投入等倾斜政策"等措施,以此来推动教育的均衡发展。另外,对农村教育的突出问题也进行了专项安排,如重点资助"农村家庭困难学生接受教育"、加强"农村学校信息基础建设"、继续推进"农村中小学远程教育",并安排了侧重农村教育的"义务教育学校标准化建设""义务教育教师队伍建设工程"。此外,还对"农村学校寄宿设施""改善留守儿童寄宿条件"等提出了具有针对性的要求。

除了从整体上对农村教育做出规划外,针对农村教育的各个环节与要素,党中央也出台了一系列政策,对其做出了部署与安排。

农村教师是农村教育质量整体提升的关键点。2010 年,教育部、财政部联合实施了"中小学教师国家级培训计划",提出采取置换脱产研修、短期集中培训、远程培训等方式,对农村教师实施大规模培训;2012 年,教育部会同五部委联合下发《关于大力推进农村义务教育教师队伍建设的意见》,表示各地要"把农村义务教育教师队伍建设作为一项重大而紧迫的战略任务",下大力气补齐"短板",力图从根本上"解决农村教育发展的突出问题"。

为了改善农村学生营养状况,提高农村学生健康水平,加快农村教育发展,2012 年 1 月,国务院办公厅正式印发了《关于实施农村义务教育学生营养改善计划的意见》,提出每年拨款 160 多亿元,按照每生每天3 元的标准为农村义务教育阶段学生提供营养膳食补助,政策惠及 680 个县市的 2600 万名在校学生[②]。

为了满足农村适龄少年儿童就近接受良好义务教育的需求,兼顾教育质量与上学的便利性,2012 年,国务院办公厅出台了《关于规范农村义务教育学校布局调整的意见》,提出了要通过"科学制定农村义务

---

① 杨润勇:《中国十年农村教育政策进展与分析》,《国家教育行政学院学报》2013 年第12 期。

② 《政策解读:每天补 3 元学生能吃好吗》,人民网,http://cpc.people.com.cn/GB/64093/82429/83083/16806089.html。

教育学校布局规划""严格规范学校撤并程序和行为""办好村小学和教学点"等措施，规范农村义务教育学校布局，满足农村儿童上学需求。

此外，为了提高农村教育质量，2010 年，财政部会同教育部颁布了《关于实施农村义务教育薄弱学校改造计划的通知》，提出"按照推进义务教育学校标准化建设的战略要求，为农村义务教育阶段学校按照国家基本标准配备图书、教学实验仪器设备、音体美器材；按照农村义务教育学生营养改善计划要求，逐步改善农村学校就餐条件；根据教育规划和现有财力可能，改扩建劳务输出大省和特殊困难地区农村学校寄宿设施，改善寄宿条件，逐步使县镇学校达到国家规定的班额标准"的目标。2013 年，经国务院批准，教育部、国家发展改革委、财政部联合印发了《关于全面改善贫困地区义务教育薄弱学校基本办学条件的意见》，将农村教育改善的区域进一步聚焦于农村贫困地区。2014 年，中央财政调整完善了农村义务教育薄弱学校改造计划有关政策，在原来支持内容的基础上，将信息化建设和农村小学必要的运动场、学生宿舍、食堂、饮水设施、厕所、澡堂等教学和生活设施纳入支持范围中。

在成人教育、职业教育方面，2009 年教育部颁布了《关于切实做好返乡农民工职业教育和培训等工作的通知》；2010 年国务院办公厅颁布了《关于进一步做好农民工培训工作的指导意见》；2011 年教育部等九部门联合下发了《关于加快发展面向农村的职业教育的意见》，明确了职业教育改革发展的任务与措施。

高等教育方面，2007 年 5 月国务院的《关于建立健全普通本科高校、高等职业学校和中等职业学校家庭经济困难学生资助政策体系的意见》决定，在高等教育阶段初步建立"奖、贷、助、补、减"有机结合的高校家庭经济困难学生资助政策体系。除了减轻贫困学子的入学财政负担，让他们不因经济压力而错失高等教育入学机会外，自 2012 年开始，中央出台了三大专项招生计划：国家专项计划、高校专项计划与地方专项计划。国家专项计划是以中央部门高校和地方"211 工程"高校为主的本科一批招生学校定向招收集中连片特殊困难县、国家扶贫开发重点县与新疆南疆四地州学生。高校专项计划，主要是教育部直属高校和其他自主招生试点高校定向招收边远、贫困、民族等地区县以下高中勤奋好学、成绩优良的农村学生，使更多的贫困地区与农村学子获得进入大学的机会。地方专项计划要求省属重点高校定向招收本省实施区域农村学生。这一系列政策的实施让数以万计的农村贫困学子获得了接受高等教育，改变家庭命运的机会。

与全国政策相对应，2010 年颁布了《湖北省普通高中国家助学金管理暂行办法》，切实解决普通高中家庭经济困难学生的就学问题。2011年，湖北省颁布了《湖北省中长期教育改革和发展规划纲要（2011—2020 年)》，提出了"率先在全国探索建立农村教师补充、培训、交流和条件保障机制"，将公共教育资源更多地向农村地区、民族地区、薄弱学校和弱势群体倾斜，完善贫困学生助学制度，保障特殊和困难群体平等受教育权，在财政拨款、学校建设、教师配置等方面向农村倾斜，大力发展面向农村的职业教育等针对农村的教育发展计划。2012 年湖北省人民政府办公厅发布了《关于实施农村义务教育学生营养改善计划的意见》，以提高农村学生健康水平。2013 年，按照国务院和教育部的统一部署，湖北省各县（市、区）完成了《农村义务教育学校布局专项规划（2013—2015 年)》的编制工作。一年之后，湖北省教育厅、省政府教育督导室再次颁发了《关于进一步规范农村义务教育学校布局调整工作的通知》，进一步完善了湖北省农村义务教育学校布局调整工作。2014 年出台了《关于编制全面改善贫困地区义务教育薄弱学校基本办学条件规划的通知》，全面改善办学条件。2015—2016 年，湖北省连续发布了湖北国家专项计划、高校专项计划和地方专项计划报考资格通知，为农村地区、贫困地区的学子接受高等教育创造条件。2015 年颁布了《湖北省中等职业学校免学费补助资金管理办法》和《湖北省中等职业学校国家助学金管理办法》，为湖北省学子上学提供了便利。

第二节　本时期湖北农民家庭经济发展状况

得益于党中央与湖北省的惠农政策，2003 年至今，湖北农村经济得到了迅猛发展，取得了瞩目成绩，农民负担减轻，收入更是显著提升，生产和生活条件也有了明显改善，实现了农民收入增长与农村经济社会发展的同步。

一　家庭收入

从农民的收入来看，自 2003 年以来，湖北农村居民人均纯收入呈持续上升趋势。最初人均纯收入仅为 2566.76 元；2009 年超过了 5000 元；2014 年湖北农民人均可支配收入一举迈过万元大关，达到 10849 元；截至 2016 年，湖北农民人均可支配收入为 12725 元。从增长速度来看，除 2005 年、2008 年、2009 年、2012 年、2013 年湖北农村居民人均纯收入增长速度有所下滑以外，自 2003 年起，湖北农村人均居民纯收入保持了持续上升趋势。2006 年之后，增长率更是保持在 10% 以上（2009 年除外）。2014 年，湖北农民人均可支配收入增速达到 22.35%。2015 年、2016 年，增速有所下降，分别为 9.17% 与 7.44%。

对比湖北农村与全国农村，我们可以看出，2003—2013 年，无论是农民人均纯收入，还是农民人均可支配收入，湖北都要低于全国平均水平。2014 年之后，湖北农村居民人均可支配收入超越全国平均水平。就增长速度而言，2006—2014 年期间，除 2009 年外，湖北农村居民收入的增长速度高于全国农村居民，这也说明当前湖北农业农村发展情势较为理想，整体上呈现欣欣向荣趋势。

表 4—1　2003—2016 年湖北与全国农民人均纯收入/可支配收入比较

年份	湖北农村居民人均纯收入/可支配收入（元）	全国农村居民人均纯收入/可支配收入（元）	湖北农村居民人均纯收入/可支配收入增长速度（%）	全国农村居民人均纯收入/可支配收入增长速度（%）
2002	2444.06	2476	—	—
2003	2566.76	2622	5.02	5.9
2004	2890.01	2936	12.59	11.98
2005	3099.2	3255	7.24	10.87
2006	3419.35	3587	10.33	10.20
2007	3997	4140	16.89	15.42
2008	4656.38	4760.6	16.50	14.99
2009	5035.26	5153	8.14	8.24

续表

年份	湖北农村居民人均纯收入/可支配收入（元）	全国农村居民人均纯收入/可支配收入（元）	湖北农村居民人均纯收入/可支配收入增长速度（%）	全国农村居民人均纯收入/可支配收入增长速度（%）
2010	5832.27	5919	15.83	14.87
2011	6897.92	6977.3	18.27	17.88
2012	7851.71	7916.6	13.83	13.46
2013	8866.95	8896	12.93	12.37
2014	10849	9892	22.35	11.20
2015	11843.9	11422	9.17	15.47
2016	12725	12363	7.44	8.24

注：2013 年前分城镇和农村开展住户调查，指标为农民人均纯收入。2014 年起使用城乡一体化住户收支与生活状况调整数据，指标改为农村常住居民人均可支配收入。增长速度为名义速度，未考虑价格因素。

资料来源：《湖北统计年鉴 2017》。

就省内城乡对比来说，2003—2016 年，湖北城镇居民人均可支配收入普遍高于农村居民可支配收入/纯收入。2003 年，湖北城镇居民人均可支配收入已达到 7322 元，而农村居民纯收入仅为 2566.76 元，仅为城镇居民人均可支配收入的 35.06%。2016 年，城镇居民人均可支配收入已接近 3 万元，农村居民人均可支配收入虽增长为 12725 元，但城乡绝对差距进一步拉大。就增长速度而言，2003—2009 年，湖北城镇居民收入增速基本上高于农村居民，2010 年之后，农村居民收入的增速则要显著高于城镇居民，但到 2016 年，这一趋势又出现了转变。

表4—2　　2003—2016 年湖北农民与城镇居民人均纯收入/可支配收入比较

年份	湖北城镇居民人均可支配收入（元）	湖北农村居民人均纯收入/可支配收入（元）	湖北农村居民人均纯收入/可支配收入增速（%）	湖北城镇居民人均可支配收入增速（%）
2002	6789	2444.06	—	—
2003	7322	2566.76	5.02	7.85

续表

年份	湖北城镇居民人均可支配收入（元）	湖北农村居民人均纯收入/可支配收入（元）	湖北农村居民人均纯收入/可支配收入增速（%）	湖北城镇居民人均可支配收入增速（%）
2004	8022.8	2890.01	12.59	9.57
2005	8786	3099.2	7.24	9.51
2006	9803	3419.35	10.33	11.57
2007	11485	3997	16.89	17.16
2008	13152.86	4656.38	16.50	14.52
2009	14367	5035.26	8.14	9.23
2010	16058.37	5832.27	15.83	11.77
2011	18373.87	6897.92	18.27	14.42
2012	20839.59	7851.71	13.83	13.42
2013	22906.42	8866.95	12.93	9.92
2014	24852	10849	22.35	8.49
2015	27051.47	11843.89	9.17	8.85
2016	29386	12725	7.44	8.63

注：2013 年前分城镇和农村开展住户调查指标为农民人均纯收入。2014 年起使用城乡一体化住户收支与生活状况调查数据，指标改为农村常住居民人均可支配收入。增长速度为名义增速未考虑价格因素。

资料来源：《湖北统计年鉴 2017》。

就省内各市来说，2003—2016 年，虽然湖北省各市、州农民收入都有了显著提升，但就其区域差异而言，武汉市农民收入水平最高，其次为仙桃、荆门，再次为潜江、天门、鄂州、襄阳、荆州、宜昌等地，恩施、十堰、神农架林区等鄂西地区的农民收入水平最低。因此，从地理位置上来分析，武汉城市圈的农户，由于地处江汉平原，地势平坦，水源充足，土壤肥沃，农业耕种环境较好，农业生产率较高，农民收入在全省处于领先地位。相反，鄂西的恩施、十堰以及鄂东的黄冈等地，由于位于武陵山、秦巴山、幕阜山等山区，农业生产环境恶劣，农民收入低下。

表4-3　2003—2016年湖北省市、州农民年人均纯收入人均可支配收入

（单位:元）

年份\地区	2003	2004	2005	2006	2007	2008	2009	2010	2011	2012	2013	2014	2015	2016
全省	2567	2890	3099	3419	3997	4656	5035	5832	6898	7852	9692	10849	11844	12725
武汉市	3497	3955	4341	4748	5371	6349	7161	8295	9814	11190	14390	16160	17722	19152
黄石市	2335	2626	2810	3182	3742	4374	4811	5524	6487	7477	9781	10957	12004	12925
十堰市	1808	1916	1990	2191	2490	2841	3110	3499	4044	4566	6212	7046	7779	8514
宜昌市	2588	2938	3108	3433	4022	4686	5186	5980	7055	8046	10458	11837	12990	14057
襄阳市	2658	3060	3191	3519	4114	4880	5440	6365	7549	8684	11176	12534	13650	14762
鄂州市	2832	3234	3495	3799	4393	5096	5718	6645	7909	9072	11309	12692	13812	14813
荆门市	3125	3629	3738	4059	4652	5332	5956	6951	8248	9387	12082	13481	14716	15811
孝感市	2552	2874	3028	3336	3915	4636	5131	5943	7029	7988	10360	11597	12655	13554
荆州市	2502	3002	3108	3502	4140	4889	5464	6453	7664	8710	11280	12625	13728	14707
黄冈市	2204	2485	2644	2861	3295	3744	4130	4634	5438	6142	8385	9388	10252	11076
咸宁市	2325	2698	2911	3213	3737	4411	4873	5606	6588	7505	9709	10891	11940	12812
随州市	2565	3017	3223	3581	4177	4967	5457	6279	7427	8419	10702	11984	13022	14077
恩施州	1498	1593	1643	1848	2143	2519	2810	3255	3939	4571	6364	7194	7969	8728
仙桃市	3283	3615	3818	4190	4695	5248	5856	6807	8006	9076	11809	13193	14422	15462
天门市	2848	3087	3273	3658	4207	4761	5326	6207	7407	8507	10809	12086	13178	14107
潜江市	2875	3180	3398	3813	4378	4929	5531	6486	7684	8785	11448	12862	14076	15113
神农架	1594	1906	2164	2394	2850	3330	3707	4083	4640	5110	6305	6920	7578	8342

注:2013年前分城镇和农村开展住户调查,指标为农民人均纯收入。2014年起使用城乡一体化住户收支与生活状况调查数据,指标改为农村常住居民人均可支配收入。

资料来源:《湖北统计年鉴2017》。

湖北农民家庭人均纯收入分组反映了农民内部收入的分化情况。通过对 2003—2012 年农户收入数据进行分析发现：在 2003 年调查的 3300 户湖北农户中，家庭人均纯收入在 2000 元以下低收入组的户数有 1265 户，占调查总数的 38.33%。2004 年这一数据下降至 935 户，占比也下降为 28.33%。2007 年，农民家庭人均纯收入在 2000 元以下的比例进一步下降为 15.39%。2010 年，低收入组的农户户数减少至 257 户，所占比例进一步下降为 7.97%。2013 年，调查了 2096 户农户，其中仅有 48 户农户家庭年人均收入在 2000 元以下，占受访对象的 2.29%。但 2016 年，低收入农户占所调查农户的比例有所上升，为 2.75%。

2003 年，农户收入主要集中在 2000—5000 元区间的中等收入组，这一区间户数所占比例超过一半，为 53.79%。2007 年，这一比例略微增长，达到 55.42%。在之后的 10 年间，这一比例呈现了持续下降的趋势，到 2016 年，中等收入占比仅为 8.75%。

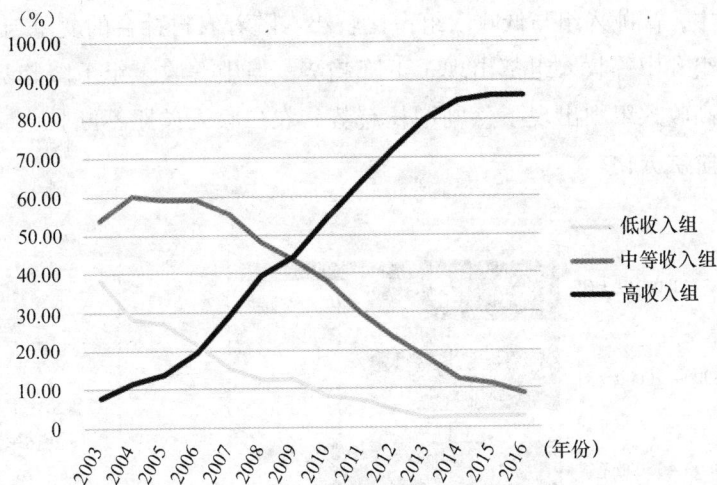

图 4—1　2003—2016 年湖北农民家庭分组人均纯收入／可支配收入情况

与之相反，5000 元以上的高收入组农户比例呈现不断增长趋势。2003 年，在调查的 3300 户农户中，5000 元以上的农户户数仅为 260 户，占比也仅为 7.88%。2007 年，5000 元以上的农户户数增长到 640 户；

2010 年达到 1790 户,占比也由 2007 年的 19.39% 增长到 54.24%。到 2012 年这一数字增长至 2373 户,所占比例为 71.91%,取得了绝对优势地位。2016 年,高收入组农户占比更是增长至 86.14%。

自 2014 年起,调查对高收入组农户进行了进一步的细分。2014 年,高收入组所占比重为 84.81%。就其内部来说,5000—10000 元、10000—15000 元、15000—20000 元、20000 元以上的农户数占比分别为 32.27%、26.21%、14.00%、12.33%。可见,虽然高收入组农户整体占比很高,但其主要集中在 5000—15000 元的水平上。

到 2016 年,5000—10000 元、10000—15000 元、15000—20000 元、20000 元以上的农户数所占比重分别为 27.04%、24.35%、15.13%、22%。虽然与 2014 年相差不大,但是对比来看,可以发现,5000—10000 元区间的比重呈现下降趋势,而 20000 元以上的农户数则增长迅速。

通过对农户内部的收入进行分析,我们可以发现农民内部总体上也呈现不断分化的状况,2007 年,农户内部收入差距比较平衡,以中等收入组为主,高收入组与低收入组占比较小。随着农村社会的变革与发展,低收入组和中等收入组都出现了下降趋势,但中等收入组下降趋势更为显著,高收入组则出现了急剧增长趋势,农户收入差距不断扩大,内部出现了阶层分化。

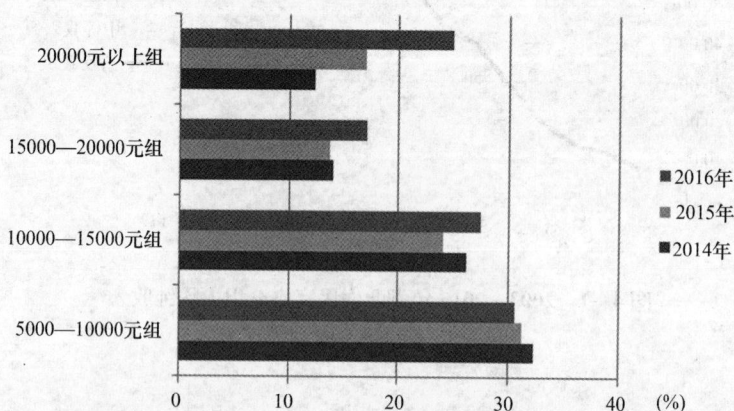

图 4—2　2014—2016 年湖北农村家庭高收入组占比情况

二　家庭消费

收入和消费是一个问题的两个方面，是不可分割的整体。收入水平是消费决策的约束条件，消费与收入水平正相关，即收入水平越高，消费水平越高。[①] 通过梳理湖北农村家庭人均消费支出情况，我们可以看到：2003 年，湖北农村家庭人均消费性支出为 1801.6 元，在随后的十余年里，生活消费性支出呈现直线上升趋势，截至 2016 年，人均消费性支出增长至 10938 元，增长了 5 倍之多。

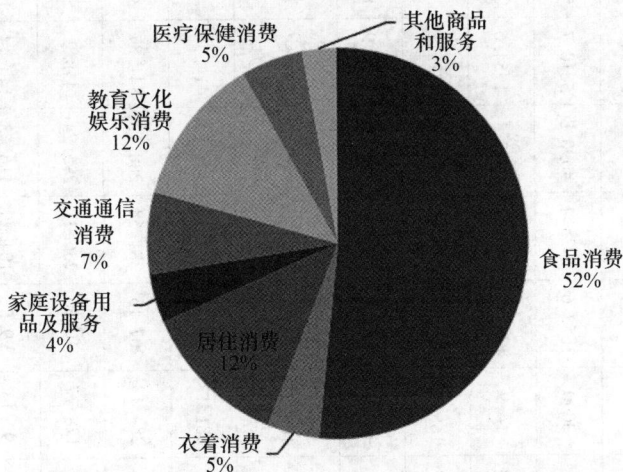

图4—3　2003 年湖北农村居民人均生活消费支出占比

消费结构是指在一定的社会经济条件下，人们在消费过程中对各类消费品和劳务消费的数量比例和相互关系。[②] 就消费结构来说，2003 年，湖北农民消费性支出以食品消费为主，占比高达 52%。2007 年，食品消费支出仍然居高不下，占比 48%；2016 年这一比值降至 30% 左右。而农民教育文化娱乐消费、医疗保健消费、交通通信消费等方面支出比重越

---

① 方松海、王为农、黄汉权：《增加农民收入与扩大农村消费研究》，《管理世界》2011 年第 5 期。

② 肖立：《城乡居民消费结构对比分析——基于 1990—2010 年的数据》，《财经问题研究》2012 年第 11 期。

表4—4　**2003—2016年湖北农村家庭人均消费支出情况**

(单位:元)

年份\指标	2003	2004	2005	2006	2007	2008	2009	2010	2011	2012	2013	2014	2015	2016
生活消费支出	1801.6	2089	2430.2	2732.1	3090	3652.6	3725.4	4090.8	5010.7	5726.7	6279.5	8680.9	9803.2	10938
食品消费	930.98	1076.4	1192.3	1278.8	1479	1711.3	1668.4	1763.1	1954.6	2154	2308.5	2724.1	2952.7	3295.3
衣着消费	80.19	93.52	125.01	146.69	168.64	187.07	195.45	217.61	272.12	316.41	347.67	495.73	549.14	568.71
居住消费	223.41	274.1	310.27	377.2	434.91	651.5	702.62	816.42	1086.9	1206.2	1415.7	1944.6	2150.3	2407.9
家庭设备用品及服务	73	75.11	110.04	135.53	166.25	234.92	229.32	262.26	359.57	397.86	425	574.31	599.92	669.01
交通通信消费	122.05	162.65	223.16	246.07	281.12	290.44	307.22	331.35	414.36	496.1	605.95	816.43	1218.4	1381.4
教育文化娱乐消费	223.92	245.68	271.86	292.3	284.13	267.13	281.68	288.12	341.87	394.63	407.42	1010.2	1118.2	1156.6
医疗保健消费	95.55	110.73	135.37	172.4	178.77	210.36	236.31	295.24	438.2	591.87	624.4	907.33	985.09	1213.5
其他商品和服务	52.53	50.85	62.23	83.24	97.13	99.8	104.29	116.73	143.14	169.68	144.9	208.28	229.48	245.94

资料来源:《湖北统计年鉴2017》。

来越大,其中人均教育文化娱乐消费从 2007 年的 9% 增长至 11%,人均
医疗保健消费也由 6% 增长至 11%。就湖北省与全国农村家庭的比较而
言,2016 年,湖北农村家庭人均食品消费占消费性支出的比重为 30%,
教育文化娱乐类消费为 11%,这说明湖北省农民消费支出结构不断优化,
反映出农民生活质量的日益提升。

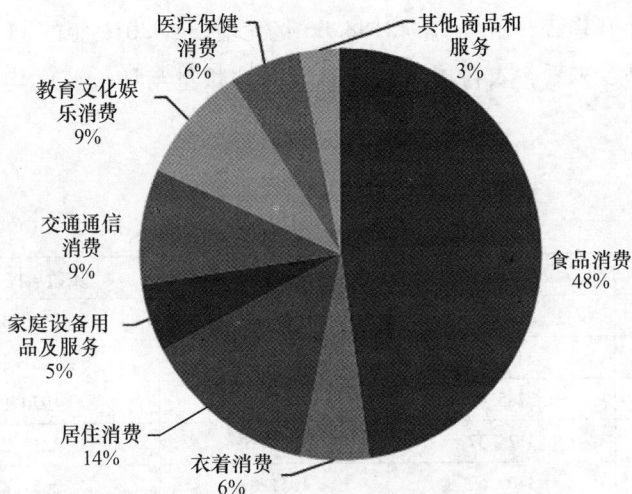

图 4—4 2007 年湖北农村居民人均生活消费支出占比

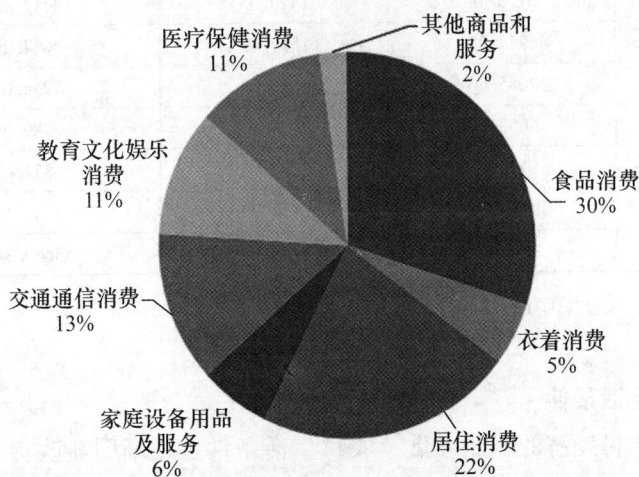

图 4—5 2016 年湖北农村居民人均生活消费支出占比

就湖北农村与城镇居民消费结构的比较来说，城乡居民消费差异明显，城镇居民以享受型消费和发展型消费为主，而农村居民仍以生存型消费为主，农村居民的消费结构明显滞后于城镇居民，还有待进一步优化。

再来看湖北城乡居民消费水平的变化。居民消费水平是指居民在物质产品和劳务的消费过程中，对满足人们生存、发展和享受需要方面所达到的程度。先就消费总额而言，2003—2016 年，湖北城乡居民消费总额呈直线上升趋势，由最初的 2188.06 亿元增长到 2016 年的 11379.23 亿元。但分城乡来看，农村居民消费总额的增长量与增长速度均要低于城镇居民。

表 4—5　　　　　　2003—2016 年湖北城乡居民消费总额比较　　（单位：亿元）

年份	城乡居民消费	农村居民消费	城镇居民消费
2003	2188.06	637.70	1550.36
2004	2452.65	700.80	1751.85
2005	2785.42	815.32	1970.10
2006	3124.37	906.15	2218.22
2007	3709.69	1051.82	2657.87
2008	4225.38	1217.95	3007.43
2009	4456.31	1277.72	3178.59
2010	5136.78	1419.65	3717.13
2011	6241.95	1597.69	4644.26
2012	7085.46	1830.83	5254.63
2013	8053.82	2064.74	5989.08
2014	9124.48	2292.06	6832.42
2015	10167.87	2434.73	7733.14
2016	11379.23	2709.89	8669.34

资料来源：《湖北统计年鉴 2017》。

三　生活条件

随着农村经济的不断发展，农村生活条件也逐渐明显改善。相当一部分农村地区居民的住房、用水、做饭、卫生、洗浴、交通和通信条件有了明显改善，许多农村家庭都有了宽敞的住房，还拥有彩电、冰箱、洗衣机、移动电话、摩托车和电脑等，其中手机、彩电已经基本普及，拥有量最多。《湖北统计年鉴》数据表明，2003 年，湖北农村居民家庭每百户电视拥有量为 56.3 台；2008 年，每百户家庭拥有电视已超过百台，也就是说平均每户家庭都拥有 1 台电视；2016 年，这一数字增长至 120 台。每百户家庭洗衣机的拥有量也从最初的 20.1 台增长至 2016 年 73.1 台。每百户家庭电冰箱的拥有量从 2003 年的 8.52 台增长至 2012 年的 80.2 台，随后虽有所波动，但截止到 2016 年，每百户家庭拥有量已经达到 93 台。摩托车是农民生存生活中比较常见的交通工具，2003 年每百户农民拥有摩托车数量为 25 辆；而到 2016 年，平均来看超过 3/4 的农民家庭都拥有了摩托车。每百户家庭抽油烟机的拥有量也从最初的 1.06 台增长至 14.9 台。随着信息化的发展，农民家庭电话和电脑的普及率也得到了进一步提升。其中，2008 年，已经实现了平均每户家庭人均拥有一部移动电话；而 2016 年，这一趋势更加普及，每百户家庭拥有 236 部移动电话。2003 年，家用计算机的普及率非常低，每百户家庭中仅拥有计算机 1.24 台；而 2016 年，每百户家庭中计算机的拥有量已经增长至 27 台。值得注意的是，农民日常耐用品数量的增长，与国家惠农政策密切相关，2008 年，国家实行了家电、汽车、摩托车下乡补贴政策，这无疑有助于农民家庭耐用品的增加。

表 4—6　　2003—2016 年湖北农村居民家庭每百户耐用消费品拥有量情况

年份\品名	2003	2008	2009	2010	2011	2012	2013	2014	2015	2016
电视（台）	56.3	102	105	109	114	116	114	117	118	120
洗衣机（台）	20.1	37.1	41.7	48	57.1	62.4	53.8	57.9	65	73.1
电冰箱（台）	8.52	30.5	41.4	51.5	73.7	80.2	75.8	79.5	84.8	93
摩托车（辆）	25	55.5	59.8	64.1	72.3	74.8	68.8	76.5	77.9	78.5
抽油烟机（台）	1.06	6.1	7.7	10	13.7	15.8	10.9	13.6	14.9	14.9
空调机（台）	1.15	9.91	12.5	18.4	28.6	33.2	33.1	37.8	43.5	56.5
热水器（台）	3.7	16	22.7	32	48.2	55.9	52.2	58	61.7	68.6

续表

年份\品名	2003	2008	2009	2010	2011	2012	2013	2014	2015	2016
移动电话（部）	20.3	118	134	152	205	215	212	223	232	236
家用计算机（台）	1.24	3	5.15	7.39	15.6	19.7	22.1	25.7	26.2	27

资料来源:《湖北统计年鉴2017》。

表4—7为2003—2016年湖北城乡人均建筑面积和房屋面积的比较情况。从中我们可以发现，无论是农村人均住房面积，还是城镇人均建筑面积，二者均呈现增长趋势。但具体而言，农民家庭房屋面积不仅要高于城镇人均建筑面积，且增长趋势更为明显，由2003年的32.44平方米增长至2016年的57.67平方米，增长率为77.78%，要高于城镇居民人均建筑面积增长率（69%）。

表4—7　　　　2003—2016年湖北城乡人均建住/房屋面积比较 （单位：平方米）

年份	城镇平均每人建筑面积	农村平均每人年末使用房屋面积
2003	26.30	32.44
2004	27.30	33.68
2005	29.90	36.05
2006	30.97	36.77
2007	32.30	37.96
2008	32.00	39.04
2009	32.80	40.11
2010	33.20	40.99
2011	35.45	44.24
2012	35.80	44.98
2013	38.82	41.84
2014	41.89	54.78
2015	43.18	55.61
2016	44.45	57.67

资料来源:《湖北统计年鉴2017》。

通过以上数据的分析，我们可以发现，农民收入的持续快速增长，为农民生活的"升级换代"提供了必要的物质保障条件。农民的购买力增强，极大地刺激了他们的生活消费热情，农村居民生活水平得到了大幅度提高，生活质量和生活条件得到了根本改善。在过去电视、电话都属于高档物品，现在已经成为日常生活用品，不少农户家里更是有了电脑，许多人家里都买起了摩托车，个别的甚至开起了小车，农民的生活条件已经发生了翻天覆地的变化。

四　生产条件

近 10 年来，随着传统农业逐步向现代农业过渡，农业生产条件也有了很大改善。在湖北省江汉平原，目前农业生产已基本实现机械化和半机械化操作，种植业机械如种植业耕整地机械、种植施肥机械、排灌机械、田间管理机械、收获机械、收获后处理机械等品种丰富齐全。尽管在鄂西和鄂东山区，由于自然条件的限制，并不适合规模化农业生产，但农民拥有的生产机械数量仍不断增加。

据统计，2003 年，湖北省农机总动力为 1661.7 万千瓦；而 2014 年则达到 4292.9 万千瓦，居全国第九。[①] 2015 年末，湖北省农业机械总动力进一步增长，达到 4468.1 万千瓦；虽然 2016 年机械总动力有所下降，但在全国来说依然处于较高水平。

具体来看，2003—2016 年，增长最为显著的小型拖拉机配套农具，由最初的 49.0 万部增长至 223.4 万部。农用水泵和农用小型手扶拖拉机也增长较快，2003 年，两者分别为 45.6 万台、28.2 万台，2016 年就达到了 111.0 万台、114.7 万台。这些农业机械为现代农业发展提供了有力装备支撑。其他农用机械化设备，如农用大中型拖拉机、联合收割机、机动脱粒机、机动喷雾（粉）器与小型拖拉机配套农具也都出现了不同程度的增长，这些机械化设备显著提升了湖北农村农业生产效率。

---

① 《湖北十项农机指标跻身全国前十　综合机械化水平超全国平均》，荆楚网，http：//news. cnhubei. com/xw/zw/201503/t3202961. shtml。

表4—8 2003—2016 年主要农业机械和农产品加工机械拥有量

年份	农业机械总动力（万千瓦）	农用大中型拖拉机（万台）	农用小型手扶拖拉机（万台）	农用排灌动力机械（万千瓦）	农用水泵（万台）	联合收割机（台）	机动脱粒机（万台）	机动喷雾（粉）器（万部）	大中型拖拉机配套农具（万部）	小型拖拉机配套农具（万部）
2003	1661.7	6.6	28.2	469.5	45.6	6708	12.6	10.3	6.2	49.0
2004	1768.6	6.8	32.1	484.7	50.8	10585	12.9	11.9	7.5	59.3
2005	2057.4	7.7	48.4	518.5	55.9	16085	14.3	16.0	9.4	96.7
2006	2263.2	8.5	55.7	531.3	71.4	22407	12.5	25.4	11.2	111.0
2007	2551.1	9.3	74.1	541.3	82.7	29803	13.1	30.6	13.0	149.1
2008	2797	10.4	85.2	559.2	87.7	34983	13.0	35.4	15.5	169.7
2009	3057.2	11.9	90.8	594.2	87.7	41904	15.4	38.4	20.4	178.6
2010	3371	12.7	99.1	663.9	85.4	50509	18.1	43.6	21.5	204.7
2011	3571.2	13.1	106.5	673.5	89.5	58398	23.3	48.7	24.0	212.0
2012	3842.2	13.8	111.6	668.2	103.3	66860	24.3	55.1	25.7	214.5
2013	4081.1	14.9	114.1	714.1	105.6	73808	26.4	60.4	28.0	215.4
2014	4292.9	15.9	113.0	732.9	110.6	81410	32.0	72.3	31.8	223.0
2015	4468.1	16.8	113.8	749.8	110.1	88704	35.2	73.0	37.1	222.4
2016	4187.8	18.2	114.7	763.8	111.0	95747	37.8	74.2	39.5	223.4

资料来源：《湖北统计年鉴 2017》。

农业现代化是指从传统农业向现代农业转化的过程和手段。在这个过程中，农业日益用现代工业、现代科学技术和现代经济管理方法武装起来，运用现代化发展理念，将农业发展与生态文明建设结合起来，使农业的发展由落后的传统农业日益转化为具备当代世界先进生产力水平的生态农业。农业现代化是当前中国农村发展的主要趋势。表4—9主要展示了2005—2016年湖北农村的农业现代化水平。在农业机械化方面，湖北农村机耕面积、机播面积、机械植保面积以及机械收获面积都出现了显著增长的趋势。其中机耕面积增长最为迅速，从2005年的2015.93千公顷增长至2016年的5938.37千公顷，增长率为194.57%。农业用电量也呈现了增长趋势，从2005年的70.09亿千瓦时增长至2016年的152.86亿千瓦时，增长翻番。在农用物资方面，化肥、薄膜、农药使用量都出现了先增后降的趋势。在水利方面，农田有效灌溉面积呈现出逐年增长的趋势。整体来看，这一时期湖北农业现代化水平得到了显著的提高，这不仅减轻了农民的负担，也有助于农业生产效率的提升。

表4—9　　　　　　　2005—2016年湖北农村的农业现代化情况

指标 ＼ 年份	2005	2010	2013	2014	2015	2016
农业机械化情况						
机耕面积（千公顷）	2015.93	4517.14	5459.02	5847.00	6004.05	5938.37
机播面积（千公顷）	233.66	815.61	1821.53	2091.28	2335.23	2493.92
机械植保面积（千公顷）	2848.66	4074.38	4611.68	4792.82	4850.88	4776.82
机械收获面积（千公顷）	1407.62	2780.52	3746.95	4179.37	4233.67	4196.42
农业电气化情况						
农业用电量（亿千瓦时）	70.09	109.78	130.14	142.23	149.10	152.86
农用物资使用情况						
化肥施用量（折纯量）（万吨）	285.83	350.77	351.93	348.27	333.87	327.96
每亩耕地施用化肥（折纯量）（千克）	60.28	70.35	68.81	67.88	64.77	63.48
农用塑料薄膜使用量（万吨）	5.46	6.38	6.63	6.92	7.13	6.73
农用柴油使用量（万吨）	41.31	58.29	65.73	67.33	65.61	65.85
农药使用量（万吨）	11.02	14.00	12.72	12.61	12.07	11.74

续表

指标 \ 年份	2005	2010	2013	2014	2015	2016
农田水利情况						
有效灌溉面积	2064.59	2187.17	2291.17	2325.84	2359.60	2368.75
机电排灌面积	1236.11	1320.53	1357.19	1416.82	1436.61	1453.30
占有效灌溉面积的比重（%）	59.9	60.4	59.2	60.9	60.9	61.4

资料来源:《湖北统计年鉴 2017》。

五 农民就业

就在乡村就业的人员来说，2015 年湖北省乡村人口数为 4093 万人，乡村从业人员 2300.88 万人、国有农林牧渔场从业人员 51.23 万人，分别占到乡村人口总数的 56%、1%。乡村从业人员中，仅有 37.78% 的人口（869.32 万人）是从事农业的人员；在国有农林牧渔场从业人员中，约有 55.75%（28.56 万人）的人员为农业从业人员，还有 22.58% 万人为非农业从业人员。① 这说明，真正从事农业生产的乡村人口数量越来越少。

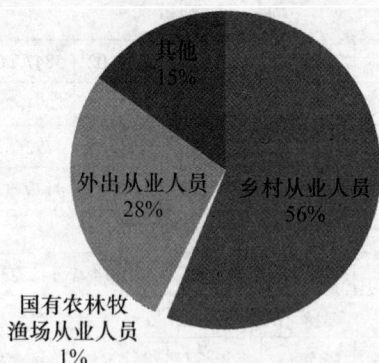

图4—6　2015 年湖北乡村人口从业情况

① 《湖北农村统计年鉴》编辑委员会：《2016 湖北农村统计年鉴》，中国统计出版社 2016 年版，第 53 页。

进城务工是湖北农村居民的重要职业选择之一。由于农业生产效率低下，许多农民放弃种田而选择了进城务工，掀起了务工潮。湖北也是农村人口流出大省，2007 年湖北农民外出务工人数为 920.1 万人，占农村劳动力比重的四成左右。到 2015 年，湖北省外出农民工增长到1119.43 万人，占农村劳动力比重也增长为 43.8%。2016 年外出农民工总量有所下降，为 1112.81 万人。值得注意的是，在向外转移的农民工从业人员中，青壮劳力（21—49 岁）逐渐成长为外出农民工的主力军，2016 年这部分人口数量为 787.94 万人，占外出总数 70.8%，①　且呈现出不断增长的趋势。但是由于制度、文化的制约，对于农民工而言，要真正留下来，融入城市，却异常艰难。根在农村，城市最终不是自己的家，但回到农村又无经济收入来源，这部分人口的生存处境异常艰难，将成为农村改革中亟待解决的问题。

第三节　本时期湖北农村社会发展状况

社会事业是社会建设的重要方面，社会事业发展是社会进步的重要标志，是农民福利的有机组成部分。本节客观总结了 2003 年至今农村社会事业发展情况。

一　农村社会保障

农村社会保障制度是国家社会保障体系的重要组成部分。长期以来，由于历史的原因，中国农村社会保障始终处于社会保障体系的边缘。因此，建立健全与经济社会发展水平相适应的农村社会保障制度，对农村社会经济发展和农民生活质量的提高具有重大意义。当前，农村已经建立了以新农合、新农保、低保与五保户供养为主要内容的保障体系。湖北省统计数据表明，2013 年，湖北省新农合参保人数 3925 万人，参合率为 99.2%，略高于全国参合率。2014 年，新农合参保人数增加了 26.3 万人，达到 3951.3 万人，参合率也提高了 0.5 个百分点，达到 99.7%，参

---

①　湖北省统计局：《湖北省农民工就业特征及转移趋势分析》，http://www.stats-hb.gov.cn/tjbs/qstjbsyxx/114809.htm。

合率仍然高于全国平均水平。2015—2016 年,湖北省新农合参保人数略有下降。

表 4—10　　　　　2012—2016 年湖北与全国新农合参保情况

年份	湖北		全国	
	参合人数(万人)	参合率(%)	参合人数(亿人)	参合率(%)
2012	—	—	8.05	98.30
2013	3925	99.20	8.02	99.00
2014	3951.3	99.70	7.36	98.90
2015	3909	99.70	—	—
2016	3820.9			

资料来源:《中国统计年鉴 2015》《湖北统计年鉴 2017》。

自 2009 年国家开展新农保试点以来,湖北不断扩大新农保试点范围,截至 2011 年,湖北省共有 65 个县(市、区)列入试点范围,共覆盖农村人口 2983 万人,占全省农村人口的 74%。其中,60 岁以上的农村老年人口 411 万人,占全省 60 周岁以上农村老年人口的 72%。就新农保参保人数而言,到 2011 年 8 月底,湖北前两批新农保试点县(市、区)应参保人数为 615 万人,已参保 580 万人,综合参保率达到 94%,135 万名 60 岁以上的老人按时足额领取了养老金。① 随着湖北第三批新农保试点工作的启动,农村新农保的覆盖范围、参保及受惠人数将进一步得到提升。

最低生活保障制度是最后一道为困难群众兜底的"安全网"。从低保保障的人数来说,2008 年,湖北省农村居民最低生活保障人数为 124.51 万人,在随后的 7 年,保障人数呈现稳步上升趋势,到 2014 年,达到 235 万人。长期以来,由于低保具有一定程度的福利效应,导致农村低保出现了一些"权力保""关系保""人情保",造成极坏影响。近年来,湖北省积极探索制度改革,将农村低保由过去的"分档救助"转向"按

---

① 《新农保试点覆盖湖北 2983 万人　过 60 岁可领养老金》,荆楚网,http://news.cnhubei.com/ctdsb/ctdsbsgk/ctdsb06/201110/t1851422.shtml。

标补差"，即依据农村困难家庭收入评估标准和办法，及时、公平、精准地进行家庭收入核算，依法将困难家庭纳入最低生活保障范围，按照保障标准进行差额补助。这一举措保证了农村低保对象的精准识别，把一些已不符合条件的对象适时退出。2015—2016 年，保障人数有所下滑，分别为 221. 6 万人与 159. 6 万人。

（万人）

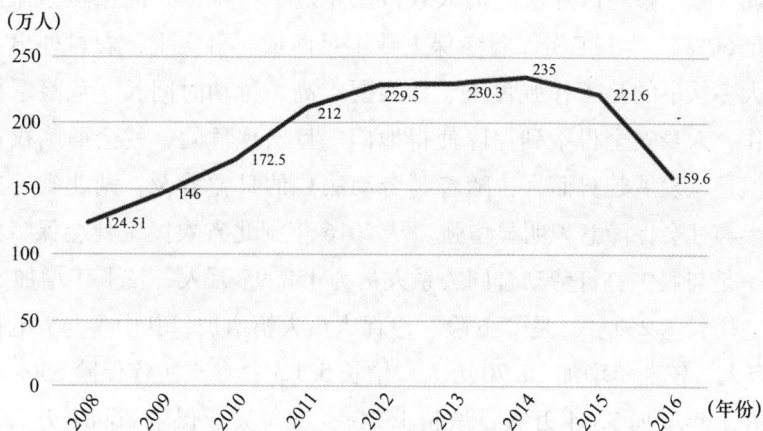

**图 4—7　2008—2016 年湖北农村居民最低生活保障
参保人数**

就农村五保户供养情况来看，2016 年，湖北省农村五保户年集中供养标准平均达到 7402 元，分散供养标准平均达到 7294 元，较上年分别增长 29% 和 84%，超过全国平均水平和中部其他省份。①

此外，《中国农村统计年鉴 2015》还显示：湖北有养老服务机构 1442 家，占全国总量的 7%，共收养 120412 人，其中收养老人 113532 人。另外，湖北省 2014 年的农村社会救济费 420217. 1 元，自然灾害救济费 31596. 9 元，为农村人口的社会保障事业提供了巨大支撑。

农民工作为外出务工的农民群体，他们虽为中国的现代化建设做出了巨大的贡献，但长期以来享受的社会保障却非常有限。根据《湖北农村统计年鉴 2016》数据显示：2015 年，12. 3 万农村外出劳动力遭遇了雇

① 《湖北城乡低保标准较上年提高 15%》，荆楚网，http：//news. cnhubei. com/xw/wuhan/ 201702/t3784556. shtml。

主拖欠工资。从外出从业人员的社会保障参与情况来看,与雇主签订劳动合同的外出劳动力人数为 453.69 万人,占比 40.53%;参与养老保险的人数为 505.3 万人,占比 45.14%;参与医疗保险的人数为 643.13 万人,占比 57.45%;参与失业保险的人数为 81.8 万人,占比 7.31%;参与工伤保险的人数为 210.81 万人,占比 18.83%。从这些数据中我们可以发现,除了参与医疗保险的人数占比超过了一半,其他保险参保比例均不足 50%,其中工伤保险参保人数不足两成。事实上,农村外出务工群体大多从事的是工作强度大、体力要求高、劳动时间长、危险系数高的工作,人身安全得不到保障使得他们一旦出现危险,就会面临权益受损。但是从发展趋势而言,随着《劳动法》的日益普及,湖北省外出农民工参与社会保障意识明显增强。从 2016 年湖北省农民工社会保障权益看,一是与雇主签订劳动合同关系人员为 458.95 万人,较上年增加 5.26 万人,增长 1.2%。二是"五险"参保人员大幅增加,其中参与养老保险 531 万人,较上年增加 25.70 万人,增长 5.1%;参与医疗保险 650.97 万人,较上年增加 7.84 万人,增长 1.2%;参与失业保险 86.81 万人,较上年增加 5.01 万人,增长 6.1%;参与生育保险 54.21 万人,较上年增加 5.67 万人,增长 11.7%;参与工伤保险 223.27 万人,较上年增加 12.46 万人,增长 5.9%。2016 年农民工整体参保能力与"十二五"时期平均水平相比大为改观,签订劳动合同及参与"五险"农民工占比与"十二五"时期平均水平相比分别提高 3.8%、9.6%、7.4%、1.8%、1.5% 和 3.2%。

尽管从整体上来看,农村各类社会保障取得了一定成效,但与城市居民享有的社会保障相比,城乡之间仍然存在明显差距。如,按照当前"新农保"的制度设计安排,中国农民每月领取的退休养老金至多几百元,这与城镇职工基数较高且不断上调的退休养老金相比,差距明显。城乡最低生活保障待遇也存在较大差距。如 2013 年 1 月,城市最低生活保障支出水平为每月 239.8 元/人,农村最低生活保障支出水平为每月 111.7 元/人,其城乡差距超过 1 倍。

二 农村医疗条件

这一时期,湖北省政府高度重视农村医疗卫生事业的发展,湖北农村的医疗条件也在不断改善。从 2004 年起，村设置的医疗点数从 20140 个持续增长至 2014 年的 24918 个，乡村医生与卫生员也分别从 32784 位增长到 40502 位、1637 位增加至 1802 位，为农民的身体健康提供了保障。值得注意的是，2015—2016 年，村医疗点数与医疗卫生人员都出现了下降的趋势。

表 4—11　　2004—2016 年湖北农村医疗点与医疗服务人员情况

年份 指标	2004	2005	2006	2007	2008	2009	2010	2014	2015	2016
村设置的 医疗点数 （个）	20140	21136	24226	23714	22707	22405	24057	24918	24795	24788
乡村医生 （位）	32784	33375	45044	37095	37535	40065	40425	40502	38970	38506
卫生员 （位）	1637	1042	1072	1315	876	989	1048	1802	1927	1923

从单位情况来说，2009—2016 年，湖北农村乡镇卫生院每千人床位数呈直线增长，从 4.33 张增长至 7.21 张。从每千人口乡村医生和卫生员数量来说，2009—2014 年，也保持了持续的增长，从 3.86 位增长至 4.22 位。但 2015 年之后，每千人口乡村医生和卫生员数量出现了下滑，到 2016 年仅为 4.04 位。

尽管我国政府对农村医疗卫生给予了重视，但在城乡二元体制结构的制约下，较好的医药资源和医疗设备仍然优先投入城市，医疗卫生人力资源也普遍存在重城轻农的现象，农村医疗条件仍然亟须强化。特别是在当前湖北农村"老龄化"的发展趋势下，农民对乡镇医疗卫生服务的需求会越来越大。因此，改善湖北农村医疗卫生服务状况依然任重道远。

表4—12　　　　2009—2016 年湖北农村单位医院床位数与医生数

年份	乡镇卫生院每千人床位数（张）	每千人口乡村医生和卫生员数（位）
2009	4.33	3.86
2010	4.64	4.15
2011	5.05	4.41
2012	5.58	4.30
2013	6.18	4.29
2014	6.77	4.22
2015	6.90	4.09
2016	7.21	4.04

第四节　本时期湖北农村文化发展状况

自 2003 年以来，湖北省认真贯彻党中央精神，全面加强文化阵地、文化队伍、文化活动内容和文化方式的建设，努力满足农民群众的精神文化需求，农村文化建设成效显著，农民文化素质不断提升，农民文化生产日益丰富。

一　农村文化教育

农民文化程度是其自身全面素质形成的基础，也是不断提高农民生产技能素质和思想道德素质的基本前提。本节利用全国第六次人口普查数据，分析了湖北农村人口受教育程度。我们可以发现，在湖北城市地区，6 岁以上人口中未上过学的比例仅为 2.23%；而在湖北镇地区中，这一比例为 4.93%；在乡村地区，这一比例则高达 7.95%。这说明湖北农村地区人口素质还有待提升。值得注意的是，湖北镇地区与乡村中未上过学人口比例均要高于全国平均水平，这也反映出湖北省农村人口受教育程度的不足。

在湖北乡村地区，6 岁以上人口以小学和初中文化程度为主，分别占比 32.25%、47.47%；在湖北镇地区，相应比例仅为 21.22%、42.10%；

而在湖北城市地区，小学文化程度人口占比仅为 13.87%，初中文化程度人口比重为 34.06%。这表明与湖北城市地区相比，湖北乡镇人口文化水平仍然有待提升。此外，通过与全国乡镇人口比较，可以看出，湖北 6 岁以上人口中，小学文化程度的人口占比要略低于全国，但在湖北乡村中，具有初中文化程度的人口比例要高于全国水平约 3 个百分点。

就 6 岁以上人口中具有高中文化程度的比例来说，湖北城市地区中具有这一文化程度的比例为 27.97%，而在镇与乡村地区，这一比例则下降至 22.16% 与 9.46%。可喜的是，具有高中文化程度的湖北城市居民所占比例，均要高于全国城市居民比例。

在湖北乡村地区，具有大学专科比例不到 2%，而具有大学本科文化程度的比例则不足 1%，具有研究生文化程度的人口占比仅为 0.02%。在湖北镇地区，这一比例有略微提升，其中具有大学专科文化程度的比例为 6.45%，具有大学本科与研究生文化程度的比例分别为 3.08%、0.07%。而在湖北城市地区，大学专科文化程度占比 11.77%，大学本科文化程度占比 9.02%，研究生文化程度占比 1.08%。将湖北乡镇地区人口具有大学专科以上文化程度的比例与全国水平进行对比，不难发现，在较高文化程度中，湖北省比例均也要高出全国水平。

表 4—13　　　　　湖北与全国 6 岁以上人口受教育程度比较　　　（单位:%）

	未上过学	小学	初中	高中	大学专科	大学本科	研究生
全国（城市）	2.09	15.95	36.08	24.37	11.39	9.13	0.98
湖北（城市）	2.23	13.87	34.06	27.97	11.77	9.02	1.08
全国（镇）	3.99	25.68	42.53	18.46	6.21	3.02	0.10
湖北（镇）	4.93	21.22	42.10	22.16	6.45	3.08	0.07
全国（乡村）	7.25	38.06	44.91	7.73	1.54	0.50	0.02
湖北（乡村）	7.95	32.25	47.47	9.46	1.98	0.87	0.02

　　资料来源：《中国 2010 年人口普查资料》。

另外，第六次人口普查数据还调查了分性别的 15 岁及以上人口文盲占比。湖北乡村地区人口文盲占 15 岁及以上人口比重 7.85%；镇地区这一比例为 4.07%；而在湖北城市地区，这一比例下降至 2.1%。值得注意的是，与 6 岁以上人口文盲率一样，湖北省文盲人口占 15 岁及以上人口比重要高于全国相应水平。

分性别来看，在湖北乡村地区，女性文盲人口占 15 岁及以上人口比重高达 11.88%，比男性文盲人口所占比例高出约 7.94 个百分点。在湖北镇地区，女性与男性文盲人口占 15 岁及以上人口占比分别为 6.26%、1.94%，女性比男性高出 4.32 个百分点。从中可以看出，湖北农村中，受教育机会存在显著的性别差异，女性受教育程度明显不如男性。

表4—14　　　　　　　湖北与全国 15 岁及以上人口文盲率比较

	15 岁及以上人口（万人）			文盲人口（万人）			文盲人口占 15 岁及以上人口比重（%）		
	男	女	合计	男	女	合计	男	女	合计
全国	56253	54895	111148	1418	4001	5419	2.52	7.29	4.88
湖北	2498	2430	4928	64.1	197.8	261.9	2.57	8.14	5.32
全国（城市）	17995	17442	35437	146.7	528.1	674.8	0.82	3.03	1.9
湖北（城市）	799.7	780.8	1580.5	6.3	26.8	33.1	0.79	3.44	2.1
全国（镇）	11209	10923	22132	211.2	644.7	855.9	1.88	5.9	3.87
湖北（镇）	457.1	443	900.1	8.9	27.7	36.6	1.94	6.26	4.07
全国（乡村）	27049	26530	53579	1060	2828	3888	3.92	10.66	7.26
湖北（乡村）	1241	1206	2447	48.9	143.3	192.2	3.94	11.88	7.85

资料来源：《中国 2010 年人口普查资料》。

二　农村文化福利

伴随着中国经济社会的迅猛发展，建设和发展农村公共文化、保障农民群众的文化权益是中国当前和今后的一项长期任务和目标。

为了贯彻实施加强农村文化建设的意见，2006 年湖北省也加大了对农村文化建设的投入力度，大力开展"送戏下乡""免费看戏"与电影放映活动。仅 2010 年一年，全省送戏下乡达 2 万余场，"上山下乡"巡回演出 21816 场，观影群众 2320 万余人，放映电影 35.9 万场，其中放映农村公益电影和商业电影分别为 31.3 万场、4.6 万场，观影群众约有 7000 万人。另外，湖北省还精心打造了以"三农"为关注点、以服务农民为目标的"垄上行"节目。湖北省还通过组建文艺团队、设立乡镇文化馆的形式来为农民群众提供文化活动。《中国农村统计年鉴 2016》数据显示:2014 年,湖北农村有乡镇文化馆 1026 个,有群众文化馆办文艺团体 232 个,群众业余演出团 16461 个,[1] 在全国属于中等偏上水平。信息化也不断向湖北农村延伸。截至 2010 年,全省所有乡镇、91.1% 的行政村实现了有限广播电视光缆联网,实现光缆联网的乡镇和行政村比例分别达到 93%、80%,接入有线电视的农户数为 260 万户。[2] 这些举措极大地丰富了农民的日常生活,满足了农民群体日益增长的文化需求。

以 2003 年农业税费改革为标志,国家与农民的关系发生了翻天覆地的变化,由汲取性的关系转变为了反哺型。特别是伴随着新型城镇化与精准扶贫等政策的推进,国家以"项目制"的形式实现了资源下乡,农业生产、社会保障、基础设施建设、乡村文化建设等各种惠农性政策相继出台。具体政策有《关于积极发展现代农业扎实推进社会主义新农村建设的若干意见》《关于在全国建立农村最低生活保障制度的通知》《关于开展新型农村社会养老保险试点的指导意见》《关于进一步加强农村文化建设的意见》《关于深入推进新型城镇化建设的若干意见》《中国农村扶贫开发纲要(2010—2020 年)》《关于进一步加强农村文化建设的意见》等。此外,中央还加大了对农业和农村的投入,就涉农资金投入量来说,仅"十二五"期间,中央安排农业基建投资 10790 亿元,比"十一五"增加了 4990 亿元。[3] 这些政策和资金的"下乡",对提高农民生活水平和生活质量,改善农民生产条件,丰富农民业余活动,完善农村服务体系,发挥了显著作用,也体现了制度的福利性。

通过详细的统计数据分析,从家庭收入上来说,2003—2016 年,湖北农民家庭人均纯收入增长显著,从 2014 年起超过全国平均水平;从地区差异上来看,湖北东、西部山区农民收入最低,武汉农民群体收入最

---

① 国家统计局农村社会经济调查司:《中国农村统计年鉴 2016》,中国统计出版社 2016 年版,第 332 页。

② 刘利:《创新湖北新农村公共文化服务体系建设研究》,《湖北社会科学》2013 年第 5 期。

③ 《"十二五"期间中央安排农业基建投资超万亿元》,凤凰网,http://finance.ifeng.com/a/20151102/14052575_0.shtml。

高;从农民群体内部而言,收入分化进一步加剧。从农民家庭消费而言,食品消费占比不断下降,教育文化娱乐消费、医疗保健消费、交通通信方面的消费水平显著提升,但综合来看,当前湖北农村居民仍以生存型消费为主,农民消费结构还有待进一步优化;从生活条件来看,农村用水、做饭、卫生、洗浴、交通和通信条件有了明显改善,许多农村家庭都有了宽敞的住房,有了彩电、冰箱、洗衣机、移动电话、摩托车等家用产品,其中手机、彩电已经基本普及,成为日常生活用品,不少农户家里更有了电脑;从生产条件来看,地处江汉平原的湖北农村,农业生产已基本实现机械化和半机械化操作,各类机械设备种类齐全,不少设备的拥有量更是居全国首位,水稻机械化与综合机械化水平在全国具有举足轻重的地位;从农民就业情况来看,湖北是农村人口流出大省,坚守农村从事农业生产的人口数量越来越少,仅占农村劳动力比重的四成左右,且在外出务工群体中,70%均为青壮年劳动力。

从湖北农村社会发展情况来看,近年来,湖北农村的人情风愈演愈烈,泛滥成灾,给农民造成了极大的经济负担,也败坏了农村的社会风气。从 2014 年开始,全省部分地区农村通过开展整治婚丧喜庆大操大办的陋习,农村的人情风在一定程度上受到遏制。社会保障方面,以新农合、新农保、农村低保和五保户供养为主要内容的社会保障体系在湖北农村全面建立,参保率、覆盖率、受益率都有了相应的保证。此外,农民工的劳动权益也得到了更好的保障,享受的公共服务也更为全面。

从湖北农村文化发展情况来看,就文化水平而言,湖北适龄人口小学及以上文化程度占比要高于全国平均水平。但值得注意的是,湖北农村人口的受教育机会存在显著的性别差异,女性受教育程度明显不如男性。就农民文化福利而言,农村人口享受的文化产品更为丰富,看电影、看戏、看书等各类产品应有尽有,电视、网络、广播等方式更为多样,文化供给质量更高。

值得注意的是,这一时期虽然涉农政策更加优厚,农民群体的生产生活水平也大为提升,但城市发展速度要远远高于农村,城市就业机会更多,公共服务更为健全,大量农村人口迁移到城市。不同的就业方式、生计策略客观上加剧了农民内部的分化,形塑了不同的身份认同特点。

农村改革既是中国整体经济改革的时间起点，也是其逻辑起点。[①] 1978—2002 年的改革，取得了举世瞩目的成就，初步确立了农村建设的基本框架。2003 年至今这十余年间，农村改革则进入提挡升级与巩固的新时期。随着国家更为关注农民、农村与农业，城市对农村的反哺力度不断加大，农村享受的资源日益增多，农民获得了前所未有的发展机遇。但与此同时，与农民转型相伴而生的，是农民群体内部的分化与认同危机。农民问题既具有时间特性，也有空间特性。[②] 地处中部地区的湖北农村，作为改革浪潮的一部分，具有相应的时代特征，也面临同样的时代困境。

---

① 蔡昉：《中国农村改革三十年——制度经济学的分析》，《中国社会科学》2008 年第 6 期。

② 宋圭武：《农民问题及三十年农村改革反思——兼论大寨与小岗村的功与过》，《调研世界》2009 年第 6 期。

第 五 章

湖北农民群体现阶段的生存与发展

"江汉水暖润三农"，湖北省是农业大省，其农业发展有着地理优势，随着社会整体福利水平的提升，湖北农民群体的经济条件、生活水平得到了显著的提高，政治地位和权利意识也在逐步崛起，基本素质和文化程度有了明显的改善，精神生活和文化生活日益丰富。

伴随着城市化的推进，不少农村剩余劳动力走向城市，成为城市建设的中坚力量，为城市发展做出了巨大的贡献。农村原本的小农经济格局被打破，现代化和机械化的发展促使在村农民群体出现分化，依然以传统经营模式为主的传统务农农民和接受现代化和机械化改造的新型农业经营主体共同构成了农村的新格局。与此同时，进入城市的第一代农民工在40年间逐渐衰老，新生代农民工进入城市，代际差异在几代农民工之间表现明显。虽然农民工的主要工作内容和工作性质仍然相似，但他们对于城市的态度和融入城市的意愿已经悄然改变，在第一代农民工仍在思考何时归乡的同时，新生代农民工已经开始为留在城市和融入城市积蓄力量。在此过程中，农民工的发展与壮大为城市注入了新鲜血液，但因为农民工群体大量外出而随之产生的"三留守"群体又为农村健康发展带来隐患，认识和解决这些问题成为城镇化的必经之路。

总体而言，改革开放40年来，湖北省农民群体已经进入新的发展阶段，同时仍然面临许多新问题及发展困境，如城乡收入差距扩大、收入增长不平衡、城乡社会保障出现断裂、教育资源地区发展不平衡、农村赌博风气盛行等，研究和解决这些问题，处理城乡发展关系，促进共同发展与共同繁荣已经成为新的时代任务。

第一节　湖北农民群体调查概况

本书主要着眼于湖北农民群体在改革开放 40 年间的综合性变迁，我们在前期进行了较为全面翔实的实证调研工作的基础上，阐述了此次湖北农民调查的基本理论和意义。湖北省作为农业大省，地域广阔，且各地区的地理环境、经济发展、社会文化差异较大，为保证调查研究的代表性和有效性，本书对调查方式和调查样本进行了严格的设计和筛选。

一　调查目的与调查意义

习近平总书记在党的十九大报告中提出"实施乡村振兴战略"，这一战略将使百姓对新时代的农村繁荣、农业振兴和农民幸福生活充满更多期望和信心。农民问题作为"三农"问题的核心，一直是全党和国家各级政府工作的重中之重。中国特色社会主义改革开放至今已有 40 年，农民群体从"衣不遮体，食不果腹"，到丰衣足食，再到逐步向殷实富裕的全面小康社会迈进。但与此同时，在快速工业化和城镇化过程中，农村、农业和农民受到了前所未有的冲击，曾经乡村的熟人社会开始变得陌生化和疏离化，农民群体出现了阶层分化。

在计划经济时代，中国实行社会主义公有制，社会阶层差别由国家权力主导，主要划分为工人阶层和农民阶层。农民在农村地区具有高度同质性，在财产收入、政治权利、文化享有和社会地位等方面没有较大的差别。但是改革开放以后，国家在经济发展中逐步引入市场经济，农村开始实行家庭联产承包责任制，农民拥有了土地经营权，农村出现了乡镇企业、个体和私营经济，推动着农民向非农职业化转变。首先，农村剩余劳动力就地转化，"离土不离乡，进厂不进城"；其次，受工业化和城市化的发展影响，人口流动加快，大批农民实现了"异地转化"，形成了现在所谓的农民工群体；最后，国家教育制度改革，促使众多农村学子通过高考，"鲤鱼跳龙门"实现了身份转化。在市场经济、社会流动和教育发展的多重作用下，农民职业实现了多样化，农民职业的分化加速了农民内部的阶层分化。目前，中国农民阶层分化为"乡镇农村管理者、乡镇企业管理者、私营企业主、个体工商户、个体劳动者、农民知识分子和农民劳动者"，① 还有游离在城乡之间的农民工群体。农民阶层分化的"马太效应"使农民各阶层在政治、经济、文化、社会等方面享有的资源具有不均衡性，且有可能导致贫富差距日益加剧，各阶层间的矛盾日渐凸显。这将不利于新农村建设、全面建设小康社会和伟大"中国梦"的实现。

湖北省位于中国华中地区，下辖地区有 12 个地级市、1 个自治州、3 个直管县级市和 1 个林区，② 在 2016 年末，常住总人口达到 5885 万人，其中城镇人口为 3419.19 万人，城镇化率达到了 58.1%，③ 但农村人口依然很庞大。改革开放 40 年来，湖北省也不可避免地存在农民阶层严重分化的现象，为深入了解现阶段湖北农民各阶层在经济、政治、社会、文化生活上的普遍性、差异性和面临的问题，厘清它们之间的关系，我们对湖北农村做了系统的调查研究。本章的调查研究报告既承接了改革开放 40 年湖北农民生活的历史变迁，又对湖北农民展望未来幸福生活、实现城乡可持续发展具有重大的现实意义，同时，对新时代中国乡村战略的实施具有重要的借鉴意义。

二　调查方式

为了保证此次调研项目能按质保量地完成，调研组做了非常翔实、系统的准备工作。

（一）样本选取

调研组在 2017 年 6 月中旬至 7 月初开展了此项调研活动，研究对象主要分为武汉市外的湖北农村户籍人口和武汉市内的湖北农村户籍的农民工群体，且年龄在 18 周岁以上的成人。

---

① 陆学艺：《"三农论"——当代中国农业、农村、农民研究》，经济管理出版社 2002 年版，第 18 页。

② 中华人民共和国民政部：全国行政区划查询平台——湖北省（鄂），http://202.108.98.30/defaultQuery? shengji = % BA% FE% B1% B1% CA% A1% 28% B6% F5% 29&diji = －1&xianji = －1。

③《湖北省 2016 年国民经济和社会发展统计公报》，2017 年 3 月 6 日，湖北省统计局，http://www.stats-hb.gov.cn/tjgb/ndtjgb/hbs/114833.htm。

湖北省受地貌特征影响，形成了北部山地环绕、丘陵广布，南部以平原湖泊为主，地势平坦，土壤肥沃。由此，人口分布、交通网络、经济发展在湖北省不同地区形成了较大的差异，为了使此次研究样本具有代表性，我们对湖北省外的农村居民的选取采取多阶段的抽样方法。依据地理位置、行政范围、经济发展、人口密度和人口异质性等标准不等比例，依次按市、区/县、乡/镇、村分层抽样，最终选取出恩施、武汉、十堰、荆州、天门、随州、襄阳7座调研城市，其中涵盖了省会城市、地级市、省直管市、自治州的6个县、18个乡/镇/区、18个村/具体单位。在分户调研中，每户调查一位对象，尽可能包括农民群体中的不同阶层（富人、贫弱阶层、村干部、全职农民、兼业农民）。

在武汉市内的农民工群体主要按职业类型进行选取，包括制造业、建筑业、住宿餐饮业、批发商城零售业等。

（二）调查方法

此次调研主要采取了问卷调查、半结构式访谈（与村干部和农民代表进行座谈）、实地考察等方法，全面掌握现阶段湖北农民的生活现状。

在调查问卷设计方面，主要涉及的是农民个人及家庭基本情况，和与改革开放前相比，个人对经济、政治、社会、文化四方面的态度。其中，经济方面包括生活水平变化、土地依赖程度变化和家中是否盖新房的题项；政治方面包括政治地位变化和政治保障变化的题项；社会方面包括社会风气变化、社会保障变化和对农民未来发展信心的题项；文化方面包括文化福利变化和是否愿意让子女继续做农民的题项。最后还设计了农民工的工作情况、社会地位和身份认同等题项。

在访谈提纲设计方面，为了解村庄整体状况、农民实际生活状况及不同农民阶层的认知态度，我们对村干部和农民代表设计了不同的访谈问题。在与村干部座谈时，主要涉及的是有关村里的基本情况、经济、政治、社会、文化状况等。其中，基本情况包括村里的基础设施、人口结构、土地面积、经济水平、生产方式、人口流动情况等问题；经济状况包括本村农民阶层分化、村民合作社、村集体企业、土地流转、农业产业化生产等问题；政治状况包括官民冲突、村民维权方式、村民政治地位变化和国家政策落实等问题；社会状况包括社会保障和村民交往等问题；文化状况包括义务教育师资建设、文化设施、文化福利等问题。

与普通村民访谈时，主要涉及的是有关个人及家庭的基本情况、经济、政治、社会、文化等境况和心态。个人及家庭基本情况包括个人婚姻、教育和家庭人口等问题；经济状况包括家庭收入、消费、借贷、土地使用等问题；政治状况包括个人权利是否有过受损及如何解决等问题；社会状况包括个人社会保障及与村里人的交往情况等问题；文化状况包括孩子教育、村里教育水平和公共文化需求等问题；还有个人对农民身份的看法和未来生活的打算。对农民工的个人及家庭情况、打工经历、城市生活、人际交往、社会保障、未来规划等问题进行了深入访谈。还与新型农业经营主体进行访谈，了解他们在农村的生产、生活情况。

在实地考察方面，进入调研地区时，调研组通过互联网和村委会布告栏了解该镇或该村基本经济社会发展状况并进行记录，对村里发生的重大事件、重大变革进行记录，对村里宅基地外形或特色风土人情进行拍照摄像，并将影像资料归类整理和保存。

（三）调研行程和人员安排

武汉市外调研按照两条路线分别同时进行。一条为鄂南路线（天门—荆州—恩施），另一条为鄂北路线（随州—襄阳—十堰）。每组共有4人，其中有1人被设定为小组负责人，统管整个调研行程和督查调研工作，剩余2人负责问卷调查，1人负责访谈工作。

武汉市内调研也分为两组进行，一组负责制造业与住宿餐饮业农民工的调研，另一组负责建筑业与批发商城零售业农民工的调研。每组可包含一定数量其他行业的湖北户籍农民工。

（四）调研监督与质量监控

各组负责人严格监督问卷调查数量及质量，实现问卷当场发放、填答、检查和回收，确保问卷的回答率和有效性，访谈全程录音。完成问卷和访谈工作后，负责人召开小组讨论总结会，同时与其他小组保持联络沟通，分享心得体会。

（五）原始资料的处理

在所有调研工作完成之后，由武汉大学社会调查研究中心的工作人员统一录入调查数据，整理访谈记录。本次调研共发放问卷1000份，最终获得有效问卷823份，有效率高达82.3%，个案访谈对象共计70人。

三 样本分布情况

（一）地区分布

从表5—1可知，在问卷调查中，除对农民工进行调查的武汉市外，其余被抽取的农村样本，基本上呈平均分布，大多都分布在4%或5%左右，只有E村为6.2%、F村为3.2%和H村为1.9%。由此看来，调查样本具有一定的代表性。

表5—1　　　　　　　　　　调查样本和访谈对象分布情况

地级市	村	调查样本		访谈对象		
		频数（人）	有效百分比（%）	村干部（人）	普通农民（人）	农民工（人）
天门	A村	34	4.1	1	2	—
	B村	42	5.1	1	2	—
	C村	39	4.7	1	2	—
荆州	D村	34	4.1	2	2	—
	E村	51	6.2	1	1	—
	F村	26	3.2	1	2	—
恩施	G村	46	5.6	1	2	—
	H村	16	1.9	1	2	—
	I村	37	4.5	1	2	—
随州	J村	36	4.4	1	2	—
	K村	36	4.4	1	2	—
	L村	37	4.5	1	2	—
襄阳	M村	36	4.4	1	2	—
	N村	36	4.4	1	2	—
	O村	36	4.4	1	2	—
十堰	P村	36	4.4	1	2	—
	Q村	36	4.4	1	2	—
	R村	36	4.4	1	2	—

续表

地级市	村	调查样本		访谈对象		
		频数（人）	有效百分比（%）	村干部（人）	普通农民（人）	农民工（人）
武汉	S 物流公司	43	5.2	—	—	6
	T 公司	74	9.0	—	—	5
	U 建筑公司	36	4.4	—	—	3
	V 零售业	17	2.1	—	—	—
	W 其他	3	0.4	—	—	2
总 计		823	100	70		

在访谈对象选取中，我们进行了较为合理的地区分配，基本上每个村访谈 1 名村干部和 2 名村民，每个行业按人员比例对农民工进行访谈。

（二）性别分布

在被调查的有效样本中，男性占 54.9%；女性占 45.1%。

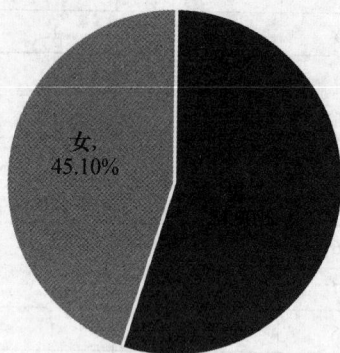

图 5—1 性别分布

（三）年龄分布

被调查样本的年龄处于 18 岁至 84 岁，平均年龄为 49.55 岁。在不同出生世代中，20 世纪 40 年代及之前出生的人群占总样本的 11.4%；50 年代出生的人群占 19.3%；60 年代出生的人群占 27%；70 年代出生的人

群占 20.7%；80 年代出生的人群占 14.9%；90 年代出生的人群占
6.7%。这表明，目前，湖北农村地区的主要居住群体是 50—60 岁的中老
年人，原因可能在于大部分年轻人外出打工，常年不在家。

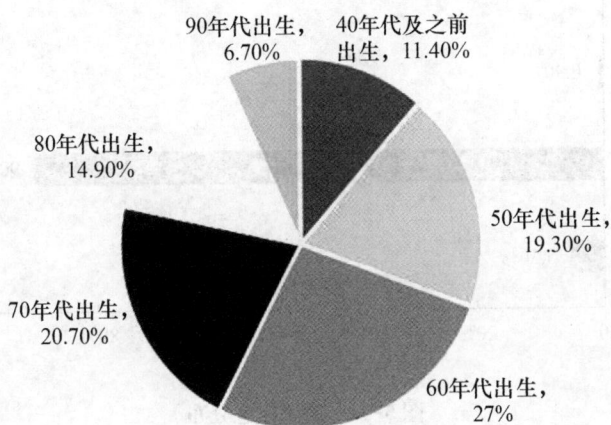

图 5—2　出生世代分布

（四）政治面貌分布

在被调查人群中，中共党员占 12.4%，非中共党员占 87.6%。

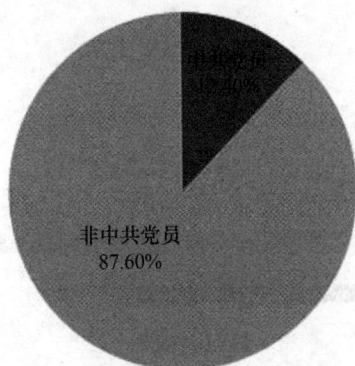

图 5—3　政治面貌分布

（五）婚姻状态分布

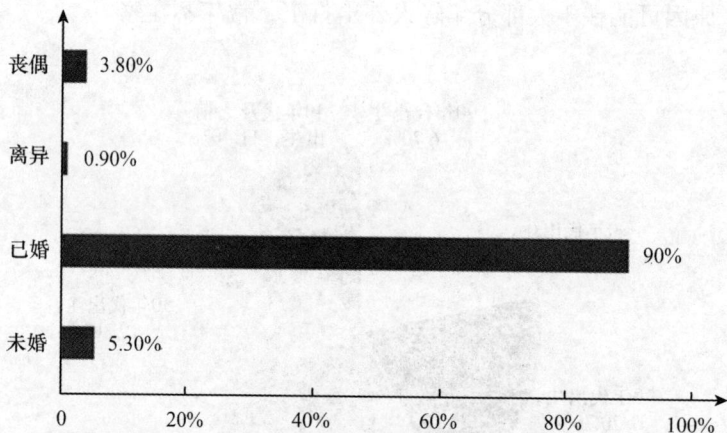

图5—4　婚姻状态分布

在被访样本中，已婚人群所占比例最高，为90%；其次为未婚人群，占5.3%；丧偶者所占比例为3.8%；离异者所占比例最低，仅为0.9%。

（六）本人及配偶受教育程度分布

1. 本人受教育程度分布

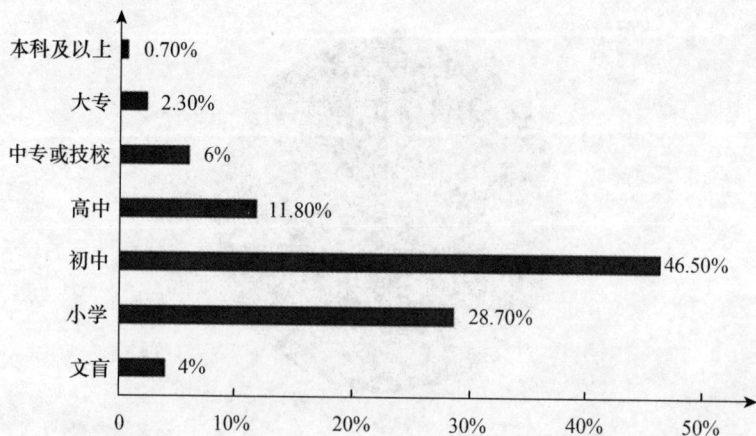

图5—5　受教育程度分布

在被访者的受教育程度分布中，初中学历人群的比例最高，为46.5%；其次为小学学历人群，占28.7%；接下来分别为高中学历、中专或技校学历人群，分别占11.8%和6%；其中，还有4%的被访者为文盲；高等受教育者的占比最低，大专学历和本科及以上学历人群的比例分别为2.3%和0.7%。这表明湖北农民群体的学历较低。

2. 配偶受教育程度分布

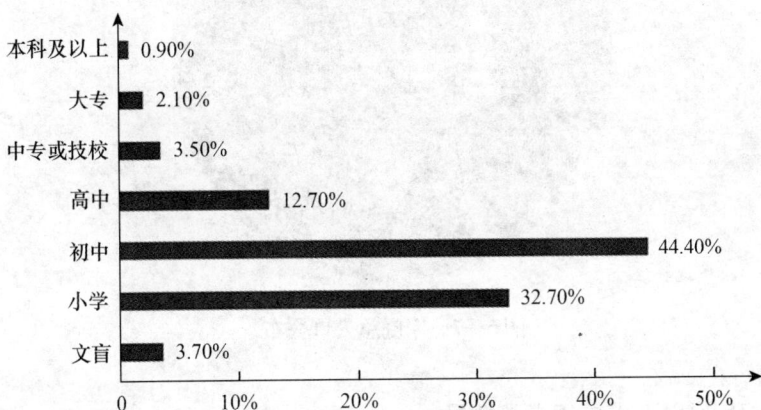

图5—6　配偶受教育程度分布

在有配偶的人群中，配偶受教育程度也主要是以初中和小学学历为主，分别占44.4%和32.7%；其次为高中学历，占12.7%；配偶学历为文盲的占3.7%；配偶为中专或技校学历的占3.5%；配偶受过高等教育的人群也较少，拥有大专学历和本科及以上学历人群分别为2.1%和0.9%。由此可以看出，湖北农民配偶的受教育程度与农民本身相似，也多为低学历者。

（七）家庭成员组成分布

1. 家庭总人口

在家庭总人口中，每户家庭的平均人口数约为5人。其中，总人口为3—6人的家庭最多，占79.2%；其次，总人口为7—10人的家庭占12.9%；总人口为0—2人的家庭占6.1%；总人口为11人及以上的家庭较少，仅占1.8%。这表明在湖北农村地区，两代人的核心家庭和三代人的主干家庭占多数。

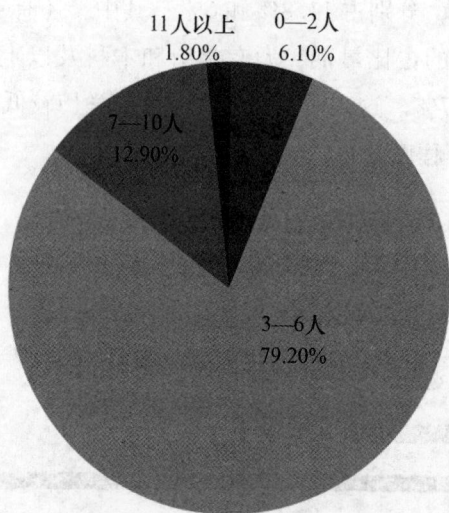

图 5—7　家庭总人口分布

2.18 岁以下未成年男孩数量

在被调查样本中,没有未成年男孩的家庭占大多数,有效百分比为55%,这表明在湖北农村,超过一半的家庭没有未成年男孩;有 1 个未成年男孩的家庭占 37.6%;有 2 个未成年男孩的家庭占 6.4%;有 3 个及以上未成年男孩的家庭较少,占比为 1%。

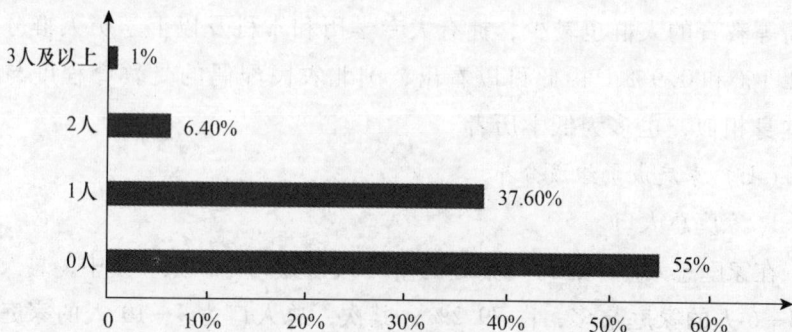

图 5—8　家中未成年男孩数量

3. 18 岁以下未成年女孩数量

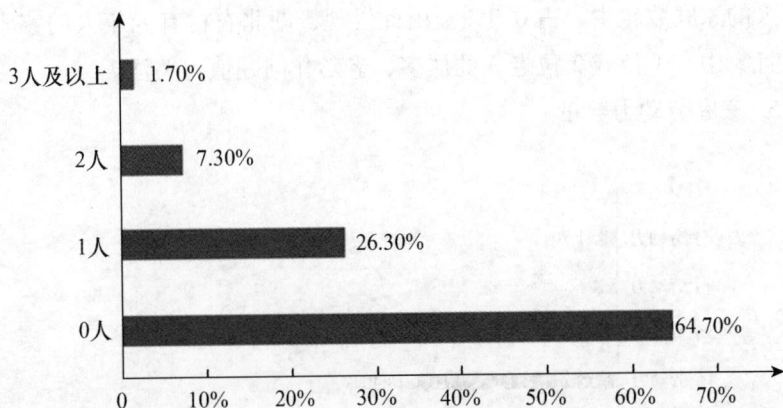

图 5—9 家中未成年女孩数量分布

没有未成年女孩的家庭也较多，有效比为 64.7%；有 1 个未成年女孩的家庭占 26.3%；有 2 个女孩的家庭占 7.3%；有 3 个及以上未成年女孩的家庭占比较低，为 1.7%。从整体上看，湖北农村地区的未成年男孩数量多于未成年女孩数量。

4. 65 岁以上老年人数量

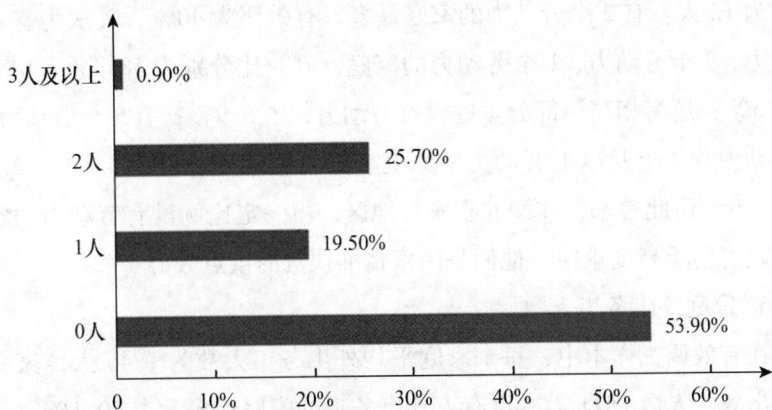

图 5—10 家中 65 岁以上老年人数量分布

没有 65 岁以上老年人的家庭超过一半，有效百分比为 53.9%；有 1 位老年人的家庭占 19.5%；有 2 位老年的家庭占 25.7%；有 3 位及以上老年人的家庭数较少，占 0.9%。由此发现，湖北农村有老年人的家庭较多，且家中有 1 位或 2 位老人的居多，老龄化问题值得关注。

5. 家庭劳动力数量

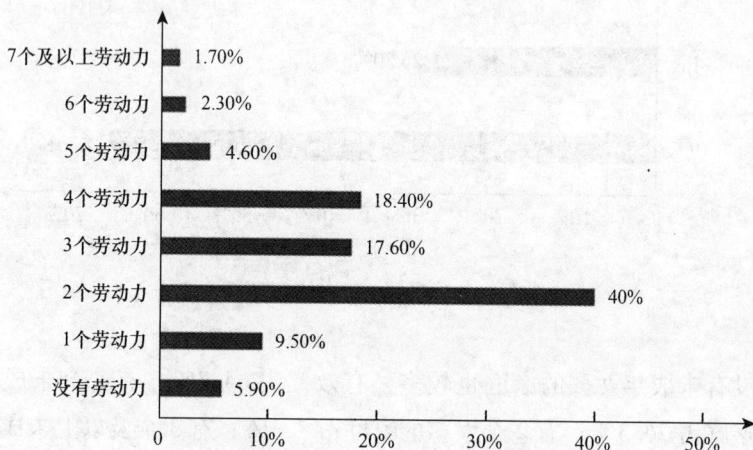

图5—11　家庭劳动力数量分布

在有效调查样本中，每个家庭的平均劳动力为 2.68 人，最少为 0 人，最多为 12 人。有 2 个劳动力的家庭最多，有效比为 40%；其次为有 4 个劳动力、3 个劳动力、1 个劳动力的家庭，有效比分别为 18.4%、17.6% 和 9.5%；还有相当一部分家庭没有劳动力，占 5.9%；有 5 个劳动力、6 个劳动力和 7 个及以上劳动力的家庭较少，有效比分别为 4.6%、2.3% 和 1.7%。由此看来，在湖北省农村地区，占一定比例没有劳动力的农民户需政府给予高度重视，他们是国家精准扶贫的重点人群。

6. 家庭外出务工人数

在有效调查样本中，每个家庭平均外出务工人数为 1.46 人，家庭最多外出务工人数为 11 人。没有人外出务工的家庭最多，占 30.1%；其次是有 2 人外出务工的家庭，占 29.2%；有 1 人外出务工的家庭也较多，占 24.7%；3 人及以上外出务工的家庭逐渐减少。由此看来，湖北农村有近70%的家庭有人外出务工，且外出务工人数多为每家1人或2人。

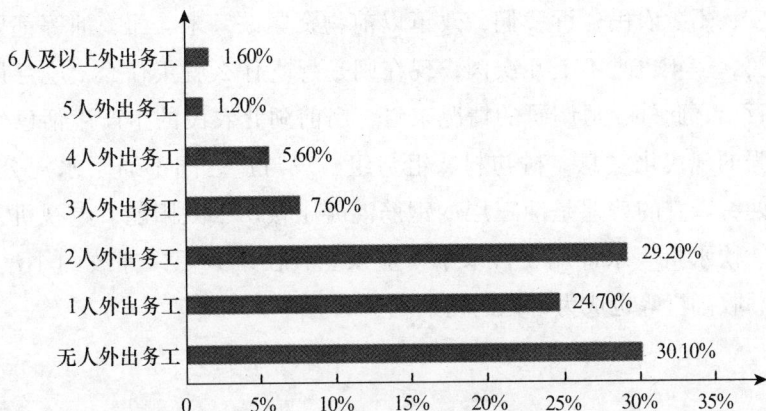

图5—12 家庭外出务工人数分布

第二节 湖北农民群体发展的现实描绘

改革开放40年的发展历程造就了如今湖北农民群体的美好生活，一幅全景式农民群体发展的绚丽宏图正在被描绘、被宣扬。

一 丰衣足食：经济条件的有效改善

改革开放以来，以家庭联产承包责任制为序幕的农村改革为农民带来了一系列的福利，特别是国家在税收、贷款、经营范围等方面的政策放宽与政策扶植，激活了农村经济，促进了农村长足、稳步的发展，农村、农民发生了深刻的变化，其中最为显著的就是农民生活条件的改善。对于湖北农民而言，在政策的层层传递之下，广大农民得到了实惠，生活水平发生了翻天覆地的变化，收入得到了大幅度增长。

（一）家庭生活图景

为了全面展示湖北农民这40年的生活变迁，在调研中详细考察了湖北农民对其自身生活水平变化的主观感知。对于"与改革开放前相比，您家生活水平变化情况如何"这一问题，仅有4%的农民表示生活水平有

下降，8.9％的农民表示生活水平没有变化，高达87.1％的农民认为生活
水平略有上升或者有显著提升（见图5—13）。这也从他们的讲述中得到
了证实，不少农民告诉我们，改革以前物资紧缺，米、面、油等都要凭
票购买，一年也吃不上几次肉，现在则是想吃什么就买什么，吃穿用的
花样百出。此外，从调研的情况来看，当前湖北农民的生产生活已经具
有很强的现代化气息，村与村、组与组、户与户之间都通了水泥公路；
道路两旁矗立的普遍是两三层的钢筋混凝土楼房；太阳能、电视机、电
冰箱、饮水机、水冲厕、自来水一应俱全；住户家门口停放的小汽车、
卡车、收割机等也成为常见的场景。

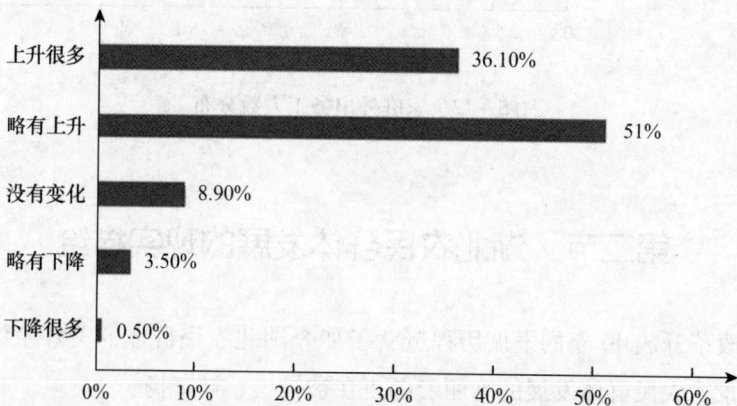

图5—13 生活水平变化情况

　　当前湖北农民是如何实现生活条件改善的呢？其方式主要有以下三
类：第一类是通过在村中承包土地，通过规模化种养殖实现收入的提升。
第二类是"半工半耕"的兼业农民[①]，他们在农忙时节种植瓜果蔬菜或经
济作物，在农闲时候外出务工，通过勤劳致富。第三类是常年在外务工
的农民，以出卖劳力谋生。总体来看，第一类群体基数相对较小，且都
是村中文化水平较高，社会资本相对广泛的中青年，属于农村的新兴
"中农"阶层。"半工半耕"与"外出务工"则是湖北农民提高自身生活

---

① 黄宗智:《制度化了的"半工半耕过密型农业"》,《读书》2006 年第 2 期。

水平的主要方式。

1. 新时代下崛起的新中农

新兴"中农"阶层，指的是那些在村中承包了大片土地，经营小规模家庭农场，每年农业收入能够达到中等收入水平（3 万元及以上）的群体。他们的经济收入来自村庄，社会关系也在村庄，被视为村中的"乡土精英"①。

O 村陈某就是新兴中农阶层的代表，他通过流转土地，雇用当地农民种植经济作物，经济收入在村里属于中上等。"我从 2008 年开始流转土地，到现在已经流转了 1035 亩，一般纯收入在 10 万元左右，还有价值 60 万元的机械。"

新兴中农阶层不仅在村里收入较高，在农村治理中也扮演着重要的角色。一方面，他们通过雇用村民，获得了一种不同于普通村民的"特殊性"，这种特殊性促使其他村民视其跟自己"不一样"；另一方面，新中农的主要利益关系在村里，其必然主动参与到乡村治理中来，致力于创造一个和谐稳定的农村。比如在调研过程中，C 村村主任就是这样的一个人物，具有"老板"和"村主任"的双重身份，使其获得了较高的权威，"在村里一般老百姓还是会听一点"。

这类群体不同于"半工半农"的中产阶层，对于村庄的发展具有重要的意义，作为高收入群体，给村庄的发展提供了一个范本；作为村中的精英阶层，又是乡村治理中可以依靠的重要力量。

2. 勤劳致富的兼业农民

与基数较小的新中农不一样，"半耕半工"的兼业农民在湖北农村占据相当大的比例。在调研中，我们访谈到了相当多的这类群体。

如 B 村农户王某，是一位民兵老人，在村里处于中等水平。家庭经济来源除了种植经济作物、饲养家禽外，在农闲时节也会做做零工以补贴家用。"（我家）没有抛荒，还在种啊，没得啥收入啊，两季收入 1.2 万元。收割机一割就去了几百，水呀农药啊化肥，一搞，就没了。只赚了 6000 元。（平时）做小工，临时工，挑东西，加上种田，一年能搞个万把块钱。老伴在家里养鸡，还喂牛，养鸡一年大概 4000 多元，牛三四

---

① 贺雪峰：《取消农业税后农村的阶层及其分析》，《社会科学》2011 年第 3 期。

千元。"

G 村村主任也提到,村里有很多农户都是兼业农户,"他们平时在附近工业园里的企业上班,农忙时会请几天假。家里有 3 亩多地,大约一年能收入 1 万—2 万元,工业园区上班每个月工资在 2000—3000 元"。

实际上,随着工业化进程的深化和对农业领域的渗入,农户兼业经营正在成为一种普遍现象。据统计,湖北农户中有兼业经营行为的已占到 60% 以上[①]。兼业农民既保持现有土地承包关系,又择机务工经商,是农村社会中的稳定器。

3. 生计压力下的外出务工群体

20 世纪 90 年代以来,随着中国改革开放不断深入,工业化、城镇化进程加快,中国农村劳动力大量向城市流动,形成了一股"务工潮"。务工潮的出现是多方因素综合作用的结果。从整体来看,随着中国经济水平的发展和农业经济结构的升级,农业生产效率提高,农村劳动力投入生产的数目以及在全部劳动力中的份额随之减少。从生产方式来看,随着家庭联产承包责任制的施行,农民能够根据农业生产的季节性和分散性,自主安排劳动时间,并且能够根据个人的情况在农闲时间选择其他的就业机会。从教育的推广来看,新一代的农村人口普遍接受更多的教育,也有不少离开家乡求学,城市对他们产生了更大的冲击力,在这一代,普遍存在脱离土地的强烈冲动。这些因素促进农业剩余劳动力向非农业转移,形成了农村劳动力多元就业格局和就业结构。

随着市场经济的发展,传统的"庭院经济""自给自足"的生活模式逐渐被打破,取而代之的是农村"半工半农"的生活状态[②]。当前,湖北农民非农就业按照地区可分为两种:一种是在本村本乡转移到乡镇企业或个体私营企业、工商贸服务业,即"离土不离乡"的本地非农就业;另一种是指转移到本乡以外的其他地区从事打工、经商、服务、种植等活动,即"离土离乡"的异地非农就业。在访谈过程中,农民们普遍将"离土离乡"的非农就业模式称为"外出打工",而那种"离土不离乡"

---

① 蔡玲:《市场化进程中的农民分化及其发展趋势研究》,《理论月刊》2010 年第 5 期。

② 王绍琛、周飞舟:《打工家庭与城镇化——一项内蒙古赤峰市的实地研究》,《学术研究》2016 年第 1 期。

的模式称为"打零工"。因此，我们这里的"出去打工"指的均为"离土又离乡"的工作模式。

从目前湖北农村外出务工人数来说，无论是村干部还是村民，普遍反映"基本上村里能够出去打工的都出去了，在家里留的都是年纪大或者身体有残疾或者生了病的人"。如 G 村村支书赵书记介绍说，"村里516 户、2075 人。60 岁以上的老年人大概占 60%，青壮年劳动力占30%。在本村工业园区务工人员约为400 人，外出务工的人为200 多人"。H 村村干部也说道："村里304 户，1048 人。60 岁以上的老年人大概占30%—40%，青壮年占20%—30%，146 个人外出打工，这146 人仅为在县外打工的，在县内打工的还有上百人。"就具体的流动目的地来说，省外的以深圳、浙江、江苏、山东为主，省内的则主要流动到武汉以及各地级市。可以说，现在的湖北农村基本已无青少年留守，形成社会学研究者所说的"空心村"。

自1984 年中央政府允许农民自带口粮到城市务工经商以来，中国的农村人口开始大规模地外出就业①。中国农村人口外出就业是制度性安排下为实现个人及家庭利益最大化的理性选择，就具体原因而言，呈现出代际上的差异。对于第一代农民工而言，其外出务工更多是为了养家糊口。而对于新生代农民工而言，对城市美好生活的向往成了其外出务工的动力。

如在问到"为什么要外出务工时"，老一代农民纷纷反映"不打工怎么生活""不打工死路一条"，并开始向我们计算每年家里的各项支出。可以看到，生计压力是迫使中老年农民外出务工的根本原因。如 H 村，地处鄂西边境地区，境内以山地为主，工业化和城镇化落后。由于土地贫瘠，人均耕地少，户均承包地不足 5 亩，农业生产效率低下，单纯依靠粮食种植无法支持整个家庭的开支。该村村主任就说，"在我们这些中部地区，人多地少，每年几亩地净收入也就几千块钱，生活条件还是不能得到太大的提升"。在这样的生存压力下，老一辈的农民们不得不寻求除了粮食种植收入以外的其他经济收入的机会，外出务工就成了农民的

---

① 文军：《从生存理性到社会理性选择：当代中国农民外出就业动因的社会学分析》，《社会学研究》2001 年第 6 期。

首选。

但对于新生代农民工而言，他们外出务工的原因除了生存压力之外，城市现代文明和多元化的生活方式也是吸引其进城的动力。来自 B 村的小王谈到自己进城的这段经历，体现了大多数年青一代外出务工者的心路历程，"我家还有弟弟妹妹，爸妈在家种田，地也不多，每年光靠那些收入，没有办法再供这么多人读书了，家里其他地方也要开支。我是家里的老大，高中念完就出来做事了，最开始是想给家里多挣点生活费。待久了，看到城里的生活那真是不能比，长见识了，吃喝玩乐什么都有，有时候过年过节回去，就觉得家里太没意思了"。虽然小王按照现在的条件无法在城市立足，但是他表示"还是想在城里待着，不仅仅是挣钱，还有更多的生活体验吧"。打工，区别于种地，已经构成了中国农民极其重要的日常生活内容。

（二）土地利用策略

"生于斯，长于斯。"土地一直是中国农民安身立命的根本。近年来，随着城市化进程的加快，越来越多的农村劳动力外出打工，导致农村出现了土地撂荒的现象，并呈现出蔓延扩大的趋势，造成了土地资源的浪费。同全国普遍状况类似，湖北农村，特别是地处山区的农村，由于土地生产效率的低下，也出现了土地无人耕种的情况。

1. 土地抛荒：荒地减少，依旧需要改善

（1）土地抛荒的现状

中国是农业大国，湖北省作为中国的农业重镇，东、西、北三面环山，中部为"鱼米之乡"的江汉平原，"两湖熟，天下足"，湖北省土地资源的不完全利用势必会造成资源的浪费，不仅影响本省的农业及农村经济的发展，对全国的农业发展也会造成一定影响。

从调研的情况来看，现阶段湖北农村中，约有 14.5% 的农民表示家里有闲置的土地，所占比例不算太高。从区域上而言，山区农民抛荒的比例相对平原地区更高。值得注意的是，这一百分比不代表闲置土地面积百分比，而是人数百分比。另外，调研中还发现了许多将土地免费给亲戚朋友耕种的案例，而农民普遍将这一行为排除在闲置土地之外。如果将这部分人口加进去，土地撂荒的比例将大为提升。

表 5—2　　　　　　　　　　　　　　土地使用情况

土地使用情况	频数（人）	有效百分比（%）
无土地	46	5.6
没有闲置土地	620	75.4
有少量闲置土地	97	11.8
有大量闲置土地	22	2.7
不了解	37	4.5
总 计	822	100.0

（2）土地抛荒的原因

之所以出现土地抛荒，其背后有复杂的原因。首先，从经济理性的角度来看，种田不赚钱是推动湖北农民抛荒的主要原因。一方面，随着中国整体工资水平的提高，化肥、种子、农药、机械化播种、收割等的价格也水涨船高，导致农业生产的成本也在逐年攀升，有时甚至出现种越多的田，亏本越多的现象。另一方面，由于农村市场化程度低，市场信号传递不及时，提高了农业生产的风险。如 B 村村民黄某就说道："我们有时候就指望啊，上面能给点指导，有时候种什么挣钱，大家一窝蜂全去种这个，结果呢，都卖不出去砸手里了……现在啊，什么都涨价，你说我们这一年到头辛辛苦苦，最后卖出去的可能还收不回成本，没个劲头。"

其次，当前农民种地仍然是传统的"靠天吃饭"，受到自然条件的约束，如果受到旱涝、冰雹、霜降等自然灾害，在农业基础设施条件跟不上的情况下，农业生产就会面临极高的风险，导致投入多、产出少的情况发生。C 村村民张某就提到："收成啊，不好说，像去年这个时候，夏天发大水，我们这旁边不是有条河么，一发水，地都淹了，去年水都到这了（比着自己的小腿肚），那还收什么，啥都没有，还赔好几千块钱，我这买种子、施肥打药啥的，都赔进去了。"该村村长黄某也说道："王村就在河流旁边，每年发水都会受害。去年夏天发了洪水，大堤高度不够，无法有效拦截高出的水位，排水效果也不好，这挫伤了农户种地的积极性，使不少农户出现了抛荒的念头与行为。"

最后，农业生产效率低也是导致抛荒的原因之一。大量农村青壮年劳动力外出务工,导致留在农村耕作的都是上了年纪的农民。一方面,实际种田的劳动力基数大大减少,难以对农田实行深耕细作;另一方面,他们文化程度不高,不了解现代种养殖技术,还是实行传统的粗放式种田方式,生产效率低下。一般而言,湖北农村人均一亩田(多则两三亩,少的人均几分田),留守老人一般能够在家耕种三四亩地,同时养育子女留在家里的孙辈。这种情况下,他们每亩田毛收入为一两千元。农业收入只能满足家庭生活的基本开支,生活条件的改善更多来自农闲时期去做零工或者子女提供生活费。耕作者上了年纪,耕作效率低,加之农产品收益少,这两个因素导致家里"过得去"的家庭,不愿意再辛苦劳作耕种土地。

2. 土地流转:减少抛荒,有效利用资源

土地流转是现阶段应对中青年劳动力流入城镇、土地出现抛荒的一种策略。党的十七届三中全会通过的《中共中央关于推进农村改革发展若干重大问题的决定》指出,"建立健全土地承包经营权流转市场,按照依法自愿有偿原则,允许农民以转包、出租、互换、转让、股份合作等形式流转土地承包经营权,发展多种形式的适度规模经营"。通过土地流转,不仅可以避免资源的浪费,还能够通过规模化、集约化经营提升农业生产效率。当前,湖北省农村土地流转的主要模式有五种:转包、转让、互换、租赁以及反租倒包①,而转包与租赁是农村中比较常见的两种模式。

转包是指从事非农业生产,暂时无力经营但又不能完全放弃农地的农户,在维系原有土地承包关系不变,继续履行原土地承包合同规定的权利和义务的基础上,将农地交给他人耕作的一种形式②。这种情况在访谈过程中是出现频率比较高的一种土地流转形式。由于村民普遍外出务工,家中土地闲置造成浪费,就会通过转包给自己的亲朋好友代为耕种。O 村陈某说:"(流转来的土地)是我亲戚家的,他们出去打工了,也种不着。"而对于土地流转的报酬,有一些农户会象征性地给予 100—200元,另外一些则会在收成之时给予一些粮食来替代,至于给多少,也没

① 杨涛、王雅鹏:《农村耕地抛荒与土地流转问题的理论探析》,《调研世界》2003 年第 2 期。

② 同上。

有详细的约定，"他看着给，想给多少都行，都是一家人嘛，有个意思就行"，而大部分农户则将其土地免费转包给乡亲耕作。乡村作为一种熟人社会，这种土地的无偿转包被视作一种人情。如 R 村向某就说，"都是一个村子的，都是熟人，不要钱，他帮我养地，不至于不种而直接荒掉。给他种，还算个人情"。但值得注意的是，这种自行转包仅有口头上的协商，没有正式合同，变动性较大。

租赁是在维持原承包双方约定的权利和义务的基础上，由农户将承包地直接租赁给有经营能力的人员或企业以实现规模经营的一种形式①。A 村村干部提到，"今年刚引进来了一个做农业方面的公司，在我们这里种航天大豆，今年我们给他搞了 100 亩让他试种。交一年的钱就流转一年。因为这个航天大豆他是试种期，他也不能保证百分之百的成功。如果成功的话他就栽，签五年啊或是几年啊"。这种租赁模式的土地流转，资本投入大，周期长，也牵扯多方利益。在这种情况下，政府往往也牵涉其中，起到动员协调的作用。如 B 村村长就提到，土地大面积流转中，存在一些村民不配合的情况，需要村干部去做思想工作。"农户他们也不是蛮主动，都是通过关系。像比如说我担任书记，我家亲戚的我就给他说你总是出去打工去，这个田你干脆流转给人家撒。这个农民，他自己的田虽然搞不到什么钱，他都不情愿把田流转给别人。这个是老思想。流转你的地又不是要你的地，又不是不给你了，也不是拿去建房子，你订合同的话，搞两年，人家还给你嘛是不是。"通常来说，在进行劝说、利益引导后，大部分村民会同意租赁出去，也有少部分需要反复协商，当然也存在"钉子户"。在不影响整个进度的时候，村干部往往会放弃对于这部分"钉子户"的土地的争取。租赁型的土地流转模式，在农村中发挥了多重的经济效益与社会效益。首先，土地租赁人会通过雇用当地农民来种植、看护农作物，为农民提供了就业机会。其次，对于那部分外出务工的农民来说，又能够通过出租土地获得租金，有助于增加其家庭收入。如 O 村的宋村长在提到如何劝说农民流转土地时就说："你家里小麦赚 400 元，黄豆赚 200 元，纯收入赚 600 元，那就给你 600 元。钱还

---

① 杨涛、王雅鹏：《农村耕地抛荒与土地流转问题的理论探析》，《调研世界》2003 年第 2 期。

先付给你,你想去搞什么就去搞什么。"最后,这也解决了部分土地长期抛荒、撂荒的问题,确保土地资源得到了有效的利用,也通过土地的成片成块经营提高了土地利用效益。正如 M 村的王某所言:"土地成片经营,每年买种子、化肥、农药的也不需要花费太多的力气。"

二 披荆斩棘:政治地位的升级与个人权利的博弈

自 20 世纪 80 年代开始,中国进行的经济体制改革使广大农民从相对封闭的自给自足的集体制经济状态逐步走向相对自主的市场经济状态,与经济体制改革相配套的一系列政治体制改革措施也改变着农村的社会结构和政治权力结构,农民权益的保障也逐渐得到了重视,农民不仅更为积极地参与到国家政治生活中,对其各项基本权利的保障、利益的维护也更加到位。

(一) 政治地位与权利保障

2014 年,湖北省第十二届人民代表大会常务委员会第十次会议修订了《湖北省实施〈中华人民共和国村民委员会组织法〉办法》,推动了农村社会的治理环境和农民的生活规则相契合。湖北省的村民自治在一定程度上根据政策的依托更加有效地推广开来,农民"当家做主"的政治地位感也得到了显著的提升。如调研中就发现,68% 左右的湖北农民认为与改革开放前相比,其政治地位有上升,仅有 9.1% 左右的农民认为其地位出现了下降。

表 5—3 政治地位变化情况

政治地位变化	频数(人)	有效百分比(%)
下降很多	14	1.7
略有下降	61	7.4
没有变化	188	22.9
略有上升	407	49.6
上升很多	151	18.4
总 计	821	100.0

政治地位感的上升与其权利的保障是密不可分的。调研中,大部分

人认为当今农民政治权利保障与改革开放前相比，得到了提升，其中 19% 的人认为农民的政治权利得到保障的程度非常高，仅有 1.5% 和 6.5% 的人认为农民政治权利得到保障的程度比改革开放前下降很多和略有下降。

表 5—4　　　　　　　　　政治权利保障变化情况

政治权利保障变化	频数（人）	有效百分比（%）
下降很多	12	1.5
略有下降	54	6.5
没有变化	179	21.8
略有上升	421	51.2
上升很多	156	19.0
总 计	822	100.0

从访谈情况来看，这个结论也得到了证实。如大多数农民都表示，"（政治地位）那肯定要高了，政治权利也得到保障了"。国家涉农政策不仅在村里有良好的宣传，也得到了很好的执行。L 村干部高某告诉访问员，"（村里的涉农政策）发公开信，一周开一次会做宣讲，如粮食补贴、退耕还林、公益林、农村低保等"。B 村的吴某也说道："（权益）我知道一些，上面下来什么对我们好的政策，村里也有人来给我们宣传。"从执行上来看，高某也表示："（农民）现在比以前好多了。（国家的涉农政策）都会落实到本人。"

（二）土地冲突与秩序维持

土地自古以来是农民赖以生存的根本。自 20 世纪 90 年代以来，随着中国城镇化进程的加快，农村大量土地被占用，农民的土地权益保护得到了众多学者的关注。通过对访谈材料的总结，我们也发现，土地相关的冲突是当前湖北农村最主要的冲突形式，在这一过程中，农民土地权益是否能够得到保障也随之得到彰显。

1. 非冲突性征地

目前中国各个省市普遍存在着征地的现象，因各种建设和发展的需要，湖北省也不可避免地征用一些农民的部分土地。其中，存在因国家基础建设需要而征地（如修建高速公路、修建大坝）、因环境保护需要征地（退耕还林）、因城市扩张征地三种征地类型。按照中国的《土地管理法》的规定，一般按照土地原用途进行补偿，具体按被征地前三年的平均产值的倍数确定补偿费用。在一般的实际操作中，根据被征土地原有的用途进行分类，采取对耕地、林地进行补偿，对荒地一般不予补偿的策略。征地过程中的补偿内容大致包括：土地补偿、附着物补偿、青苗补偿和安置补助。其中，在 J 村退耕还林征地的过程是较为顺利的，退耕还林当地的补偿标准是一亩地一年补偿 1000 元，这种补偿标准一共可享受十年。当地村民乐意自己的地被征走，因为高山区耕作条件艰难，能适应环境的农作物种类也不多，因此耕地效益不高，所以当地人宁愿每年不耕作而获得净收入 1000 元的补偿。另一种情况的征地也比较顺利，是因国家基础建设需要而征地。在 I 村访问的时候，当地要修建高速公路，不得不征收一部分居民的土地。当地居民认为，"国家建设需要么，我们当然要支持"。除了抱有这种想法的村民比较好动员，对于另外一部分比较不乐意被征地的农民，则由村干部做思想工作，从修建高速公路对他们以及他们子孙后代的好处来劝解，最后也能达成共识。

这些征地过程，很少发生对抗性冲突，从农民角度来看，一方面，他们会以"理性小农"的视角来选择对自己利益最大化的方式，比如耕地投入回报率低，或者看重未来效益；另一方面，他们也知道"国家重于个人"，只要能够满足基本的生活需要，对国家有利的事情是会放置在个人利益之前的。

2. 冲突性征地

征地冲突是利益主体在获取土地利益过程中矛盾区域激化所表现出来的一种对抗性的心理或行为的互动过程。利益矛盾是土地冲突的起点，行为对抗是土地冲突的高级形式和最终形式①。

我们在 E 村调研的时候，就亲眼见证了一场因土地引起的纠纷。事件发生地位于一个防洪堤，防洪堤靠近村里的一侧，这里原本是一片荒地，约有 20 亩，之前由村里承包出去给开发商种草皮，但由于投资人一

---

① 孟宏斌：《资源动员中的问题化建构：农村征地冲突的内在形成机理》，《当代经济科学》2010 年第 5 期。

直没有动静，本村的几户农民看着地荒着可惜，便每户投了几千元钱，开荒种了大豆。原本还有一个月左右大豆就可以收了，但是半个月前，草皮投资人雇了一批人，在农户种的大豆上喷洒了农药，大豆都枯死了。之后，又叫了几辆挖掘机，往已经死掉的大豆上覆盖了一层厚厚的土。笔者调研时，还可以看到大豆上成堆的土和几辆闲着的挖掘机。村民告诉我们，防洪大堤的荒地既没有挂牌子说不让开荒，他们在开荒的过程中村里也没有人出面阻止告知他们，现在眼看着庄稼要收成的时候，突然横生风波，几千元钱也打了水漂。现在他们正要求村里出面协调给予合理的赔偿。

这件事情在调研过程中发生，据了解，在我们调研的第二天，村里准备召集农户和草皮投资人开会进行协调。可以设想，如果事件解决得不及时、不合理，可能就会造成冲突性事件。

反观这个事件，矛盾的焦点在于土地确权问题。首先，据村主任描述，当地农民开垦出来的这块荒地是在沿河大堤旁边，并不属于村里的集体土地，而是完全属于国家的，也就是说这片土地的所有权归国家。其次，国家将这块土地承包给了一个公司，用来种植具有经济价值的草坪，也就是说这个公司现阶段对这片土地拥有了经营权和使用权。最后，从农民的角度而言，他们知道这片土地不属于自己，他们不是想索要土地，而是想要最低收回他们投入在开垦以及种植这片荒地的成本，当然最好的情况是获得按市场价值对这片土地上的经济作物的补偿价。这场冲突凸显的一个最主要的问题还是农村土地的各项权利的划分问题。

3. 农户间的土地冲突

在农村社会中，除了政府与民众之间的冲突外，还有农民之间的冲突。在调研过程中，我们就目睹了一起农户冲突。在 C 村调研的时候，访问到一个老奶奶。奶奶 60 岁左右，驼背。家里有一个老伴，身体不好多年瘫痪在床，有一个儿子常年在外打工，他们是村里的低保户。奶奶的邻居王爷爷是村里的一霸，据说年轻的时候在外面贩过毒，村里人都忌惮他三分。出于嫉妒奶奶家因是低保户而每年可以享受到政府的补贴，多年以来，王爷爷通过糟蹋奶奶家庄稼的方式来泄愤。当问及遇到这种事村里是否会制止时，奶奶说以前向村里反映过，村里会去劝说，但劝说的效果不明显。我们问道，那您可以告诉您儿子，或者您在村里的亲戚。奶奶说，儿子常年在外，也顾不上这些。亲戚也害怕他，不敢管。访问过程中，一个村民过来告诉奶奶她家的玉米又被人偷了。老奶奶询问过后，跑到田里去看，结果发现田里 2/3 的玉米都没了，奶奶告诉我们，这肯定是邻居王爷爷干的。我们看不过，要带着奶奶去村里找干部，这时村里的会计，一个 20 多岁的小女孩在一旁劝我们说道，"这种事我们不要管了，也管不了"。

费孝通曾提到，"乡土社会的生活是富于地方性的"，是"一个没有陌生人的社会"，在这样的社会里，法律是无法延伸而至的，甚至无暇顾及，其秩序主要是靠长者的权威、教化及乡民习惯来维系①。但值得注意的是，当前的湖北农村又不完全是传统的熟人社会，而已经出现了原子化、离心化的趋势，长者的权威及村规民约也难以奏效，导致村干部"管不了"。对此，村里做得最多的是劝和，大家各让一步，"这种事情，农村多了去了，张家说你昨天打药把他田里的农作物打死了，李家说，你那些作物有可能是别的原因死的，你怎么去证明这个到底是怎么死的呢，就算证明得了，乡里乡亲的，能怎么办，忍一忍就过去了"。只要这些事情不影响稳定，不造成大型的冲突，"忍"，成了当前农村社会中的无奈之举。但值得注意的是，从权益的角度来看，"忍"却意味着农民的权益受损，得不到保障。长此以往，如果得不到合理的调解，很有可能会以更为剧烈的冲突爆发。

三 平流缓进：社会风气的日新月异与社会保障的艰难发展

改革开放以来，得益于经济水平的进步，一方面，湖北农村的社会风气有了极大好转，小偷小摸现象基本得到了杜绝。但另一方面，由于市场经济的普及，个人主义在农村逐渐兴起，部分农民借由婚丧嫁娶等农村仪式进行攀比，导致农村人情压力逐步加大。此外，在反哺型惠农政策下，国家针对农村的各项福利保障也日益完善，但在满足农民基本需求上还有提升的空间。

（一）社会风气与社会交往

1. 社会风气总概括

湖北省的农村文化建设也是新农村文化建设的重要组成部分，农民

---

① 费孝通：《乡土社会，乡土中国》，北京大学出版社 1998 年版，第 7 页。

作为农村文化的重要承载体，坚持以政府为主导、以农村文化工作者为重要力量、以农村文化体制为保障，逐步养成文化自觉，于日常生活中自觉传承和保护优秀的农村文化，农村的社会风气也日益上升。

我们首先需要对"社会风气"进行概念上的界定。朱贻庭、赵修义从古义解析着手，认为"社会风气，古人称为'风俗'。原义是：'风者，气也；俗者，习也。'指受水土自然环境的影响和由社会经济、政治、伦理道德的习染而形成的人们趋同一致的价值取向、行为方式、思维模式及生活习惯，人们对此自然而然、习以为常，成为惯例"。① 唐伟锋指出，"社会风气是指在某种社会心理的驱动下或某种价值取向的引导下，表现出的一种普遍流行的社会行为，是直接外化或体现社会意识的客观活动，是社会历史态势的指示器"。② 段妍、杨晓慧认为，"社会风气指在一定社会时期，一定群体中传播、竞相模仿或流行的思想观念、行为方式和时尚等社会风貌与精神气象。社会转型中的社会风气问题，其核心关涉价值理念与道德取向。社会风气是否文明先进，不仅是一个文化问题，更是一个社会问题，它直接关系到一个国家人与社会的发展状况和精神走向"。③

对于"社会风气"，上述学者所阐释的侧重点都略有不同，有强调其形成的环境；有强调社会风气反映的是"社会意识"，体现的是社会历史态势；还有认为社会风气是一种流行的普遍的思想观念和行为方式。但是他们对社会风气也有共同的观点，如社会风气不是体现在个人层面的，而是体现在群体层面的，它反映的是一定时期、一定社会环境下人的普遍的价值观念、道德取向和行为模式。因此，本章在这里将社会风气界定为在某个时期，农民群体受到一定的价值导向和道德取向的引导，普遍表现出的思想观念和行为方式，它是农村社会风貌和精神气象的整体反映。

---

① 朱贻庭、赵修义：《社会风气·荣辱观·羞耻感》，《伦理学研究》2006 年第 4 期。
② 唐伟锋：《改善社会风气：推进马克思主义大众化的重要条件》，《马克思主义研究》2014 年第 1 期。
③ 段妍、杨晓慧：《改革开放以来中国社会风气演变的历程》，《理论探讨》2012 年第 4 期。

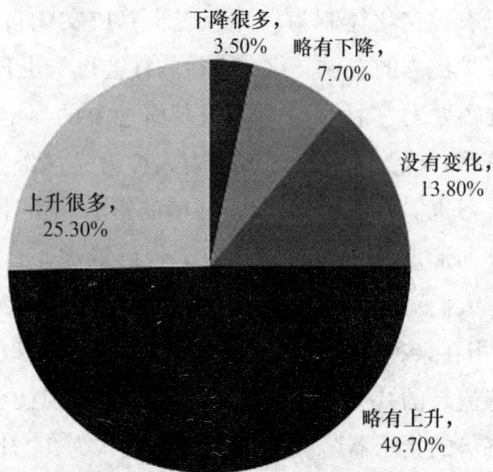

图 5—14　农村社会风气变化情况

　　那么，湖北省从改革开放以来，社会风气在当地农民群体的眼中是否得到了提升呢？从调查数据中能够看出，与改革开放前相比，有49.7%的人认为本村的社会风气略有上升，共407人；还有207人认为本村社会风气上升很多，占25.3%；有113人认为本村的社会风气没有变化，占13.8%；认为略有下降和下降很多的分别有63人和29人，占7.7%和3.5%。我们由此可以得出一个初步性的结论，即在大多数村民的眼里，农村的社会风气是在不断上升的。

　　社会风气的形成是一个缓慢的过程，它的形成受到一定的价值观的影响。近年来，中国加强了对社会风气的建设，这种影响从城市延伸到乡村，比如调研过程中，湖北省很多村庄道路两旁或者公示栏里均张贴着"社会主义核心价值观"的标语，这种宣传标语对于改善农村社会风气具有一定潜移默化的作用。F村的李某说，"这天天看着（标语上）都说'文明、和谐'。当然我们都要讲文明，那以前这街道上净是垃圾，现在好多啦，很多人不乱丢垃圾。骂脏话的人也少了不少。而且我们现在也不怎么跟别人起冲突，大家和和睦睦的蛮好，可能也是日子过得顺心多了，脾气就没那么大了"。改革开放初期，湖北各农村中还经常游荡着一些不学无术、四处生事的极端村民，给村子里面的治安造成极大的困扰。随着就业途径的增多，越来越多的村民选择勤劳致富，在温饱的基础上达到小康水平，并朝着更加富裕的生活不断迈进。那些以往游手好闲之人的数量大大减少。B 村的村主任说道："这些小偷小摸的都是些什么人啊?! 都是那些好吃懒做，成天没有事情的人，现在大家都有事做，谁还去做这些?"

从总体来看，湖北省农民群体主观感知到当地的社会风气和以前相比有较大的改善。农村的社会风气建设、社会环境风貌的变化都在影响着农民个人的文化素质以及思想观念。从制度化角度来看，社会风气的形成会使人们形成一种普遍的对他人和对自己行为的预设，人们的行为就会被既定的规则支配，这点可以从人们的社会交往中得到体现。

2. 交往范围的扩大与交往深度的半熟人化

伴随市场经济的发展，湖北农民的现实就业选择更加多元化，由土地耕作所带来的微薄收入已不能满足其种种发展需要。走出农村，走出乡镇，走进城市成为大多数湖北农村青壮年甚至部分老当益壮的中老年农民的首选。摆脱了对土地的依赖，湖北农民的社会流动性逐步增强，使得传统意义上以地缘和血缘为基础的交往原则被打破，农民的日常交往不再局限于本村的小范围，尤其是对于外出打工的农民，他们的交往选择空间更大，社会关系也逐渐拓展到与业缘、趣缘群体的交流。这些更广阔的交往范围，使农民能够更加容易地摆脱道德义务的束缚，扩大选择交往的空间①。这种交往范围的扩大进一步导致社会关系的泛疏离化，即随着农民交往人数的增多，分散了其与每个人深入交往的时间，"量多质差"的人情交往特点逐渐呈现。在此背景下，农民间交往的原则也从传统的情谊原则慢慢转变为讲求理性和回报的功利性原则，为了能够更有效地进行人际交往，他们需要计算交往成本并有选择性地投入个人的交往时间。

首先，从湖北农民群体社会交往范围扩大的角度来看，农民的社会关系网络已经不仅仅局限于农村内部，而且随着农民进城而发生了拓展，

---

① 谢丽旋：《解读人际关系理性化——读贺雪峰〈新乡土中国〉》，《社会科学论坛》2010年第 9 期。

传统的局限于乡土地缘关系上建立起来的交往，开始拓展为业缘关系和趣缘关系等，如进城农民工的工友、农民工子弟在城市的学校里交往的同学、开始使用互联网的农民在网上交往的网友等。D 村的熊某谈到自己的日常交往时提到："现在交的朋友多了，大部分都是我出去打工认识的，家里的就不用说了，这些从小就在一起，低头不见抬头见的太熟悉了。"L 村的胡某是在浙江打工的一个服装厂的女工，提到她儿子时，说道："我儿子现在回家也有小朋友玩，在学校也有。"O 村在广东学习美容美发的小李认为认识朋友的途径很多，"比如你去玩，去溜冰场啊、酒吧啥的，跟人家聊聊，聊得来，说不定就交了个朋友"。

其次，从湖北村民内部的关系变得泛疏离化的角度来看，现在农民的日常交往中更多地呈现交往时间短、频率低、交往程度不深的状态。在农村，串门、闲谈、"拉家常"的人数变少了。H 村的吴某说，"现在不怎么串门了，闲的时候也懒得出去，可能在家里看看电视吧"。对于在外面务工的农民，他们的社会交往的频率也不高。O 村的杨某说："每次做工都很累了，闲的时候可能出去买点东西，也都是和住一起的一块出去。回家（回到村里）的时候，其实也和以前一起玩的关系远了，平时也很少出去，就在家里玩玩手机。"

不过在调研村中，一种独特的村民交往方式，即"打牌"（赌博）正在成为主流。在问及被访者"农闲时间、过年过节、串门等情况下会做什么"的时候，得到更多的答案是"码码牌"。"现在村里打牌的现象更加严重了，可能以前看着十天半个月去一次，现在一个星期都要打个好几次。"中午过后至晚饭之前，在田里、农户家里基本上是找不到村民的，B 村的王主任告诉我们，"现在你们下去是找不到人的，他们都码牌去了"。情况果真如此，当路过家中一楼大门敞开或者是路边的商店的时候，可以看到四个人围坐在小方桌上打牌，更多时候周围还七零八落地站着不少围观的村民。当然，打牌不仅仅是单纯的娱乐游戏，还涉及金钱的往来，其中"赢者欢天喜地、输者垂头丧气"的场景更为常见。

而每遇逢年过节，当背井离乡的村民们回到久违的家乡时，"小赌挠痒"的日常观点则向"大赌才爽"的思想靠拢，仿佛牌桌上的他们才能找到属于自身的优越感。农村打牌现象盛行，离不开农村一直以来的人情、面子观念。中国社会是一个关系本位的社会，对于传统的乡村来说，亲缘关系、地缘关系是他们生活的出发点以及社会行动的基础，发挥着资源配置、秩序维护、社会支持等重要的功能。而农村现在仍然是离不开人情关系的社会，亲戚、邻里之间的交往互动相比城市而言，频率依旧很高，相互之间还需要维持最基本的面子。P 村的黄某说："你说你要是正好路过，人家三缺一，你又没个正事儿，让你去凑个场子，你都不去，人家肯定觉得这个人不通情理，这以后在村里谁还找你玩呢？"也就是说，在这样一个人情往来频繁的乡土社会里，每个人都需要遵循这样的行为规则，不然就会"丢了面儿"，会被别人议论或者遭到交往上的排斥。

除了碍于人情、面子关系被迫加入赌博阵营之外，因为赌博造成的邻里间的冲突，也对村庄的团结、和谐造成了一些负面影响。F 村的黄某告诉调研人员，"打牌这个事，毕竟要给钱，我们农民么，一年也挣不了几个钱，输了肯定心里不爽，有的时候难免有怨气。输家对别人哪一点看着不顺眼了，可能就要说几句，有的人脾气大，两个人可能就得吵吵起来。去年我们隔壁的老王和南面的老刘就因为打麻将吵急了眼，现在互相还不来往"。因赌博产生的矛盾，如果没有得到及时的解决，日后可能会影响两家的和谐。G 村的熊某说："之前我们村有两个人打牌闹掰了，后来总是互相找茬。今天我在你地里踩一脚，明天你在我家门口丢个垃圾。村主任有时候给他们做做工作，可能稍微好上一段时间。"

除此之外，输掉过多钱财的村民回家后无法对家里进行交代，极易造成家庭关系的紧张。B 村的李某谈到自己前年过年输了一万多元时，便自责道："年年春节打个牌都成了习惯，前年手气背，总输。输了一点就想着再打几圈捞回来，结果越输越多。自己也真没脸回家，最后回家还是被老伴儿看出来了，我这还骗她只输了大几千。谁不想开开心心过年，她因为这个一直唠叨我，我更烦了，就跟她吵。"赌着赌着，钱包里的钞票渐渐少了下去，嚷着嚷着，家人间的和气慢慢淡了下去。

最后，从农民的交往原则来看，农民们的理性计算趋势更加明显，人们倾向于从投资与回报的角度来考虑人际交往。"哪些人值得交往，值得交往的人中又有哪些人值得深交，哪些人走个过场即可，别总以为农民朴实，每个人心中都有着自己的小九九。"来自 D 村的龚村干部讲道。F 村的李姓妇女说道："平时像那种没啥共同点的人也没有来往的必要不是，你看这各做各的事情，除了亲戚没法选，朋友，嗯……比如我们一个地儿的可能走得近点儿，有啥互相用得着的时候，走走也就熟了，其他的可能也就打个照面儿的事。"当人际关系与利益关系更多地关联起来时，农村社会也就逐渐从熟人社会转向了半熟人社会。"我觉得现在没以前团结了，各搞各的事情，很少在一起。毕竟嘛，现在杂七杂八的朋友太多了，交往得也不深入，很多事情有的时候也就是逢场作个戏，一旦涉及个人利益，都开始相互耍着各自的心机。"刚刚高中毕业，在村里搞养殖的 H 村村民王某说道。这种更加公共化、更加自由地加入与退出的交往方式，见证着乡村社会的半熟人化特征。

总体来讲，湖北农民群体的社交关系网络呈现出情义与理性混合的编织状态，其交往范围虽然从地缘和血缘群体扩大到业缘和趣缘群体，但是交往的程度不深，交往的原则也更趋向理性计算。

3. 人情压力逐步攀升

中国自古以来就是一个讲究"人情往来"的社会，维持以血缘、亲缘和地缘等关系形成的社会关系网络是一项重要的交往原则。人情消费是指在自愿情况下因为人际关系而非本身的直接消费支付给他人的支出，有时也称为"随礼"[1]。目前，湖北农村地区的人情消费已经成为农民的一项经济负担，而农民并没有因为这种负担而放弃人情消费[2]。I 村的村民陈某说："支出方面，走个人情啊开支挺大的，占了好大一部分咯。"婚丧嫁娶在中国人的传统里都是需要请客送礼的事情。从历时性的角度来看，礼金的数额变得越来越大。F 村的一位村民细数了从 20 世纪 80 年代到现在的人情支出情况，"八几年的时候，村里人都没什么太多的现金，大家送礼也就给点儿自个儿家里稀罕的东西。比如我家养蜜蜂，蜂蜜多，就给人家送点蜂蜜；有的就送鸡鸭鱼蛋之类的；也有的家里没什么富余的东西，送个几块钱也是可以的。过了十几年，送礼的话很少有送东西的了，也可能因为大家家里也不缺东西了，就送钱，不过这可不是几块钱就了事，得要个 20—30 块。再后来也是慢慢涨，像前几年送个

---

① 刘军：《农村人情消费的经济学思考》，《消费经济》2004 年第 4 期。

② 马春波、李少文：《农村人情消费状况研究——鄂北大山村调查》，《青年研究》2004 年第 12 期。

50 块也可以。现在一般来说，关系好的村民之间送礼给 200 块，关系不是很密切的给 100 块，基本上每个月至少有一次送礼的时候"。对于年收入仅靠一亩地几千元钱的农村家庭来说，这是笔不小的开支。除了衣食住行的基本开支，以及子女上学的费用之外，送礼金成为最大的一笔开销，"人情账重"成为农民肩头的一大负担。

除了礼金的增加，湖北农村的随礼情况已经从以前的红白事拓展到了多种项目，出现了随礼扩大化的趋势，如生日宴、升学宴、乔迁宴或者是委托人办事都成为随礼的由头，人情消费的压力进一步增大。G 村的李某认为，现在农民人情消费和以前相比名目更加繁多，虽然对家庭经济造成了一定的负担，但李某觉得人情消费是一种对未来"办事方便"的投资，"虽然现在真的是想着法的各种随礼，有的时候也挺烦，手头紧的时候可能还要借钱去随。但是吧，想着以后有事找朋友，你这不随礼说不过去，不怕一万，就怕万一。可能一次没送，这以后就不好说话了，逃不掉的，该送还是得送"。

目前湖北农村的彩礼不仅名目比以前更加繁多，而且存在不少攀比奢靡的现象，对不少农村家庭的日常生活开销造成了进一步的挤压。B 村的王某在村中家庭条件还算不错，他谈到自己儿子结婚的时候，提到："谁都想比别人好，你看人家孩子结婚那风风光光的，你怎么着这酒席也要像样，其实这送礼送来送去还不是让这些饭店什么的赚了去。而且现在吧，这认识的人多了，送的礼也更多了。"比如 D 村某农户家门口张贴着一张自己儿子结婚时，每户人家送的礼金的具体情况，同村的汪某说，"我觉得这样直接贴出来，弄得人很不好意思，感觉送少了显得你很抠门，就逼着你以后送礼时先打听一下别人的礼金数目。万一再出现这种'张榜'的事情，面儿上挂不住"。

适当程度的人情消费，对于增进亲朋好友之间的关系有很大的帮助。但是，人情消费是一种封闭的消费圈，每一个个体很难和所处的社会关系的其他成员终止交往，也就无法从这种消费圈中退出。随着个体交往范围的扩大、日益增多的随礼名目以及攀比之风的盛行，人情消费占家庭总支出的比重也在逐步增大，这些因素进一步增添了湖北农民家庭的经济负担。

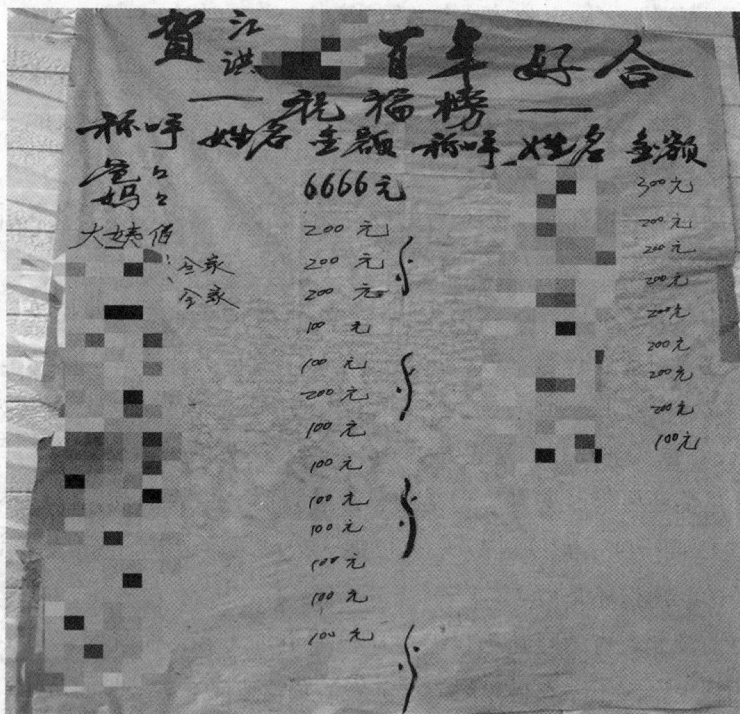

图 5—15　湖北省某农户家门口的结婚礼金一览

（二）社会保障与农民态度

　　湖北省是一个农业大省，我们应该深刻认识到农业生产的脆弱性，如遇到自然灾害，农民的生产就没有保障，生活就会陷入困境。因此，推进湖北省农村社会保障制度的完善，切实发挥社会保障作为社会秩序稳定器以及居民生活安全网的作用，对于保障农民生活、构建和谐社会具有重要意义。

　　改革开放以来，湖北省的社会保障制度建设一直在稳步推进，在社会保险方面，实现了由制度全覆盖向人群全覆盖的转变；在最低生活保障方面，实现了从特困户救助向最低生活保障救助的转变，这些转变对农民的生活切实起到了"安全网"的作用。由于改革开放以来，湖北省在农村社会保障制度方面工作的积极推进，农民群体对社会保障的评价整体向好。如表5—5所示，调查数据表明86.3%的农民认为与改革开放前相比，农村的社会保障程度有所上升。

表5—5　　　　　　　　　　社会保障变化情况

社会保障变化	频数（人）	有效百分比（%）
下降很多	7	0.9
略有下降	22	2.7
没有变化	83	10.1
略有上升	467	56.8
上升很多	242	29.5
总　计	821	100.0

　　另外，农民自身对社会保障的了解是衡量社保实施效果的一个重要指标。湖北省的农民对自身所应享受的社会权益的了解主要有三个渠道：电视新闻、村干部的宣传以及村民之间的相互传达，其中最主要和最全面的了解方式是通过村干部的入户宣传。"这上面的好多政策我们都要下去宣传的，得给他们讲清楚，前些年这医保什么的，老百姓不知道，不明白为啥要交钱，就很难把这个钱收上来，你要反复地给他做工作，告诉他们交保险会有什么优惠政策，他们慢慢也能理解"，C村的李书记谈道，在政策的推行方面，农民关于国家社会保障政策的知识一般都是通过村干部下去宣传得知的。

　　虽然从总体来看，湖北省农村的社会保障覆盖面已经扩大，农民对社会保障制度整体呈现满意的态度，并且对于社保政策了解程度有很大的提升。但是我们仍然需要注意，湖北省农村社会保障事业总体发展仍旧滞后，保障面不够宽阔、保障水平较为低下的问题依然存在。涉及一些社会保障政策的具体落实，还存在不同程度的问题。首先，养老保险在目前人口老龄化、老年抚养比下降的背景下，成为分担家庭养老负担的一项重要的政策保障，但是存在养老保险金额返还低，只能糊口，不能有效提升农村老年人口的生活水平的问题；其次，医疗保险能够部分解决农村就医的经济压力，但是也存在医疗保险费用高，农村贫困人口难以平衡报销和家庭开支，并且医疗报销项目和比例缺乏一定的实用性的问题。这些问题已经成为制约湖北省新农村建设、全面建成小康社会、构建和谐社会的关键因素。

1. 养老保险难以兜底

根据湖北省统计局公布的第六次人口普查数据,2000 年乡镇老年人口总数 418. 13 万人,老年人口系数为 9. 74% ;2010 年湖北乡镇老年人口总数 583. 46 万人,老年人口系数为 14. 84% 。这一数据意味着全省老年人口比重不断增加,老年抚养比不断攀升,社会抚养比日益加重,这对全省社会养老机构和养老保险制度都提出了更高的要求。

首先,养老保险供款额度低,对农民未来生活并不能切实起到保障作用。2009 年,国务院发布了《关于开展新型农村社会养老保险试点的指导意见》,提出了自 2009 年起开展新型农村社会养老保险试点,规定参加新农保的农村居民自主选择每年 100 元、200 元、300 元、400 元、500 元五个档次缴费标准的任意档次缴费。湖北省自 2009 年积极参加新农保试点工作,截至 2017 年 8 月底,全省第一、第二批新农保试点县(市、区)应参保人数为 615 万人,已参保 580 万人,综合参保率达到 94% 。按照新农保的参保标准,我们可以计算各个档次参保者的待遇情况(新农保最多缴纳 15 年)。

新农保养老保险待遇由两部分组成,即基础养老金 + 个人账户养老金,基础养老金为每人每月 55 元,个人账户养老金月领取标准 = 个人账户存储总额 ÷139。例如按照参保的最高标准(每年缴纳养老保险金 500 元,总共缴纳 15 年),可获得每个月退休养老金 108. 96 元(55 元 + 500 × 15/139 = 108. 96 元);按照最低的标准(每年缴纳养老保险金 100 元,总共缴纳 15 年),可获得每个月退休养老金 65. 79 元(55 元 + 100 × 15/139 = 65. 79 元)。就新农保这项政策,R 村的赵某说,"就算按照最高标准,每个月交 40 多元的(养老)保险,等到 60 岁以后每个月也只可以领到 100 多元的养老金,你说现在 100 多元给你每个月能做什么"。不少村民也反映了这个情况,他们认为 60 岁之后才能领到养老金,每个月就算按照最高的标准补助也无法满足最基本的生活需要,如果考虑到物价不断上涨,金钱贬值的现实情况,108. 96 元的养老金对农民温饱是否能够起到保障作用,确实值得怀疑。

其次,由于受国家财力限制,养老保险并没有国家的财政兜底,导致养老保险本质上来说是农民个人的"储蓄积累",国家财政基本没有进行投入。P 村的曾某认为农村养老保险本质上来说不能称为一项社会保障制度，"这养老保险其实就是我们自己的钱，只不过先存到国家那里了，等到我们老了再还给我们而已"。

2. 医疗保险有待完善

农民普遍认为医疗保险有效地提高了他们老年时或者患病时抵御风险的能力，比如 F 村的村民符某认为国家的医疗保险还是比较有用的："医疗保险我们都愿意交，它有很多好处啊，比如说报医药费的话就有很大的折扣、看病也能报销一部分，钱不用自己全出。"G 村的村民王某也认为现在的这些医保政策还是符合广大群众的需求的："医疗改革保障农民这一块，也是很大的改变。现在一旦有重大的疾病，你就可以申请。以前，看不起病，现在有政策，可以申请大病补助，最高可以申请五万。这个政策好多年都有，每年都在完善。像住院的门槛费每年都在降低，基本上保障这一块跟以前比有好大的区别了。不管是农业、教育、医疗，跟 2000 年以前比区别很大。最起码改革开放以来，这些在不断完善。"

现阶段，农民对医疗保险整体满意，但是也提出了需要进一步完善的建议，这主要有两点：一是医疗保险的费用过高，对于家庭收入不高的村民来说，存在负担不起医疗保险的风险。G 村的村民杨某患有腰椎间盘突出，他的妻子也常年卧病在床，两个女儿和一个儿子都在外地定居。据杨某描述，他的子女在城市生活，平时也没有太多的结余，很少给老两口打生活费，并且前些年他种梨树失败，贷款的钱至今也没有还清。因此，每年 150 元的医疗保险在他们这里都是一笔不小的开支。他认为："我和老伴都有病，一年种地挣不了什么钱，医疗保险一年一交就是 150 元，但是医保总共只能拿 120 元的药，超过 2500 元还要自己交钱。而且用医保卡买的药比外面还要贵很多。我们家两个病人，其实医保并没有解决我们家的情况。"不仅如此，医疗保险的费用年年都在涨，更进一步加重了部分村民的经济负担。例如 F 村的村民符某认为："这个医疗报销呢，买的药比我在别的地方买还贵，然后还没拿个两次药呢，他说你这个 150 元没了。哎呀，农村这个是最复杂的。用完了你自己掏钱买，又比自己买要贵得多。大部分都是这样的，现在反映这个情况的很多。"二是医保住院报销比例和报销项目存在限制，导致参保者不能充分利用医疗资源。例如 D 村的村民黄某常年吃药,他认为医保作用不大,"再一个还有这个医疗费,国家报销的也没多少。去年我姑娘住院,报了 1700 元,还花了 3000 元"。医疗保险费用高,报销项目和报销比例存在硬性规定的现状,使农村因病致贫、因病返贫的现象未能得到有效的解决。

3. 最低生活保障实现突破

最低生活保障制度是"社会最后一道安全网"。根据《湖北统计年鉴》,湖北省农村低保人数从 2008 年的 124.51 万人增加到 2014 年的 235 万人。随着低保户精准识别工作的不断推进,2015—2016 年,剔除掉一些不符合规定的参保人,湖北省农村低保资金用到了实处。在访谈过程中,我们看到不少村庄在村委会张贴了该村低保对象的详细情况,这样的举措在一定程度上避免了前些年出现的"权力保""关系保""人情保"的问题。

图5—16　B 村低保对象详细情况一览

在 B 村的村委会张贴的"联村联户扶贫富农作战图"中,共展示了

15 户低保户，详细标明了每户的贫困原因，设置了帮扶措施，同时也安排了帮扶负责人，最后一栏还制订了每年脱贫计划。如该村的村民江某，家里一共 4 口人，江某被选为低保户的原因是家中有肾病患者，同时子女上学需要很大的开销，村里针对他的情况，安排何某作为他的帮扶负责人，对其进行医疗救助和教育帮扶，预期在 2017 年帮助他家摘掉贫困户的帽子。该村的书记说，"别小瞧这张表，首先，村里谁都认识谁，这样明确地把每个吃低保的家庭列出来，大家就不会像以前一样埋怨为什么自己不拿低保，或者会不会低保被我们干部自己吞掉了。其次呢，这上面有帮扶计划，我们还有这些负责人时时看到，也起到一个提醒监督的作用"。

四　发展区隔：文化生活的发展与教育的区域差异

党的十六届五中全会明确提出了"建设社会主义新农村"的战略目标，农村文化建设是社会主义新农村建设的重要内容，同时也是社会主义新农村建设的重要智力支持和精神动力。党的十七届三中全会之后，在湖北省安陆市召开的湖北省新农村文化建设工作会议上，进一步明确了推进湖北省农村文化建设的工作思路，从农村文化基础建设、文化活动开展、基层文化队伍建设、"以钱养事"文化活动专项基金的建立以及农村文化市场培育五个方面开展湖北农村文化事业，丰富农民文化精神生活。新农村建设中，对于文化建设提出了"乡风文明"的四字要求，文明乡风建设一方面需要加强农村文化生活的建设，以满足农民多层次的文化需求；另一方面需要提升农民的文化思想和教育水平，以从根本上改善农村社会风气。因此，本章将从两个方面对湖北省农村文化生活进行描绘：一是农民文化生活的情况，其中包括公共文化生活和私人文化生活；二是农村文化教育的情况，包括农村基础教育设施的安排以及家长的教育观念的演变。

（一）文化资源与文化生活

从文化活动组织方面来看，农村的文化生活可以分为两类，一种是由政府或民间组织（包括村委会）组织或提供资源的公共性的文化活动；另一种是村民为满足自身文化需求而进行的自发式、私人性的文化活动。

1. 公共文化活动多种多样

湖北省当前深入农民日常生活的公共文化设施多种多样,如无线网络、有线电视、有线广播、村中的教堂、寺庙、图书室以及文化体育广场。

教堂、寺庙在农村的存在比较普遍,其活动通常是定期举行,并且参与人数多、人群广、形式多样。在汉族聚居村里,更多的活动是去教堂参加宗教文化活动,比如基督教堂的礼拜活动,或者是祭祖扫墓。在少数民族聚居村里,有各式各样的宗教或者民俗活动。比如,I 村是侗族聚居村,虽然很多村民都已经汉化,但是民族传统节日活动保存得比较完好,I 村的村干部说道:"现在你们在街上很少看到穿少数民族服装的村民了,很多被汉化了。但是,我们认为这些东西还是需要保护的,你们来刚好赶上明天我们这儿的活动,赶歌会,到时候大家都去我们这广场上唱歌、跳舞的。"并且当地的村干部也在积极保护并发扬当地的传统民俗活动,"节日我们还都是积极活动的,热闹得很。而且我们打算收集一下我们这边的民俗故事,开发一下景点什么的"。

有线广播利用得比较普遍,C 村村干部说,"有的老百姓会在家里听广播,里面会放养殖、种植的科学技术"。村中集体观看电影也比较常见,不过近年来集体观看电影的热情有所衰减,B 村村主任提到,"放电影年年都有,有个两三次吧一年。不过现在老百姓也不怎么看,为么斯呢(为什么呢)?现在家家户户都有电视了,有很多也有电脑,随便在家想看什么看什么,所以对看电影也不怎么兴奋了"。很多村民提到几年前都有放电影的,但是现在都没有了,因为目前家家户户都有电视,想看什么都可以直接找到,不需要再放电影。不过有的乡村还有放电影的习俗,很多村民认为全村一起去看电影图的是一个气氛:"电影啊,以前有,差不多个把月来一次,上面的(县文化局)来人放,都会去看。现在没有了,来放电影这还是挺好的,热闹。"

文化体育广场利用率较高,其中文化广场的使用情况较为乐观,文化广场除了用于村中举行大型文化活动之外,也是村民日常进行广场舞的活动场所。体育广场部分是村庄新建的,在调研过程中,不少村庄已修建了篮球场,安装了健身器材,如 F 村的村委会门口新修的篮球场水泥地平整宽阔,篮球架和健身器材也一应俱全,还修建了乒乓球室。

　　另外，关于"农家书屋"的使用情况，在访谈过程中，很少有村民提到过自己会去那里阅读。年轻人认为，一方面，现在互联网十分便捷，能够从手机中获取各种各样的资讯和书籍，不需要专门去书屋；另一方面，正如 F 村的小刘所讲的："那里的书类别太少了，大部分都是种田、养猪之类的书，我们这一辈的人很少会种田了，看那些书没用。我更喜欢看看小说。"农家书屋的书籍种类单一、数量少是难以吸引青年群体的一大原因。而对于老年群体来说，他们也很少涉足书屋。究其原因，D 村的李某给出了答案，"我们那时的人很多不识字啊，有的连自己的名字都写不得，书更看不懂。想学点种田的方法，村里有广播可以听"。由此可见，互联网、电视、广播作为一种对受众教育水平要求更低且使用更便捷的工具，成为农村年轻人和老年人更欣赏的获取信息的方式，使得农家书屋的受众局限于中年群体。

　　2. 私人文化活动资源丰富

　　改革开放以来，中国农民文化生活的可利用资源与日俱增，湖北农村也不例外。电视机等已经成为湖北农村最为普及的文化设备，尤其是近几年互联网、4G 网络的发展，不少村民家中配置了电脑，安装了无线网络。居民的自娱活动的种类繁多，如看电视、看电影、上网、听广播、看戏、唱歌跳舞、下棋、读书看报、旅游等。虽然随着湖北省农村经济的发展，为村民提供的文化生活资源丰富起来，但是，对于文化资源的利用情况，不同性别、年龄、受教育程度以及生活水平（或者家庭条件）的农村居民之间具有较强的异质性。从性别差异的角度来看，多数男性受访者将看电视以及打牌作为最主要的文化活动方式；女性受访者则更多是去参加村里的文化演出或者是广场舞。从受教育程度的角度来看，文化程度稍高的村民更多的活动是下棋和看书，如 K 村一个 55 岁左右的退休教师江某，他的儿子在村卫生所上班，其女儿女婿在县里做教师。他平时的日常生活就是"这就看看书啊，有的时候下象棋"。文化程度较低的村民农闲时间通常在家里看电视或者听广播，还有一部分选择打牌作为休闲活动。从年龄构成来看，大部分年轻人更喜欢的娱乐方式是上网或者玩手机，中年人比较倾向于打牌和跳广场舞，而老年人更喜欢的是下象棋、听戏以及看集体电影。

　　除了文娱活动，有些农民还需要自我提升，他们在经济以及时间条件允许的情况下，也会参加培训活动，如 R 村里的种粮大户吴某承包 1035 亩地，每年农田投入 100 万元左右。他告诉访谈员，"闲的时候基本上就是出去考察、培训，娱乐活动就是在文化广场看大家跳舞，听听音乐"。也有一部分农民选择去农家书屋阅读关于科学种植或科学养殖的书籍。从调研结果来看，这部分利用农闲时间学习养殖或者种植技术的农民都是村里的养殖大户，他们认为"书中自有黄金屋"，不断地学习科学技术，才能够将自己的种植、养殖事业打理得更加高效，才能够在目前农副产品价格低廉的情况下，让自己过上更加富足的生活。这样的思想形成了一个良性循环，越是学习新的知识，越是能够在市场竞争中获利，从而更加验证了"自我提升能够实现财富增值"的想法。

（二）教育水平和教育观念

《国家中长期教育改革和发展规划纲要（2010—2020 年）》中指出，"中国的教育还不能完全适应国家经济社会发展和人民群众接受良好教育的要求"。该纲要进一步指出中国的城乡、区域教育发展不平衡，经济是教育发展的基础，农村相对于城市而言，经济条件更为落后，农村整体教育资源投入不足，农村家庭花费更多时间挣钱，以及大部分青壮年劳动力外出打工，更加没有时间投入在孩子的教育上。另外，教育是一项周期较长的活动，其对个人所造成的经济效应具有迟滞性。以前农村家长对于子女的教育投入不够重视，近年来，随着中国整体文化水平的提高，科学文化给农村带来的发展，农村家长也逐渐认识到对子女教育投资的重要性。农村家长教育观念落后是制约中国农村教育发展的一个重要原因。当前，湖北农村教育虽然已经取得了巨大的进步，但是仍然面临众多问题。从宏观来看，一是农村地区尤其是贫困山区扫盲教育形式依旧严峻，重男轻女现象严重；二是农村教育经费主要由地方政府承担，导致投入不足，城乡教育差距逐步拉大。从微观来看，虽然农民的教育观念总体积极健康，对子女教育的重视程度逐渐加深，但是大部分农村家长受教育程度有限和家庭经济困难的局限，使得湖北地区"读书无用"的观念依然存在。

1. 教育水平的整体提升和地区差异

（1）人口教育普及

人口教育普及状况可以用其逆指标"15 岁及 15 岁以上人口文盲、半文盲占总人口比例"（即成人文盲率）进行评价①。改革开放以来，湖北省农村教育有了很大的发展，1998 年就通过了国家扫盲验收。根据湖北省人口普查数据，文盲率由 2000 年的 7.18% 降至 2013 年的 4.82%。虽然湖北省整体人口教育普及程度有所提高，但是这些文盲人口大部分集中在贫困山区②，另外，考虑到农村儿童入学较晚，农村潜在的新生文盲数目依旧庞大。因此，农村尤其是贫困山区扫盲教育形势依旧严峻。

扫盲教育根本在于基础教育的普及，湖北农村地区尤其是贫困山区的适龄儿童入学率低、辍学率高，究其原因主要有两个方面：一是由于农村学校少，不少儿童因为学校离家太远而放弃读书；二是对于贫困家庭而言，让孩子读书不仅要承担额外的开支，同时也使该家庭少了一个劳动力。H 村是一个高山村，村里的秦某是一个文盲，她的丈夫小学没有毕业，大女儿没有上过学，秦某说："我们这最近的小学在山下的县城里。我们住在山上，现在公路通了，坐车下去（到山脚下）也要一两个小时。走到学校去还要蛮久。更不用说当初大姑娘小的时候，我们这路比这还不好，那就要更长时间花在来回的路上了，所以那个时候也没让她读书。"秦某还有一个小儿子，小儿子高中毕业后去镇上的茶厂工作了，秦某说："他五六岁的时候，让姐姐去外面挣钱了，家里也宽裕些，也不用他帮我们做什么事，就送他去读书了。像女娃子不用读啥书，以前不是说女子无才便是德，我这一辈子没啥文化，不也过得好好的，反正是要嫁人的。儿子可不一样，小儿子是很难才要来的（之前流过产），所以我们都很宝贝他。"从秦某的案例中，我们还可以看到农村地区仍然存在重男轻女的教育观念，有些家长认为"学得好不如嫁得好"，当家庭经济条件不能够满足所有子女入学要求的时候，他们倾向让家中的男孩读书。湖北省第五次人口普查数据结果显示，成人文盲及半文盲的人口中，75.38% 是女性，只有 24.62% 是男性，女性文盲的数量超过男性文盲数量的 3 倍，足以说明农村重男轻女的思想依旧严重。

（2）城乡地区差异

中国现存的城乡二元化的教育体制与教育资源投入"重城轻乡"的

---

① 叶平：《湖北省教育与人口发展问题的实证研究》，《教育发展研究》2003 年第 2 期。

② 同上。

模式,客观上加剧了义务教育的城乡分化和失衡。湖北省是中国的人口大省、农业大省,同时也是教育大省。省内有丰富的高校教育资源(集中在武汉),有"一只脚踏入名校门"的华中师范大学第一附属中学(武汉),还有闻名全国的黄冈中学(黄冈),同时也有教育改革试点的监利县(荆州)。但是农村的教育现状远远不能满足上千万农民子女接受较高质量教育的需求,由此可以看到湖北省内教育水平存在明显的地区差距。湖北省的农村教育经费主要由地方政府承担,其中,省级资源对教育的投入主要用于城市地区。因此,最需要扶持的广大农村地区得到的资源却远远不足,如师资力量、基础教学设施、教育经费等资源在农村较为匮乏。这些资源分配的不平等,使农村的教育水平同城市逐渐拉大。

首先,农村教师队伍建设存在诸多问题。一方面,农村教师数量存在缺口。无论是小学还是中学,与城市相比,农村教师负担的学生数量都要多于城市教师。K 村一个退休教师王某说,"我们这里老师少,现在大家都还不是想往城里跑,来村里教书的很少,不是因为一些政策限制或者岗位有限,村里就算比城里多点工资,也不会待在这儿"。另一方面,农村教师专业性不强,代课教师比率较高。师资匮乏的农村学校,老师更是身兼数职,甚至跨年级教学,王老师接着谈道,"现在村里也是这个样子,老师少,自然责任重,一个老师要带好多年级的课,甚至有的老师还要带好几门课,你说这样的教学模式能和城里专攻一门课的教学质量比么?所以农村的孩子能考出去真的很不容易的"。一般来说,师生比越高,每个学生接受教师辅导、与教师交流的时间与机会就越少。同时,每个教师对应的学生就越多,负担也会越重,相应教学质量也随之下降。除此之外,对于部分贫困地区来说,为了减少人头费开支,这些地区会低薪聘请代课教师(每人每月 300—500 元),代课教师大部分只有初中学历。I 村的张某说,"我们这也是没办法,地方穷,现在好些了,现在都是正规老师。前些年请不起那么多老师,可是孩子还要上课啊,就只能在村里找些文化程度高一些的村民来给学生代课,当然尽可能找上过高中的,不过总共就没几个,而且开的工资也高一些,那我们只能在一些不是蛮重要的科目上找一些上过初中的老师来代课"。

其次,湖北省城乡两地除了在师资质量呈现的巨大的两极分化外,农村地区还存在基础教育设施陈旧、教育经费不足的问题。目前部分村庄的小学并到了县里，这些设在县里的小学离村庄较远，孩子上学不便，有时需要寄宿。而村中有初中的学校也都是在靠近县城的村庄，对于偏远的村庄来说，教育资源仍旧很匮乏。例如在调查过程中，很多高山区由于自然条件的原因，有的村里甚至没有学校，有些村虽然设有小学，但是其条件较为艰苦，并且很难发展起来。如I村有位大学生村官告诉我们，他是村里第二个考上大学的人，村里以前只有一个小学，虽然已经过了一二十年，当地村小学的基础设施还和以前差不多。放假回家的P村的张某目前在武汉读大学，他说："我当时上学，想想挺不容易的，先是好好读书，考上县里的初中。然后努力学习考上市里的重点中学，其实像我们这种农村出来的孩子，我在村里可以说学习非常好了，但是去了市里后，发现和他们（城里的同学）相比，差距很大，见识太少了，学校的各种条件差距也很大。"初高中集中分布在县级以上的地区，并且基础设施和师资力量的城市分布倾向，加剧了城乡教育资源的两极分化，使得更多农村学生在接受高等教育的竞争中毫无优势可言。另外，由于农村教育经费不足，一些学校没有多余的经费维修课桌椅、兴建体育设施、购买教学用具。国家现行的义务教育免除学费以及"两免一补"的政策虽然减轻了家长一部分的经济负担，但是随着物价的上涨，学生上学的杂费逐年攀升，对于不少家长来说，这部分费用仍然是负担。

面对这些困境，湖北省教育厅也积极进行改革。2016年发布的《湖北省教育事业发展"十三五"规划》对湖北省农村教育发展做出了指示性的要求，首先，实施"农村义务教育薄弱学校全面改造工程"，全面改善贫困地区以及教育薄弱学校基本办学条件，逐步使义务教育学校校舍建设、教育装备、图书、学生生活设施设备等达到国家标准，实现县域义务教育均衡发展。其次，对农村教师也提出了新的支持计划——"湖北省乡村教师支持计划"，力求解决现有的师资力量匮乏、加强城乡教师编制管理、培训农村紧缺学科教师、提高农村教师待遇的问题。

2. 教育观念的总体向好和少数落后

在对湖北省六座城市的农村地区进行的实地调查中，我们发现，湖北农民总体有着较为积极健康的教育观念，他们越来越意识到教育的重要性，对子女的教育期望比较高，乐意支持子女根据个人能力水平完成学业。随着中国素质教育理念的推行以及经济的发展，不少比较富裕的农民开始意识到教育不仅仅是为了获得经济回报,教育应该是有利于子女个人发展的事情,他们开始培养子女在舞蹈、钢琴等方面的兴趣。

我们可以将这些愿意支持自己子女的农民分为三类:第一类是对子女抱有较高教育期望,但是家庭条件不够理想,对子女继续求学"力不从心"的农民。比如在 C 村遇到的一个村民,他说:"当然重视啊,不过当年家里都穷,供不起她们(指自己的女儿)那一代,当时我们村子里的好多小孩都上不起学,就送出去打工了,心里还是觉得挺对不起孩子的。"第二类是认为知识改变命运,持有较为务实的教育理念,希望子女能够通过教育,获得社会地位的提升和生活水平的改善,并且家里有能力支持子女继续求学的农民。H 村的张某有一儿一女,大女儿现在在读大学,小儿子还在上初中,她认为:"只要孩子愿意读书,我们作为父母就会一直供下去,我们希望家里能够走出来一个大学生,为祖上争争光。"第三类是思想观念比较先进的农民,他们并非抱着功利的思想让子女接受教育,而是想要他们获得更好的个人发展,这类群体多数较为年轻或者受教育水平比较高,同时家庭经济状况在村中多处于中上游水平。这类家长除了关心子女的学业,还注重子女兴趣爱好的培养,他们也愿意对子女的兴趣爱好进行投资。E 村的刘某在家务农,她的丈夫是一个货车司机,她说:"每年学钢琴学费要大几千块钱,买个钢琴也花了我十几万元。但是女儿喜欢,她开心就好。"还有一些家长会送孩子学舞蹈,A 村的黄某住在靠近县城的地方,每周六会送女儿去县里学习舞蹈,他认为:"现在家里生活都还可以,不愁吃不愁穿,我们挣的钱都愿意花在闺女身上,希望她比我们过得更好。她争气,学习都不用我们操心,但是现在的孩子光会学习不顶用,还要会别的。她从小看电视人家唱歌跳舞的就喜欢跟着扭,现在长大了寻思着给报个专门学跳舞的,挺好,小女孩学跳舞,有气质。"

虽然从国家角度来讲,我们一直强调"科教兴国",对个人而言,"知识改变命运"。但是,在这样的背景下,需要注意的是湖北农村仍旧存在"读书无用论"的教育观念。有的农村家长认为学校教育会使其家庭越来越贫穷,因为孩子不仅不能外出务工获得经济收入,而且还要为他额外付出学费、生活费等,毕业后也不能赚大钱,因此可能会选择让孩子放弃读书。尽管上大学是人们的普遍愿望,但农村家庭的学生和家长同时认识到，"上大学"并非易事，甚至上了大学也未必能找到好工作。因此，便有家庭从实际出发，在读完初中之后选择成为技术工人或农民。例如，P村的张某认为，"我孩子读书也不好，花几万块钱供他读个大学，学校不好，也找不到啥好工作，一个月挣几千块，还不如直接出去打工，还不是挣那么多钱，这样还能多几年工作，多挣些钱"。那么，为什么会出现"读书无用论"的思想观念呢？

首先，基础教育没有给农民子女带来显著的谋生技能的提升，也没有给家庭生活水平带来明显的变化。持有这种观点的农民多数是因为其子女在义务教育阶段完成之后没有继续求学，他们选择回家务农或者进城务工。一方面，国家的基础教育并不会教授务农的知识，因此，回家务农的那部分人与同村没有读过书的人或者与自己父辈相比，在务农水平上并不会有明显的提升，甚至会因为他们将更多时间花费在学校里，务农水平还不如其他人。另一方面，基础教育和职业教育不同，它没有专门培训学生的职业技能，因此，进城务工的那部分群体，在城市就业市场上也没有过多的优势。G村的李某今年50多岁，家里只有他自己一个劳动力，有一个卧病在床的妻子，家庭经济状况并不是很理想，是村中的低保户。两人育有一儿两女，两个女儿一个初中毕业、一个小学毕业就外出去服装厂打工了，儿子目前还在读高中。他说："虽然是义务教育，学费不用出，但是书杂费还是要的。小孩读书这个文具要买，有时候学校还要收点其他的什么费用，当初我两个姑娘一起读书的时候，杂七杂八的还是花很多钱，最后还不是出去打工了，我看她们挣的钱和她们厂里其他没读书的都一样，上学的钱都白花了。所以我这二姑娘小学毕业就让她出去做事了。"从这个案例可以看出，在家庭经济状况不好的农民观念里，每份金钱的投入都应该有所回报，当基础教育的投资并没有给他们带来明显的收益时，他们就会认为"读书无用"，从而终止其对子女的教育投入。

其次，高等教育的学费、农民子女外出上学的交通费、生活费对于部分农民来说是一项沉重的负担。与此同时，随着高校扩张，招生人数不断增多，每年高校毕业生逐年增多，但是社会难以提供充足的就业岗位。从整个社会来看，这样的现状就意味着不少高校应届生很难找到工作，这其中当然也包括不少农民子女。E村的张某家前几年在村里算是中等收入家庭，他的儿子在广东读了一个二本学校，毕业之后第一年没有找到工作，第二年在广东一家小企业找了一个月收入 3000 多元的工作。张某认为："我们村大学生蛮少，我儿子算是一个，他现在还不是这样，挣的钱还不如我们村一个小学都没毕业去搞工程的大老板挣得多。当时我们供他读书，把家里都吃穷了。我们家三亩地，每年除去各项开支，一亩地能够挣 1000 元算好的了，一年顶多存个三四千元，他上学学费四年要 24000 元，住宿费生活费一年我们给 6000 元，家里头几年攒的钱就都没了。现在我们老两口的生活还不如以前，儿子在城里消费高，也好不到哪去。"不论是基础教育还是高等教育，当他们得到的回报（更多讲的是一种经济的收益）不如预期的时候，就会认为"读书无用"，同时倾向将这种观念实施在其他子女身上，可能会终止其他子女继续求学，尽早帮助家里挣钱。

湖北省农民群体总体上呈现出"知识改变命运"的教育理念，表现在行为上：有经济能力的农民，坚定地支持其子女完成学业。同时，随着中国整体物质消费结构的变化以及消费水平的升级，年青一代的农民受教育意识在不断增强，他们的精神消费和精神需求也在逐渐上升。这主要表现在有不少农民开始愿意在基础教育支出之外，对子女进行兴趣爱好的投资。但是，农村家庭也存在不少收入不高的群体，他们对于子女的教育最普遍的还是一种务实的心态，更多的是追求眼前的利益，讲究投资回报率。在如今幼儿教育阶段学费高；义务教育阶段教育投资回报收益不高；高等教育不仅学费、生活费高，同时还需要承担"毕业即失业"的风险的情况下，当今湖北农民群体中，还存在"读书无用论"的思想观念。

第六章

湖北农民群体的身份认同状况

　　湖北是中国中部农业大省，农村面积广阔，农业人口众多。省内各异的农村形态构建了农民多元化的生产方式，既有大量的全职农民，半工半耕的兼业农民，还有为改善生活而选择外出的一代农民工，出于对现代生活的渴望而进入城市的二代农民工，以及被动留守农村的"三留守"群体。不同的生活经历带来了农民身份认同上的分化。本章基于调研访谈资料，在对各农民群体生活现状进行描绘的基础上，探讨了城镇化背景下各群体身份认同的特征，这对于把握未来农民群体的走向，改善农民生活具有重要的现实意义。

第一节　分化中的全职农民

　　城镇化进程在中国已成不可逆趋势，无数农民受到城镇化大潮裹挟，面临主动或被动的身份转变。身份转变是一个动态过程。在转变速度上有快有慢；在主观态度上有主动转变与被迫转变；在转变阶段上有全转变、半转变和不转变。无论是上述哪种类型的身份转变，伴随而来的都是对旧有身份的重审和对新身份的认同。留在农村继续务农的农民，看似走在新型城镇化进程的尾端，其实在这个群体内部依然存在分化，而这个分化很好地体现了身份转变的态度差别。

　　家住在湖北 A 村的王某（化名）家世世代代都是农民，面朝黄土背朝天，看天收成。王某有四儿一女。老大初中毕业，在乡村小学做了一名语文老师。老二、老三也差不多，不读书后就回来种地。

老四从小学习就好,后来考上了大学,不是太好的学校,但在那时的村子里算是一件轰动的大事情,家里摆酒庆贺了一整天。九月家里的老大送老四去学校,老四第一次走进城市,第一次坐船,这是让他铭记一生的时刻。家里的小女儿不爱读书,到了年龄便嫁了同村不同队的一户人家。

20 世纪 80 年代,村里陆续开始有人到城市去找机会。有些做了小生意,赚了钱,逢年过节回来又吸引更多的人出去。王某家的老大也有些动了心思。做村里的小学老师日子虽然轻松,但钱拿得却不多。那些出去做生意的听说虽然辛苦些,但是赚的钱是实实在在的。老大和父亲长谈了一次后,决定跟着同乡出去碰碰运气。开始他主要是在湖北,后来听说南方机会更多,就索性去了南方城市,兜兜转转最后长期定在了广州。他开始是给人打工,做些建筑工程,后来尝试着做些小生意,开过麻将馆,办过超市,还在桶装水兴起后送过水。他的子女也跟着他一起到了广州,孩子们学历高些,路子也更广阔,在私企里摸爬滚打,慢慢站住脚,到了 2000 年后,孩子们陆续在广州买了房子,户口也迁到了广州,真正成了广州人。

看到老大在城里做得不错,下面的弟弟们也想试试。老二家因为孩子常年生病,家里离不了人,只好待在家里继续种地,后来镇上开了工厂,会有些短工,老二也就慢慢固定在农闲的时候去做工。老三的孩子还在念小学,他索性把一儿一女都留给父亲母亲照顾,自己带着妻子奔着老大那边去,想多做点事赚点钱,让孩子们也过得好一些。到广州后,老三先是到小学食堂做厨子,后来又去了工程队做工,因为工程队的项目在全国到处走,老三索性也不拘泥在广州,常年跟着工程队到处走,哪里有项目就去哪里。2010 年时,老三从同乡那里听说新加坡那边有工程需要大量华工,只要通过一个基础考试就能去,一般一两年,待遇要好很多。老三立刻决定去试试,他会一点简单的英语,又自学了一些工程用语,考试顺利通过。他去了新加坡,一待就是两年。在新加坡时他继续学习工作中可能用到的英语,慢慢被提成了一个小管理者。两年后,他一回国就立马又申请了下一次去新加坡。之后又去新加坡做了两年。漫长的打工时间里,老三的两个孩子都长大了,读了大学,又读了研究生，准备毕业后就在城市里找工作。

　　家里最早的大学生老四或许是一群兄弟中最早留在城市的。大学毕业后，国家分配工作，老四被分配到四川一个研究所。户口也随之迁入城市。经人介绍，他认识了同是湖北的女孩，两人结婚并生了一个女儿。孩子一生下来就上了城市户口。从小在城市长大，只有过年时才随父母回老家去住两三天。老四在四川站住脚后，时常想起家里人，他总记着自己是集全家之力供出来的大学生，所以他过得好了就想多帮着些家里。那会儿兄弟们大多有了自己的出路，只有妹妹还留在农村，丈夫常年在外打工，日子过得苦些。老四就想着看有没有机会把妹妹带到自己所在的城市定居下来。后来城里有家具厂招工人，老四想起妹夫刷得一手好油漆，就推荐他们去试试，妹夫果然被录用了。妹妹也在附近找到个清洁工的工作。虽然辛苦，但是五险一金、医保社保都是单位交，以后老了退休了都能有保障。又过了些年，妹妹一家的户口也慢慢迁了过来，又有了自己家的房子。算是在这个城市里定居了下来。

　　子女们都各有出息，村里的人也更加尊重王某。王某现在已经不种田了，而是把田承包出去，只在门口留一亩菜地，种些自己吃的菜。每天在家起来吃过早点就去左邻右舍串门，和隔壁邻居聚在一起打打牌，每天喝点小酒。有时子女接他去城里玩玩，日子过得别提多舒坦了。

　　随着时代的变化，传统的乡村农户也发生变化，这种变化的方向不是单一的，而是出现分化，因为不同的选择而有不同的结果。从速度上来看，变化也有快有慢。就如王某家的故事。从王某这个传统的务农农民开始，在他的子女这一辈出现了明显的分化。到城市做生意的老大、常年在城市打工的老三、在哥哥帮助下留在城市工作的妹妹，他们已经放弃了种地，做的事情也与种地不再有半点关系，成了完全的工人或者商人。而因为孩子身体不好继续在家种地的老二，虽然还在种地，但也会在农闲时去镇上的企业打打短工，半工半农。至于读大学的老四，或许已经不能再称为农民，而是完全成了城市人。这样的变化仅仅发生在一代之间。到他们的下一代，在城市私企工作的老大的孩子，继续在农村种地的老二的孩子，读了研究生的老三的孩子和从小在城市长大,从未在农村生活过的老四的孩子,这样的分化还在继续。

从社会认同理论的角度,身份转变是自我认同与社会认同相结合的产物。当个人认知结构中的主要"元素"(思想、观念、态度等)出现不协调,个体通常会从三个方面予以应对,改变行为、改变态度或者引进新认知元素消除不协调。① 社会认同理论很好地解释了部分农民工身份转变的内因。伴随新型城镇化的进程,无论是选择继续留在农村的农民还是进入城市务工或经商的农民均面临不同程度的认知结构调整。固有的认知模式、对生产方式和生产资料的理解在城镇化进程中受到冲击,农民群体需要思考一些问题:怎样过得更好? 为什么城里人比我们过得好? 为什么城里人比我们更受尊重? ……这些问题没有固定答案,但是一定程度上引起每位农民的认知调试,接踵而至的即行为和态度的改变、对新生事物的尝试与选择。王某家的五个孩子都在与社会相协调的过程中不断调整其自我认同,在走出农村走入城市的过程中,王某的孩子们觉察到新的社会环境与其原有的认知结构之间的冲突,在适应与思考的过程中,孩子们认识到旧有的认知结构存在的不足并进行了不同程度的调整,其中老大和老三是调整的力度最大的。在经历了再社会化后,老大和老三已经摒弃了自己作为农民子女的认知结构,而在与社会协调的过程中重构了自己的社会认知,并通过改变其行为和态度更好地适应身份转变,并将新的认知结构经过代际传递扩散至其子女,以实现身份转变的延续。

从微观角度,身份转变的过程亦为个体理性选择的过程,可用理性选择理论进行解读。詹姆斯·科尔曼从社会学领域对其进行过详细阐述,认为该理论以合理的行动为线索,将个人行动与社会系统相连接。理性选择理论对个人行为的研究重视逻辑推断,将个体的方方面面,如偏好、动机、局限性、期望值等都纳入研究范围。② 农民在新型城镇化进程中面

---

① 钟毅平:《费斯廷格人际关系思想解析》,人民教育出版社 2017 年版,第 90 页。

② [美]詹姆斯·科尔曼:《社会理论的基础》,邓方译,社会科学文献出版社 1999 年版,第 325 页。

临的身份转变从理性选择理论的角度解读，即综合农民本身的偏好、动机、个体的局限性以及对个人身份和未来生活的预期等选择一条最优的道路，使个体达成个人利益的最大化。每一个农民看似随机或者偶然的选择实际上都是该阶段最理性的选择。不同选择引起的不同身份转变方向同样是理性选择的呈现。王某的五个子女，分别有不同的归宿与生活，从客观角度上，他们的生活质量和生活环境存在差别，但这种差别是在考虑每个人的最优选择之后形成的，差别的背后有众多影响因素。例如对于继续留在农村的老二，因为其子女身体上存在缺陷，致使其身份转变的过程与其他人相比有更多顾虑，至少从地域上，难以如其他兄弟姐妹一样远离目前生活的农村，只能在不改变居住地的基础上尝试到镇上做短工，通过这样的方式获取更多的经济效益。可以说维持现有居住地和农民身份的适当调整成为老二的最优选择，充分保证了其家庭的稳定和发展。

运用社会认同理论、理性选择理论解读农民身份的差别和身份转变的困境将贯穿本章第三节至第五节。当然这只是解读新型城镇化进程中农民身份转变和身份认同的一个角度，还存在其他的理论和角度同样可以很好地分析解释这一问题，而基于现有的数据和材料，选择这两个理论或许潜意识中也是本书在理性选择的视角下做出的一种最优选择。

从另一个角度剖析上述案例，看着孩子们陆续离开农村进入城市的王某、丈夫常年在外打工的小女儿、老三委托王某夫妇帮忙照看的两个孩子，这三者又成了最早的留守老人、留守妇女和留守儿童的雏形。可以说虽然导致了一定的社会问题，但留守老人、留守妇女和留守儿童的出现仍然反映了农民的社会认同情况和理性选择结果，从这个角度上来看，"三留守群体"的出现就具有了社会必然性。

在农村，有千千万万个和王某家类似的故事，王某家经历的变革，是三四十年来发生在中国农村各个角落的普遍现象。整个中国农村在经历一场转型，身处其中的每一位农民都不能独善其身，所有人都被卷入这场时代变革的熔炉中，重新锻造，等待出炉！

法国学者孟德拉斯在著作《农民的终结》一书中提出，传统意义上自给自足的农民已经消失，现代农民从事的是以营利和参与市场交换为生产目标的农业生产，以家庭经营或其他模式运作，本质上成为一种

"企业"。① "企业"概念的提出准确地诠释了农民和农业发展的趋势,即随着城镇化进程的发展与推进,传统农民和农业的企业化成了大趋势。

一 传统务农农民

(一) 逐渐可控的"靠天吃饭"

最普遍的一类即仍然保持旧有生产模式的传统务农农民。这种传统务农农民从年龄上普遍较大,属于家里的老一辈。他们在田间地头劳作一辈子,已经非常习惯现有的生活,他们的子女或许都已经逐渐开始转变,而他们自身却没有。

当然,对于这些传统的务农农民,他们的身份转变并不是停滞的,只是相对迟缓的。实际上,即使是传统的务农,仍然享受了城市化和信息化发展的最新成果。不仅是政策上的支持,同样也有技术上的革新。一方面,化肥或饲料的更新让务农的投入产出比大大增高,病害对收成的影响大大减少;对植物种子或动物疫苗的研究和培育让动植物具有了更强的适应性,环境和地域对动植物的影响在逐渐减小;水坝或灌溉沟渠的建设让种植更加具有保障,同时在一定程度上也减轻了务农的劳动强度。另一方面,机械化的推进,直接作用在农民个体的劳动强度上。不论是播种、犁地、收割或者其他种植的步骤,选种、养殖、称重、宰杀等饲养步骤都有相应的机器可以辅助完成,这将农民从繁重的劳务中解放出来。这两方面的转变,前者主要作用于务农的必需步骤和必备条件,后者则主要作用于减少务农步骤对人力的依赖性。

对于这些科技的进步,F 村某村民说起来头头是道:"在农村里这个农民种田相信科学了,以前不相信科学。像杂交种子是袁隆平发明的,像原来分给你都不会种,在我们这个地方至少有 3 年都推广不下去,只有小片的实验成功了,他才相信,原来的这个思想比较守旧。最开始都是胆子大的人种一点试验田,成了,就相信了。那现在就不一样了,推广新品种,积极性很高呀,我有五亩地,我就用一亩地试试。原来就连尝试都不尝试。"

同样的,D 村某村民也对机械化赞不绝口:"原来打工再一回来

---

① [法] 孟德拉斯:《农民的终结》,李培林译,社会科学文献出版社 2010 年版,第255页。

就感觉村里的变化很大。现在的一些修路、水利啊，都建得比较好。现在种田都比原来方便，所有的农村都已经机械化了，变化非常大，跟原来大不一样了。原来我们在农村没有休息的时间，基本上都在田里，现在就不一样啦。现在机械化都已经全覆盖了，现在我们觉得都很清闲。"

可见，传统农业的进步是潜移默化的，涉及面宽广，每位传统务农农民不一定都能体验或使用，但至少体验过或使用过其中的某几项。这些城镇化的成果有效地控制了所谓"靠天吃饭"的传统农业，无论是否愿意，你都必须接受这种转变。

（二）传统务农农民身份认同的特征

社会认同也称社会身份认同，是指个体意识到自己属于某个特定的群体，以及作为该群体成员的资格对自己有情感和价值意义①。全职农民的身份认同是衡量其对农民自我身份的定位，以及对未来农业、农村、农民发展前景看法的重要指标。

20 世纪，中国贫富差距尚未拉开，农民群体对自我身份的认同感较强，改变意愿不强，多数农民子女在社会化过程中较少接受其他文化的冲击，对农民身份的认可度较高。农民充分认识到自己归属于农民群体，并且接受甚至享受这种身份，认识到作为农民群体的一员所带来的情感和价值意义。农民与农民之间的交往较多，农民与非农之间的交往较少，这种社会现实有效地促进了农民身份的代代相传。至 20 世纪后期，1977 年恢复高考，1978 年改革开放，农民群体有了新的途径进入城市，同时在社会流动和教育文化发展的过程中经历外来文化的冲击，农民身份的代际传递被打破，农民群体对农民身份进行了重新审视。

在调研过程中，当问及生活水平较改革开放以前出现了怎样的变化时，几乎所有的村民都异口同声，"肯定是好多了"。虽然现今农民的生活水平较以前相比发生了很大的改观，甚至可以说是翻天覆地的变化；那么为什么还会出现众多学者所讲到的农村凋敝、农民悲观问题呢？甚至在我们的调研过程中，大部分村民都告诉调研人员，不希望自己的孩

---

① ［澳］迈克尔·A. 豪格、［英］多米尼克·阿布拉姆斯：《社会认同过程》，高明华译，中国人民大学出版社 2011 年版，第 9—23 页。

子将来仍是农民,而是尽可能供他们读书,将来能够从事其他行业。这里出现了一个比较矛盾的现象:一方面农民认为这么多年来生活水平发生了翻天覆地的变化;另一方面却不认同农民的身份,不看好农民未来的发展。

1. 经济和地位的剥夺性认同

可以观察到的是,那些感受到强烈的社会不公和被剥夺感的多为曾经外出打工的中老年人。比如 A 村村民夏某,他提到,"我在城市里生活过,我不喜欢农村,我天天在城市里,跟城里人打交道,我看看人家过的生活,看看农民过的生活,那真不是一回事"。随着中国国民整体生活水平的提高,城乡收入差距逐渐增大。当城市飞速发展,带来城市居民生活水平大幅上升的时候,农村居民生活水平增速远远落后于城市,这种情况使得农村居民与城市居民生活距离感拉大和农村居民心理认同感降低。虽然农民整体的生活质量得到提升,但是在对比之下,相对剥夺感却在持续积累。目前各种刺激消费的信息,以及城乡生活的差距越来越多地通过各种方式刺激农民的生活与感受。眼花缭乱的广告刺激着农民的消费欲望,城市灯红酒绿的生活也在吸引着进城务工、经商与求学的农民。

2. 土地情结和子女期望的错位性认同

在农村人相对剥夺感增强的当下,农民虽然不舍得自家土地,但是很多农民却不希望自己的子女像他们一样做农民,G 村村民高某认为,"当然不希望他们还做农民了,做农民挣不到钱,没啥出息,他们要自己有本事,就不希望他们回来"。一方面,在乡务农的农民认为既然是一个农民不管怎么样应该留有一块属于自己的土地,这种传统的"安土重迁""落叶归根"的心态支配着他们无法彻底摆脱农民身份;另一方面,他们却不希望自己的子女像自己一样靠土地过活,希望他们能够进入城市,找到一份工作,这种心态表明他们并不想让农民的身份伴随自己的子辈。

3. 户籍阻隔的悲观性认同

城乡户籍二元制度使进城的农民难以立足,同时,农村经济的不景气使农民越来越感受到自己身处社会的最底层,当问及他们对农民、农村的未来是否有信心的时候,他们也保持一种悲观的态度,认为未来没有了希望。G村村民高某告诉访谈员，"城市比农村好多了，就这么说吧，城里人退休有退休金，老了就算是不工作，也能靠着退休金，不用儿女养活，自己就养活自己了。而且像我们这个年纪也不要花什么钱，退休金多的，省下来还能给儿女贴点儿。像我们农村的，收入都靠种田，身体要是垮了，那生活就没有保障了，子女再不给生活费，那算是完了"。城乡户籍制度导致的人口流动的限制，使农村人成为城市人或者说想要享受城市生活福利的困难很大，他们对未来没有信心的悲观态度，不仅仅源于和城市居民财富和生活水平的对比，还有心理剥夺感的影响，加之农村人改变自己命运受到层层阻隔，使得其对未来的预期在不断减小，对个人诉求能够实现的信心也在减小。中国经历了长时间农村和城市的分隔状态，所谓城乡二元已经不只是一种社会结构，更成了一种难以逾越的鸿沟，成为一种根深蒂固的思维结构，阻止了农民在土地上改变个人生活境遇的思维想象。

二　新型农业经营主体

（一）身份转变的方向分化

传统农民向现代农民发展的过程，从某种程度上来说，也是职业农民逐渐取代身份农民的过程。长期以来，农民在社会大众心中的刻板印象即面朝黄土背朝天，靠天吃饭，生产效率低下，经济收益有限，种种原因导致许多人不但自己不愿意做农民，也不希望自己的下一代走自己的老路，这也导致农二代、农三代农业技能的退化甚至彻底丧失，最终无法成为农民。在这个外出打工成风、传统农业遭到嫌弃的时间段，职业农民却悄然兴起。身份农民到职业农民，虽然是一词之差，却差别巨大。职业农民是农民对自我身份的重新认识和重新建构，从不得不做农民到主动做农民、做好农民，这种思维转变为职业农民打开新天地。在利用多年作为农民的知识和技术的同时，积极学习农业的最新成果，将经验与科技结合起来，成为既熟悉农业生产环节，又拥有农业发展能力的职业农民，从另一种方向开拓一条发家致富的道路。实际上，单纯考虑收入，很多职业农民的年收入甚至比其他职业的大多数人更加可观。在这种情况下，与职业农民相对应的新型农业经营主体兴起。

新型农业经营主体的概念近几年逐渐兴起，包括专业大户、家庭农场、农民专业合作社以及农业产品化龙头企业为代表的农业经营组织和职业农民。湖北省也响应趋势,大力推进农业经营组织和职业农民的发展,目前湖北很多地区已经初步享受到了新型农业经营主体所创造的成果。

1. 专业大户

对专业大户的界定通常按经营所擅专业的规模进行划分,各地区之间存在差别。通常是拥有种养技术的老一辈农民牵头,将传统分散的田地或者其他种植养殖规模化、集约化、产业化,由专业人员进行统一的种植养殖,提高农业的专业化程度,有效推进现代农业的发展。

专业大户的出现在一定程度上缓解了中国长期以来因为专业技术封闭而造成的农业发展受限的问题。传统的农业发展技术封闭的原因在于两方面。一方面是因为种植养殖技术往往掌握在少数人手中,依赖于长期从事农业工作积累的经验,如何选种、何时播种、如何耕种或养殖等,这些种植养殖必不可少的环节,差之毫厘谬以千里。然而过去老人对于将技术教给他人是比较抗拒的,这种传统习惯在一定程度上造成了地区农业发展的局限性。另一方面是农业发展因为传统分散的经营方式,难以规模性发展,更难以支撑规模性的机械化。因此不少农民在种植养殖时仍然使用最古老的方法,这大大降低了农业生产的效率。两方面互相作用,共同局限了中国农业发展。而专业大户的出现一定程度上打破了壁垒,使种植养殖经验得以更广泛运用,使机械化生产得以广泛推行。

专业大户的出现建立在土地的有序流转之上,以农村土地家庭承包经营为基础,通过流转土地经营权扩大规模。规模扩大后,专业大户通过一定程度的机械化提高种植养殖的水平和效率。同时,专业大户的技术和能力可以得到有效利用,从而为所在地和其个人创造良好的经济效益。

"我们村里有两户养羊的大户,以前两户一共养了 400 多头羊,其中一位养羊大户是大学生回乡创业的,去年该户把羊全卖了,现在只有一家了,养羊有一二百头。此外,还有一家养鸡的,有七八百只鸡。村里还有种植烟叶的,大概种植了十几亩烟叶,流转其他人的土地种的。大家也愿意把土地流转出去,反正也种不了嘛,荒着也是荒着啊,租的话一年还有一点租金,是不是?"湖北 I 村某村民说起村里的大户来眼露向往。确实，相比较于传统农业，成为专业大户不但能够规模性发展，其中的经济效益也是实实在在的。据 P 村的村干部段某所说，"我们村有一个食用菌大户和一个木耳大户，他们这一年的收入得有 10 万多元，啧啧！"10 万多，对于农村家庭来说可不是个小数目，有些家庭几个青壮年都在外打工可能一年也就只能挣到这个数目。成为专业大户可以享受的经济效益让人羡慕，可这不是人人都能做到的，技术和机遇缺一不可。

O 村的陈某是村里的种粮大户，说起成为专业大户的经历陈某至今印象深刻。"当时首先是买了机械，有了机械干活，就开始搞土地流转。我是 2008 年开始的，到现在已经流转了 1035 亩，我和妻子两个人一起做，种水稻、小麦、玉米这些粮食。这么多年印象最深的事情，就是受灾，2011 年到 2014 年遭遇旱灾，每年亏损十几万元，而平时毛收入也就是十几二十万元。2016 年水灾，家里淹了，说是五百年一遇，那时候真是……最后是村里和镇上帮忙处理的。土地被淹了只好改种了别的东西。"

这一波三折的过程，没有经历过的人难以体会，专业大户和普通农户不同，不仅仅需要顾着自家，还需要对流转的土地负起责任来，一旦出现天灾等不可抗力，亏损也是成倍增加。陈某说，"家里每年需要投资一百多万，一般都是投资给种子、化肥、农药、机械和油品。现在种田比以前轻松很多，都是机械作业，你看我们家田里有价值 60 万元的机械，生产收割大部分都靠机械。这些光靠我们自己家有时候都忙不过来，还要雇人，我们也会管理这些雇员"。

作为一名土生土长的农民，每年投资 100 多万元，购买 60 多万元的机械，流转 1000 多亩土地，陈某就像一位微型企业家，井井有条地运作他的事业。陈某和其他的专业大户都化身为湖北农业的一颗小转轴，将整个地区带动运转起来，共同推动湖北农业的平稳快速发展。

2. 家庭农场

"家庭农场"是一个新出现的概念，目前国家还没有一个明确的政策界定。在党的十七届三中全会提出有条件的地方可以逐步发展家庭农场之后，家庭农场逐渐发展成为中国的一个新型农业经营主体。从目前中国各地的实践看，家庭农场一般都是独立的农业法人，需要遵循一定的标准进行个人申请、法律认定和工商注册等级，土地经营规模较大，土地承包关系稳定，生产集约化、农产品商品化和经营管理水平较高，因此家庭农场又被称为专业大户的"升级版"，以家庭成员为主要劳动力，以农业收入为主要收入来源。

湖北省当前采取"先发展后规范"的原则，由种养大户进行自愿申报、自主发展。如湖北襄阳 2013 年率先推出了家庭农场认定标准，对家庭农场根据不同经营品类提出不同要求，如从事粮食种植，必须租期或承包期达到 5 年以上，土地经营面积达到 100 亩以上；从事畜牧养殖的，则要求养猪年出栏达到 500 头以上①。这些要求和限定保证了家庭农场的经营规模和稳定性。也正是因为这些要求，家庭农场的申请和认定更加谨慎，各地区家庭农场的数量暂时还较少。

N 村的村干部熊某说，"我们村的村民参与的积极性比较高，不但有养殖专业合作社，还有 3 处家庭农场。那家庭农场很正规的啦，要认定啊、注册啊，那农场的东西种类就比较多了，他们还去参加培训，要不然跟不上呀"。

可见与专业大户相比，家庭农场手续上更复杂，生产品类上也更加丰富，不一定是局限于某一特色产品，而是多品类同时进行。同时，与其他新型农业经营主体相同，家庭农场也需要注重新知识的学习，学习新知识、新技术、新思想，往往很多时候是这些新型农业经营主体的突破带动一个地区从僵化中走出来。如果连新型农业经营主体也不敢承担尝试和创新的责任，那么农业的发展将更加缓慢。同时也正是因为他们敢于尝试、敢于创新，所以更能获得人们的欣赏和支持。

"有时候也会喊人去帮忙，忙的时候，不一定是雇人，大家邻里也没什么事情，就去帮帮忙咯。有时候还能学点东西，大家也挺乐意的。那帮忙啦，有时候也会给点辛苦（费），有时候也会请大家吃酒席，是个意思，这都很正常。"N 村村民王某说。

家庭农场的发展立足于农村，也回馈于农村。家庭农场的长远发展离不开农村社会关系的纽带，农忙时乡里乡亲的帮助（简单/临时的雇佣关系）成为家庭农场的一环，然后对乡里的回馈，传授技术或者聚会饮

---

① 《襄阳市率先出台家庭农场认定标准和登记注册办法》，湖北新闻网，http://www.hb.chinanews.com/news/2013/0528/138998.html.。

酒又成为将这种纽带关系加强和延续的手段，在这个过程中，双方都得到自己需要的资源和内心的满足，这让家庭农场更加稳定。

3. 农民合作社

2006 年中国颁布了《中华人民共和国农民专业合作社法》，规定农民专业合作社是建立在家庭承包经营基础上，同类农产品的生产经营者或者同类农业生产经营服务的提供者、利用者，为了解决以家庭承包的分散经营和市场对接的问题，自愿联合、民主管理的互助性经济组织。农民合作社具有地域性和经济互助性。近年来，湖北省各地有关部门重视农民合作社的发展，取得了明显的成效。

在调查访问中，D 村的村干部说起村里的农民合作社有些得意：

> 我们村的蔬菜合作社有 3 家，养殖合作社有 3—4 家，每个合作社有 10 户左右不等。合作社基本都是自发组织的，只有一家蔬菜合作社是村里组织的。自发组织的通常就是由领头人（通常是种植养殖带头人）带领，村里组织的则是负责产品的结构调整、产品销售，村里抽取正常合作社的管理费用。通常村里一个合作社的收益在一两百万元，村牵头的合作社也是这么多。一般还得分年成，年成不好的时候几十万元，年成好的时候还可以，碰到冬天多下几场雪，蔬菜价格就高，合作社收益就好。

农民合作社是对农村资源的有效整合，是集约型规模发展的雏形。除了最常见的蔬菜合作社和养殖合作社，有些地区还会结合当地实际发展一些特色农民合作社，如香菇木耳合作社、银杏合作社、茶叶合作社等。I 村就是如此，I 村的黄村主任说：

> 我们这个地方是高山地区，茶叶的成熟比低山地区要迟一点。从 2006 年开始我们村决定统一发展，大面积推广种植茶叶，因为种茶叶比水稻要强，收入要高一些。当时我们每家每户做工作，开村组织会议，做思想工作，后来就有农户签订了合作社。现在我们村里光茶叶合作社就有 4 个了，还有蔬菜合作社和药材合作社。

农民合作社具有很强的经济导向性。农户们因为经济利益集合在一起，也会因为经济利益达不到而散开。A村的村干部讲起村里的农村合作社时有点无奈，他说：

> 我们以前成立过合作社，但是没有搞成功。我们以前搞过一个蔬菜专业合作社，因为蔬菜价格区别太大了。像今年蔬菜刚上市一两块钱一斤，但是到末尾的时候就两三毛一斤。像往年，刚上市也是三四块钱一斤，到末尾也就一两毛一斤。区别很大。在末尾的时候，合作社就要亏本了。合作社亏本了哪还有人搞咧。我们也试了几次，但一直没搞成功。

这种情况在很多地方都有出现，有些地方在尝试多次难以成功后，逐渐放弃了建立农业合作社的想法。近几年，随着专业大户和家庭农场的发展，农民合作社又有了新的变化，出现了不少由专业大户和家庭农场牵头的合作社，引领带动周边小农户共同发展，取得了良好效果。很多专业大户和家庭农场不仅多年从事农业生产，还尽量注重培训学习，提高自身专业素质，让农业生产更具科学性。由这一类人群带领其他农户发展农业合作社更具针对性，也更有吸引力。

4. 龙头企业

发展农业产业化，龙头企业责任重大。龙头企业因为规模较大，容易在地方形成领头作用。龙头企业大体可以分为两类：一类是由当地的企业发展而来，深深扎根于当地文化和关系网络之中，具有极强的地方特色；另一类是由具有较好市场眼光的外地人进入乡村进行农业投资建立企业，在利用乡村现有农业资源的同时吸纳农村的剩余劳动力，在一定程度上促进了地方的就业和农业发展。

G村邻近县城，属于发展较好的高山村，村里距离县城约8公里。村内有516户，2075人，60岁以上的老年人大概占60%，劳动力占30%。外出务工高峰期在2007—2009年，近几年因为村里建了两个工业园区（共能够吸纳劳动力400人左右），一些外出务工的人回流到工业园区，就近上班。两个工业园区共占耕地1000多亩，占地补偿为4万多元一亩地。除了两个工业园，本村也有农户在建设茶叶加工厂。

现阶段，龙头企业发展多立足于全面强化产业链建设，大力开展科技创新，完善利益联结机制，壮大自身实力，增强辐射带动能力。目前各地的龙头企业发展受到政府支持，可以说，现在是一个新型农业经营主体发展的好时机。因此地方的龙头企业发展出现两类趋势。一类是走集群发展道路，另一类是主动适应消费结构升级的新需求，走品牌发展之路。可以说龙头企业的出现顺应了时代的发展，弥补了中国农业发展的空白，推动了中国农业的现代化和工业化。

龙头企业的另一重要作用在于丰富农村生产生活，为农民提供更多的工作选择，为农民创造新的收入来源。但龙头企业的发展是一步步的，也是需要时间积累和经验积累的，目前湖北较多地区都在尝试先建立村镇集体企业，再逐渐发展成为当地的龙头企业，这种尝试的结果有好有坏。

N村在建立集体企业方面比较有经验，目前发展不错。"我们村留守老人和留守儿童居多，又在丘陵地带，虽然位于河边但是缺水严重。所以我们只能结合村里的具体情况办了河滩采矿石厂和堰塘养鱼场，村里挺多人愿意参加，养鱼场基本一年人均收入能有2万多元。目前我们还在考虑能不能发展其他特色产业，其实我们这儿有大量的草田，可以推荐外地人到我们这里养龙虾，这是我们的想法，但是现在还没有什么人过来投资。今后如果有机会，也还是想利用我们村土地面积大这一优势做些招商引资的工作，看机会吧。"

这是我们在采访该村的村干部熊某时，他说的一段话。熊某文化水平不高，退休之后仍然每天到村委会帮忙处理工作，只拿非常少的一点工资。对于熊某来说，怎么把村里建设得更好不仅仅是工作，也是一生的愿望。望着村里的大片土地，他常常想着能做点什么，再发展些什么。集体经济是一个大趋势，是一定要抓住的，熊某虽然文化程度不高，但是对这些道理非常清楚。目前当地的企业发展还在初期，或许还没有形成有足够影响力的龙头企业，但这些正在尝试的矿石厂和养鱼场，想要招商引资的龙虾生产，或许都有可能在不久的将来成为支撑这片地区的龙头企业。

相比较于N村，或许有更多的村在发展龙头企业的初期就遭遇了困境。Q村就是如此，村里的村干部郭某说，"村里现在没有集体企业了，以前我们尝试着办过苹果厂和板栗厂，但是后来因为资金困难也就不欢而散了。办集体企业不像合作社，来得慢，大家要付出的也多，前期太多困难了，所以支撑不下来"。

相比较来看，很多村镇比起在当地发展集体企业更愿意引进外来企业建立工业园，一方面是招商引资，另一方面是扩大村镇的就业面。就如 G 村一样，通过建设工业园逐渐让外出的青壮年回流到村里，通过这种方法留住青壮年劳动力并为村镇长远的经济发展、社会稳定奠定基础。

（二）新型农业经营主体身份认同的特征

新型农业经营主体是对新型城镇化背景下农民身份的主动适应的产物。在机械化、现代化发展的洪流中，传统农民受限于规模、技术、理念，难以形成稳定和强大的生产体系，对于风险的防御力和抵抗力都十分脆弱。在心理上，传统农民对于农村、农民、农业的感情较深，在其自我意识中，第一身份毋庸置疑是农民。与之对比，新型农业经营主体的出现是农民对农村、农民、农业的重新审视。

新型农业经营主体身份认同的最主要特征即从被动转向主动的职业认同。从现代化、城镇化发展的需求来看，农民的职业化发展是大势所趋。新型农业经营主体的出现实际上是农民的职业化变革，让农民从身份图圄中破壳而出，掌握主动权，而这个过程是从被动向主动的身份转变。

1. 主动承担农业发展重任。在新型城镇化进程中，农业发展的科技化和机械化是不可逆的潮流，农民对于农业和农村的认知和理念急需调整，然而中国历史几千年传承至今的小农经济模式的打破不是一朝一夕即可完成的，农民对于新理念新方法的接受需要经过时间检验和市场检验。此时新型农业经营主体成为第一个"吃螃蟹的人"。有些地方的新型农业经营主体获得巨大的成功，也有一些地方暂时性失败，但在尝试和变革的过程中，新的技术和理念得到传播，对于改造如今的农民、农业、农村起到了不可替代的作用。

2. 主动发掘职业农民潜力。新型农业经营主体对于农民身份的认知与传统农民存在区别，在主动学习农业技术、扩展农业规模的同时，新型农业经营主体实际上完成了从身份农民向职业农民的蜕变，这种主动接受自己作为农民的责任与义务，并将其向专业化发展的过程也是对农民这一职业重要性的认同过程。在这个过程中新型农业经营主体不断发掘农民职业的潜力。为了做好农民这份职业，新型农业经营主体积极参加各种培训、学习、交流，不仅要了解农业还要有知识、会管理、懂经营，平衡收支，获取收益的最大化。可以说，新型农业经营主体凭借自身的努力与发展在现代农业生产中为自己创造了"白领"地位，依靠着自己的技术与能力获得了社会的认可与尊重。

3. 主动与市场接轨，做懂农业的生意人。与传统农业自给自足的生产需求不同，新型农业经营主体追求利益的最大化，将农业作为商业进行运转，参与到市场流动与竞争当中。在这一过程中，新型农业经营主体不再只是农民，而是成为市场供给平衡的重要环节。新型农业经营主体对于市场信息的敏感度远高于传统农民，与市场信息交换的途径广、程度高，能相对准确地掌握市场供求关系，在农产品交易体系中谈判地位高，与市场联系紧密。同时，新型农业经营主体的发展伴随着对金融的依赖和需求，从支付结算到期贷、金融租赁，新型农业经营主体对市场的需求也是多元化的。[1] 可以说，新型农业经营主体从起步到壮大的过程也是主动参与市场的过程，在这一过程中，新型农业经营主体扮演起生意人的角色。

新型农业经营主体由被动转向主动的职业认同是农民对于个人身份的重新审视与重新构建，农民在这一过程中提升和突破了对固有身份的认知，实现了农民身份的多样化发展。

第二节　逐步壮大的兼业农民

兼业作为新的就业选择，对于缓解在村农民的经济压力意义重大，是理性选择发挥作用的结果。自 20 世纪 90 年代末以来，半工半耕阶层，即传统上所说的兼业农民，已成为农村家庭经济构成的主流。[2]兼业农民的出现丰富了农村的就业类型，同时有效地利用了农村剩余劳动力，对

---

① 丁莹：《新型农业经营主体金融服务探析》，《农村金融研究》2014 年第 6 期。
② 夏柱智：《中农阶层与发展型社会结构的形成》，《南京农业大学学报》2013 年第 6 期。

于农村经济的多元化发展作用巨大。

一 农民兼业: 小农经济的瓦解和工业化发展的必然结果

中国的农耕文明传承五千年, 一直以小农经济为主。土地作为农民最主要的生产资料, 成为农民赖以生存的基础, 农民阶层的喜怒哀乐皆系于土地之上。历史上的众多朝代都重视土地问题, 成也土地、败也土地, 例如秦朝商鞅变法中的 "废井田, 开阡陌", 促进了土地的自由流转, 为秦国的兴盛积累了充分的经济基础。改革开放后, 多项土地制度变革被推出, 对国家的发展和历史走向都产生了巨大的影响。

中国传统中对土地的情感与重视同小农经济的传承息息相关。在生产力不够发达的阶段, 小农经济有其天然优势。第一, 小农经济的生产条件简单, 对自然环境的要求不高, 其进行生产和再生产的成本均较低, 对于经济条件有限的普通农户来说是 "性价比" 最高的生产方式之一。第二, 小农经济的投入与产出较为可控, 人力的投入与产出之间基本稳定平衡。小农经济以家庭为主要单位, 一般家庭劳动力的投入和运转足以支持其家庭的基本生活, 勤劳的家庭甚至可以通过土地生产和再生产获得较好的经济收入。这些优势保障了小农经济在中国传统经济中的主体地位。然而, 小农经济亦存在其天然弊端, 一方面, 小农经济受限于其规模, 抗风险能力有限。历史上因为天灾对小农经济产生毁灭性打击的例子数不胜数, 无论是洪灾、旱灾或虫灾, 种种不可控因素皆可能对小农经济予以打击, 而小农经济基本不可能从中自救。另一方面, 小农经济容易受到政策影响和其他阶层的剥削, 小农生产的低门槛也同样意味着其生产主体的社会地位普遍较低, 难以对抗来自其他阶层的压迫, 也难以为维护其权利发声。兼业的出现较好地平衡了小农经济的优势与劣势。农民得以在保存土地生产的同时, 通过职业的多元化增加抗风险能力。

在中国历史上兼业一直存在, 兼业的规模一般较小, 兼业农民主要还是以农业生产为主, 非农业生产只是作为农业生产的补充。然而, 随着工业化和城镇化的步伐加快, 小农经济逐渐瓦解, 农民也被从土地中解放出来。工业化通过多种方式对小农经济进行了改造, 其中工业部门吸纳农业剩余劳动力是最主要的方式之一, 兼业因此成为一种普遍的选择。从微观上来看，兼业的选择是农民个体理性选择的结果，每一个农民做出选择的原因皆不相同；可从宏观层面上来剖析这一问题，实际上根源在于小农经济被打破后土地的文化意义与实际意义的变迁。土地不再是唯一的生产资料，土地生产亦难以满足家庭的经济需求和剩余劳动力的最大化，在此背景下，半工半耕的兼业成为调整劳动力资源配置和协调人地关系的重要手段。

目前，不少学者提出，兼业是农民经济生活水平发展的重要突破点。乡镇企业和产业园的建立为农民兼业提供了丰富的就业选择，也为农民兼业创造了客观环境。一方面农民确实从中获得了经济实惠，另一方面农民的兼业也带动了地区的经济发展。在兼业中，农业和工业实现了互惠发展。

二 兼业农民的主要特征

（一）时间上农忙农闲差异显著

兼业农民的最主要特征表现在其兼业随着时间的变化上。兼业农民主要从事兼业的时间根据农忙与农闲的变更出现显著差异。农民主要在农忙时进行农业生产，在农闲时进行工业生产。

"农业收入太低，只能农忙回来忙完，农闲又出去。" N 村村民说起来有点无奈，N 村除了年纪大的老年人，一般都出去打工，打工的地点有的在村庄附近，有的在发达地区。多半都以打短工为主，保证农忙时能抽身回家照顾家里。

同样的情况在与武汉 T 公司的周某对话时也被提起："我老公和儿子都出来打工了，一般一年出来几个月，3—4 个月吧，老公可能时间多些。家里还种了 1—2 亩地呢，家里的地能种的都种了，种了稻谷、油菜，不忙的时候就出来打工，忙的时候就在家里。这边的工作是亲戚朋友介绍的，今年刚做了几个月，三月才出来。"

虽然在外打工，但是心里仍然惦记着家里种的地，对于兼业农民来说，务农仍然是无法割舍的部分。大多数人选择在农忙时回到乡村处理农活，在农闲时出来打工，每年仅在外待几个月，工作难以稳定，尤其是打工地方稍远的兼业农民，为了顾及家里的农活，难以找到正式的工作，社会保障等基本权利难以得到保证。因此，随着工业园和乡镇企业的逐步建设,许多兼业农民更倾向于选择较近的地方。

(二) 地域上以离土不离乡为主

此处需要界定兼业农民与兼业农户的区别。兼业农民的概念主要针对个体,而兼业农户则针对整个家庭,兼业农民在进行农业生产的同时,还从事其他行业的经济生产。由于农忙和农闲需要同时兼顾,在精力和时间上难以进行长途奔波,同时家庭中的日常生产生活也需要进行照料,兼业农民在地域上难以离开家乡,多数选择在附近乡镇的工厂和工业园进行兼业。这种情况与兼业农户之间存在差别。兼业农户是指家庭中的部分家庭成员从事农业生产,部分家庭成员从事工业生产,或同时兼顾。兼业农户对于时间和地域的局限性较小,地域上,家庭中的兼业个体可以做到"离土又离乡";时间上,兼业个体则在农忙和农闲时均可从事工业生产。

"我媳妇平时在家也开店呀,打点零工,平常也种地卖菜,我和她兼顾各业。我们这里出去打工的人有的农忙也会回来帮忙哦。"Q 村村民家兼业种类丰富,夫妻两人互相配合,该村民的媳妇在家乡以开店作为主要兼业,兼业地点就在村中,既保证了家中田地的耕种,又丰富了家庭的经济来源。而该村民则会选择在更远的地方打工,只在农忙时回来帮忙。二人都是兼业农民,又共同组成了兼业农户,在一定程度上该村民家庭兼业的内容逐渐成了家庭经济的主要来源。

F 村村民说起村里的兼业情况也头头是道:"平时在家种田呀,有时间就出去打工。以前种田的话就没有多少收入,现在自从乡里办了厂收入就好多了,厂里现在三四十人,都是我们村还有附近村的一些人,有些人就每天都去厂里,家里其他人种田,还有一些就农闲的时候过来,厂里也愿意,都是熟人,基本都能做。"工厂的建设一定程度上改善了 F 村村民的生产结构,对于正苦恼于种田难以满足经济需求的农民,工厂的建设无疑解决了大问题。工厂建在乡镇附近,离村民家近,兼业方便,对农业生产也基本不产生影响,因此很快成为 F 村村民兼业的主要选择。该村民提到的那些每天都去厂里工作的人多半来自兼业农户,而像该村民这样只在"有时间"时去厂里打工的则属于兼业农民。

说起如今在乡镇兼业的情况与以前外出打工的区别时,F 村村民感慨颇多:"以前也出去打过工,断断续续的,我们也没什么学历,也没什么很好的一技之长，到外面都是卖苦力，不是长远的方法，所以还是镇上办的厂更实在，如果没有什么，存在什么变化，就一直干下去。"

在乡兼业对于兼业农民不仅能获取经济收益，更可以免除在外漂泊的孤独感，因此在收入相差不多的情况下，在乡兼业更受农民认可，这也变相保证了乡镇企业和工厂劳动力的稳定。

三　兼业农民的身份认同

根据主要收入来源的不同，兼业农民分为农收型兼业与非农收型兼业，不同类型在农业生产中的投入和期待不同，其身份认同也因此存在差异。

（一）农收型兼业的身份认同

农收型兼业群体以从事农业生产为主，农业生产消耗个体的主要精力，只有在从事农业生产之余才少许从事非农业生产。在身份认同上，农收型兼业群体对农业的认同度更高，不愿意舍弃其农民身份。调研组在调查过程中发现，这一类兼业农民以中老年农民为主。

I村村民说，"我们村主要种茶叶，一般都是没出去打工的老人，年轻人的话一般都是家里有小孩或者走不脱的，种茶叶或者带着做点别的，主要还是种茶叶"。种茶叶就是I村部分村民主要从事的农业生产活动，在种茶叶之余该村村民也可能从事一些简单的非农业生产，但不会占用大量的时间和精力，茶叶的种植收益才是家庭收入的关键。除了中老年人，年轻人只在难以离村的时候才做农收型兼业。

随着年龄的增长，中老年农民的身体机能逐渐衰退，一方面难以适应外出打工的高强度工作，对农业生产的强度和方式更加适应；另一方面纯农业生产的产出难以满足其生活需求，因此将少量的兼业作为农业生产的补充，将兼业作为一种丰富家庭经济来源的手段，既无法动摇农业生产的主体地位，也无法影响其对于农民身份的认同。

（二）非农收型兼业的身份认同

非农收型兼业群体以从事非农业生产为主，农业生产不作为家庭主要的收入来源，也不占用家庭主要的生产生活时间。从具体工作来看，非农收型兼业农民实际上已经接近非农，其对农民身份的认同远不如农收型兼业农民高，在对农业、农民、农村的感情上也发生了转变。非农收型兼业农民主要以中青年人为主。

Z 村就有很多中青年人从事非农收型兼业,"在村里和乡镇是打打零工、给别人开车、做小工、进厂,什么事情都做,就是说这种 20—40 岁的能够占 80% 以上。一般农忙的时候家里也会叫回来,有的不能回来,一般都还是会回来的"。

对于这个年龄层的人,他们有更多的精力和时间进行非农尝试,在抗风险能力、抗压能力、信息获取和处理能力上都更具优势,因此相较于中老年农民,他们具有更多的兼业机会。同时,由于年龄优势,他们对于改善家庭生活生产环境存在更迫切的需求。可以说,非农收型兼业农民的兼业优势使其对于其他行业、其他地域(尤其是城市)有更多的心理期待,这些都削弱了该群体对农民身份的认同感。

第三节 新型城镇化进程中的湖北 "三留守"群体

根据湖北省统计局 2017 年 3 月发布的最新统计数据,2016 年湖北省外出农民工总量为 1112.81 万人,外出农民工占农村从业人员的比重为 47.4%,其中青壮年劳动力(21—49 岁)的人数为 787.94 万人,占外出总数的 70.8%。[①] 农村的青壮年劳动力大量离开故土,遗留下来的主要是老人、妇女和儿童,"三留守"群体逐渐引发社会问题。

一 湖北"三留守"群体现状

21 世纪,"流动"成为时代关键词。不同社会背景和经济基础的群体在"流动"上的选择亦有所不同,为了适应"流动"趋势的行为也存在差别,是否参与"流动"、"流动"速度的快慢、"流动"意愿的强弱等将群体分化。中国农民群体也因为"流动"的区别而进行分层。一层是积极参与"流动"的农民工群体,另一层则是被动参与"流动"的留守群体。农民工群体主要由青壮年男性组成,他们因为身体与精神均处于

---

① 《湖北省农民工就业特征及转移趋势分析》,湖北省统计局,http://www.stats-hb.gov.cn/tjbs/qstjbsyxx/114809.htm。

较好状态，能够更好地适应流动带来的角色转变和社会适应。而留守群体则主要由老人、妇女和儿童组成，又被统称为"三留守"群体。

随着城镇化进程推进，"三留守"群体的产生具有必然性，其出现不仅仅是一种社会现象，还存在深刻的社会背景。乡村劳动力的流出不是盲目的行动，而是受到具体动因的影响，城乡二元结构导致城市与乡村的鸿沟，户籍制度的限制、教育水平的失衡、公共建设的差距、物质与精神资源的差距均可成为影响流动的主要原因。流动者在明确的目的引导下开始流动，并在流动过程中寻找合理的解释。根据 2016 年湖北省统计局的数据，湖北地区的城乡流动主要表现为由乡村向城市的单向流动，其中在省内流动的比例为 44.4%（县内乡外 16.7%、省内县外 27.7%），省外（含港、澳、台及境外）的比例为 55.6%。[①] 这种情况导致湖北地区由早年的乡村"劳动力过剩"转变为"劳动力缺乏"，在失去大量青壮年劳动力后，乡村的留守老人、留守妇女基于乡村生产活动的局限性，留守儿童基于其社会交往活动的局限性，成为乡村生产活动和社会交往活动中的"弱势群体"，因而导致目前湖北的"三留守问题"突出。

（一）湖北留守老人面临物质和精神双压力

在中国学者对老年人赡养的体系建构中，经济供养、生活照料和精神慰藉构成三位一体。[②] 三者共同影响老年人的生活质量，包括健康状况和社会资源。相比较于子女陪伴在身边的农村老人，留守老人得到的经济供养更加充分，但生活照料和精神慰藉却远低于前者。流动子女在城市有更多机会和平台获取较好的经济收益，为他们提供强有力的经济赡养打下了基础，但也因为离乡背井，城市中的流动子女每年回乡的时间较少，多集中于年底和年初。且由于工作强度大，工作时间长，流动子女从时间上和精神上都难以给予老人足够的精神慰藉和生活照料。

精神赡养和经济支持之间形成矛盾。中国学者们在研究过程中发现，外出务工子女对留守老人经济赡养多，精神支持少，而子女提供的经济支持也难以改变留守老人的健康状况，尤其是多数留守老人还需承担隔

---

① 《湖北省农民工就业特征及转移趋势分析》，湖北省统计局，http：//www.stats-hb. gov.cn/tjbs/qstjbsyxx/114809.htm。

② 李瑞芬、童春林：《中国老年人精神赡养问题》，《中国老年学》2006 年第 12 期。

代抚养任务，对留守老人造成了更大的身体负担。[1]

在湖北省，农村老年人口是全省老年人口的重要组成部分。湖北农村老年人口主要面临的问题多集中在社会保障欠缺、经济能力较弱、社会资源匮乏等方面，农村老年人口的社会支持系统主要来源于其物质所有（如房子、田地）及子女赡养，难以得到稳定的保障。随着大量青壮年进入城市，农村老年人口长期与子女分离成为留守老人，在身体和生活照顾上亦存在困难。

> 我们村的年轻人都出去打工了，村里山高石头多，地少也种不了什么地，所以这几年能打工的都出去了，我们家孩子也都在外面，我和老伴身体都不好，只能在家种田，红苕、棉花，收不了多少钱。但生活还得经常有开销，孩子呀，人情往来呀，看病呀，都是钱……我们农村和城里不一样，差距很大，你看城里上班拿着国家的钱，退休了还有退休金，都不用孩子养，我们农民不种地，根本没得钱，有养老保险这个，一年几百块钱顶什么用。这个小孩城里的老人能给他们点钱，我们什么都给不了。像孩子他一个人打工养活三个人都有问题，你说这个还哪有钱给我们？这城里退休干部，这个一个月退休了还有三五千，那么呢，这个孩子也有钱。那你说这农民养老从哪来？

H 村的秦某说起自己养老的问题就连连摇头，不善言辞的老人絮絮叨叨说了很多，字里行间都是对未来的担忧和无奈。同样是留守老人，不同的地域和家庭的情况也可能存在很大差别。老人的身体情况、孩子的数量、孩子在城市立足的程度等都影响着留守老人的生活质量。在留守老人身体情况较好的时候，留守老人尚可依靠身体进行农业生产生活，以此来实现经济的独立，而一旦老人的身体出现问题，不但缺少来自子女的照顾，而且整个留守家庭都将面临严重的经济负担，这种经济压力是依靠现有的农村医疗和社会保障体系无法解决的，这也是压在湖北省

---

[1]　宋月萍：《精神赡养还是经济支持：外出务工子女养老行为对农村留守老人健康影响探析》，《人口与发展》2014 年第 4 期。

每位农民肩上的一座大山。

除了缺乏身体和生活的照顾，留守老人还需要完成家庭农活、家务和儿童的照料。尤其是照顾孩子，已然成为印在留守老人身上的时代标签。

"我以前在外面打工给别人开车做司机，很累，差不多能够养家，现在年纪大了就回来了，轮到孩子们出去了。我们村里基本年轻人都在外打工解决家里的问题，像我这样年纪大了就不出去了，在家照顾孩子，我有孙子，平时在家就照顾他。"（F村某村民）

"孩子们都在外面打工，他们打些零工我就在屋里头看孙子，家里一年也就几万块钱，主要都花在儿子孙子身上。家里之前有土地，现在流转出去了，只留了一点点，因为要照顾孩子所以只能转出去，要不然没有时间。"（E村某村民）

"以前在武汉和汕头都打过工，现在主要在家种地，还有一个外孙要照顾，外孙的奶奶过世了，所以只能放在我们这边照顾。要照顾小孩，所以只能在家种地了，外孙一年光是学费、车费、生活费就得差不多5000元，还不算感冒生病什么的，女儿会给学费，也会多给一点，毕竟我们照顾孩子，至于金额，就不等了。有时可以不要，有时给有时不给，给了我就给存着，这小孩子以后也还要结婚。"（B村某村民）

许多留守老人之前在城市也打工过一段时间，后来因为年纪大了或者需要照顾孩子回到农村，子女们继续出去打工，老人在家种地同时帮忙带孩子，在这个过程中无形中完成了一代农民工到二代农民工之间的更替。从访谈情况来看，留守老人对于孩子的照顾有很强的责任感，对于为了孩子牺牲自己的工作并不觉得遗憾。在我们的访谈对象中，有的农村留守老人其实严格意义上还不能算老人，因为结婚较早，所以到有孙子孙女的时候才只有40多岁，在这种情况下，他们仍然愿意为了照顾孩子离开城市回到农村，承担起家庭教育与代际延续的重任。可以说，留守老人们的生活，有压力、有苦痛、有无奈、有牺牲，但也有欢乐、有责任、有信心、有希望。

（二）湖北留守儿童教育问题亟待加强

儿童教育受到多方影响，其中主要包括家庭、学校、朋辈群体等。对于留守儿童来说，这些主要方面均存在难以弥补的缺陷。

留守儿童因父母长期在外，多与祖辈生活在一起。隔代抚养虽然可以完成基本的生活照顾，却难以替代父母的功能。家庭是儿童社会化的主要场所，而父母的流动导致这一社会化过程出现缺位和中断。儿童难以获取其成长过程中必需的信息，如性别社会化过程中男孩对男性角色的认知以及女孩对女性角色的认知，在父母缺位后难以形成长期和持续的刺激，因而导致儿童难以形成完整的认知，社会化过程不充分。

同时，相比于城市学校教育，湖北农村学校的发展相对滞后。实际上，随着社会流动和社会分层的出现，不论城市还是乡村，对优质资源获得的需求都不断增长。湖北省乡村地区因受经济水平限制，在资源获得中处于劣势，尤其在教育获得上，无论是硬件设施还是师资配备都远远落后于城市，教育理念落后，教育方法陈旧，教育支持欠缺，乡村教师教学专业不对口现象严重，教师学历水平低、教师资源结构与年龄分布不合理。这些都对留守儿童所接受的学校教育产生极大影响。部分留守儿童因为缺乏正确的引导和监督管理，在爷爷奶奶的溺爱下养成不良学习和生活习惯，难以达到学校的要求，学习激情减退，最终不得不提早踏入社会，结束学生生涯。曾经是小学老师的 F 村某村民说起这个问题来，也是感慨颇多。

> 要说学校的教育质量，这就不好说了，像我以前教了十四年书，重视教育，现在不是不重视教育。现在这个独生子女多了，老师也不是不管，怕管，有时这个管得厉害了，这孩子又回去告状，又怕家长来找事，不管呢，这知识落不落实的下来，你说不管怎么行呢？不像以前，不听话了训斥几顿，现在都不行。老师不是不管，是不敢大胆地管。因为，孩子太娇气了，你管他肯定要逼他。

可以说，农村教育发展的局限性不仅仅体现在教育问题本身上，还体现在处理教育与家庭的关系上，如何抓教育，怎么抓才能得到家长的支持，怎么又能抓教育又能避免与家长产生冲突，这些都成为提升留守儿童教育水平的关键。这其中蕴含着思维方式的转变，正因为如此，教育提升的难度也随之加大。可以说，即使城市中思维最活跃、最前沿的年轻父母在面对来自学校的管理时尚会出现不理解不支持之处，更何况农村那些受教育水平有限、思维逐渐僵化的留守老人呢？

留守儿童的教育问题难以在短时间内得到改善，留守儿童将不得不继续面对教育水平上的城乡差距。根据 2016 年《湖北省儿童发展规划（2011—2020 年）统计监测报告》，当年全省幼儿园数量已经达到 7500 所，但其中乡村幼儿园仅有 1986 所，不到 1/3。①根据访谈了解到的情况，很多村没有正规的幼儿园，甚至连小学都没有。

> "我们村的教育还可以，从村里走出去了蛮多大学生的。但是咱们村里现在没有教育了，小学初中这些全部都集中在镇上了，都是强制性搬过去的。现在村里搞小学的话，老师的工资都支付不起。"（E 村某村民）
>
> "村里原来有小学，是我们村的小学，农民筹钱盖的，已经拆了好几年了。现在小学和初中并到一块儿去了，全校都集中在另一个村。有的村还有小学，大部分没有小学了，几个村围绕一个学校，初中小学都在那儿，属于乡镇。今年他们说有的村又在盖小学，有的要十几里远，走路太慢了。"（P 村某村民）

2012 年，国务院办公厅出台了《关于规范农村义务教育学校布局调整的意见》，之后各地响应国家号召，积极调整地区农村义务教育学校的布局规划，按要求进行撤并程序，湖北省也不例外，很多乡村拆除了自己原本的小学，集中到了另一个村或者镇上。然而，随着全局规划的调整，集中在乡镇办学为村民们带来了一定程度的不便。这种转型期的普遍问题引起了国家重视，2016 年，教育部颁布了《国务院关于统筹推进

---

① 《湖北省儿童发展规划（2011—2020 年）统计监测报告》，湖北省统计局，http：//tjj.hubei. gov. cn/tjbs/qstjbsyxx/116003. htm。

县域内城乡义务教育一体化改革发展的若干意见》①，其中明确指出"办好必要的乡村小规模学校。因撤并学校造成学生就学困难的，当地政府应因地制宜，采取多种方式予以妥善解决。合理制定闲置校园校舍综合利用方案"。因此，很多农村小学、初中结合地方问题建立了寄宿式学校等。对于这样的情况，Q 村某村民这样说，"村里没有学校，只能把孩子送到镇里去读，家长每天接送，也有很多在那里租房子陪读"。为了孩子的教育，农村家长可以说是煞费苦心，但奈何能力有限，所以很多时候只能是有心无力。

除了教育问题，在亲情获得和安全感等问题上，留守儿童同样面临困境。家庭功能的缺失导致留守儿童长期缺乏亲情关爱，感情上出现缺位，影响其心智发展。留守儿童在表达感情和与人沟通等问题上往往缺乏自信，部分留守儿童因为长期缺乏正常家庭生活而出现无助感、失落感和被遗弃感，导致性格冷漠、自卑、自闭。同时留守儿童安全意识较淡薄，缺乏正确的引导和提醒，因而更容易上当受骗或出现溺水、车祸等安全事故。

面对留守儿童存在的各种问题，湖北省也一直在付诸努力。2016 年《湖北省儿童发展规划（2011—2020 年）统计监测报告》中提出，湖北省必须优化资源配置，切实缩小城乡儿童发展的差距。尤其是客观方面存在的城乡差别，这是最亟待解决，也是相对较容易解决的部分。医疗保障、教育资源、公共服务设施等方面都要加快建立向基层和农村流动的机制，从而解决与农村儿童息息相关的民生问题，让城乡儿童均等共享改革发展成果。②

（三）湖北留守妇女权益保护问题缺乏颠覆性改善

改革开放以来，随着城乡经济发展差距拉大，农村劳动力大量流入城市。对于已经成家的男性劳动力，由于户口限制，难以在流动过程中以家庭为单位进行整体迁移，只能将妻子留在农村，从事农业生产，照

---

① 《国务院关于统筹推进县域内城乡义务教育一体化改革发展的若干意见》，中华人民共和国中央人民政府，http://www.gov.cn/zhengce/content/2016 - 07/11/content_ 5090298.htm。

② 《湖北省儿童发展规划（2011—2020 年）统计监测报告》，湖北省统计局，http://tjj. hubei.gov.cn/tjbs/qstjbsyxx/116003.htm。

顾家庭，"留守妇女"这一特殊群体由此出现。留守妇女的出现是随着中国社会转型和社会流动形成的特殊弱势群体。根据《2014年全国农民工检测调查报告》，中国全部农民工中，男性占比67.0%，女性占比33.0%。①由此看来，至少有一半的男性农民工未携带妻子进行流动，这也直接反映了中国留守妇女群体数量的庞大。

> 我今年63岁，从改革开放那会儿就出来打工了，每年都出来，以前是在广州打工，2012年才到U市来，在工地上打混凝土。这种活老婆也做不了，就在家里种地，况且还要照顾孙子，儿子和儿媳也在打工，儿媳在深圳，儿子就在当地工地上打工。一年就年底的时候回去。和家里多久联系一次？那说不好，没有规律，不忙的时候每天都可以联系，忙的时候就要时间长一点了。（U建筑工地工人陈某）

陈某的妻子是一名非常典型的留守妇女，而这样的留守妇女在湖北地区占很大比例。2007年，湖北省多个地区对农村留守妇女进行了情况调查，当时的留守妇女普遍反映出以下几方面的特点。

第一，文化程度普遍不高。大多数湖北留守妇女文化程度不高，大部分农村妇女未接受良好的教育，以小学和初中文化为主，很少一部分为高中及以上学历文化。这是由于湖北地区的农村教育本身较落后，同时受到历史原因影响，女性的教育水平更加难以得到保障，这些都局限了农村妇女的文化水平。正因如此，留守妇女更容易受传统观念影响，思维较僵化，难以适应高速发展的现代社会。同时，由于平时劳动量大、农务繁忙，留守妇女缺少时间和精力提升自己的专业技能水平，大多数留守妇女甚至没有这方面的意识，导致留守妇女长期以来难以改变自身命运。

第二，年龄以中年为主，经济难以独立。湖北留守妇女多从事农村生产生活，日常劳动强度较大。一位中年留守妇女通常需要同时承担起

① 《2014年全国农民工检测调查报告》，湖北省统计局，http://tjj.hubei.gov.cn/gk/zjjd%20/110390.htm。

家中的粗活、重活、农活，可即使如此，依靠传统农业获取的收入，从收入水平来看依然比较低，难以负担整个家庭的开销。大多数留守妇女主要依靠丈夫在外的务工收入。这种情况一方面加大了务工男性的负担，大部分农民工都因为女性经济不独立而必须独自承担起家庭的经济重任，也不得不在职业上选择一些高强度长时间的工种以获得更好的经济收益；另一方面这种情况加大了女性对家庭的依附，经济不独立从而导致社会关系不独立，大多数留守女性从心理上难以建立起自信心。

第三，夫妻长年分居，精神负担难以排解。在调查数据中，武汉市留守妇女丈夫外出务工一年以内的占 18.1%，2—5 年的占 41.9%，5 年以上的占 40.0%[①]；仙桃市留守妇女反映丈夫每年探亲 2 次或 1 次的分别占 30% 和 70%，平时和家庭的电话联系大多每月只有 1—2 次[②]；鄂州市反映出现家庭婚姻问题的留守妇女占被调查人群的 23%，其中包括婚外情 4.5%[③]。这些都是湖北留守妇女家庭问题最直接的反映，夫妻长年分居，不但在婚姻生活中形成隔阂，同时也为各种侵犯女性的不法行为创造了条件。

近年来，留守妇女合法权益遭受侵害的报道频出。由于湖北农村大批青壮年男性外出，使得留守家庭的安全防范力量大大减弱，易遭到人身和财产安全上的威胁。如一项针对湖北省农村留守妇女的调查数据表明，1.9% 的留守妇女表示遭遇过被抢，12.8% 的家中出现过被盗的情况，8.7% 曾经被骗[④]。再加上大多数留守妇女文化程度不高，缺乏法律常识，使得他们在自身权益遭到侵害的情况下难以维权。

从 2007 年至今，已经过了 10 年，然而留守妇女反映出来的主要特点仍然是以上几方面，可以说在这 10 年间，留守妇女的问题并未出现颠覆性的改善，这些问题会继续延续下去，出现在下一个 10 年间，再下一个

---

① 《武汉市农村留守妇女生产生活现状与思考》，湖北省统计局，http：//tjj. hubei. gov. cn/wzlm/tjbs/fztjbs/2870. htm。

② 《仙桃市农村留守妇女情况调查》，湖北省统计局，http：//tjj. hubei. gov. cn/wzlm/tjbs/fztjbs/2803. htm。

③ 《鄂州市农村留守妇女的生存现状与建议》，湖北省统计局，http：//tjj. hubei. gov. cn/wzlm/tjbs/fztjbs/2811. htm。

④ 《湖北农村留守妇女群体达 236.8 万人 60% 长年"离散"》，湖北日报网，http：//news. cnhubei. com/xw/sh/201302/t2446126. shtml。

10 年间……

基于以上三方面的特点，本章认为留守妇女权益保护的重点应该立足于角色意识的转变。留守妇女在难以改变现状的情况下，必须进行自我的角色调试和角色转变，改变思维，变被动为主动。实际上，随着留守妇女的大量出现，农村出现了这样一种有趣的现象，即农村由于长时间缺乏男性劳动力，以留守妇女和留守老人为主，反而造成了留守妇女家庭地位和社会地位的上升，留守妇女有机会在政治、经济、文化等多方面展示自己的才能。同时，随着国家和地方对留守妇女问题的重视，留守妇女被赋予了更多的政治和经济权利等。如湖北省在女性接受教育、加强专业技能培训、改善女性健康服务、提高女性参与决策和管理的能力、严惩针对女性的犯罪、保护妇女合法权益等方面都做出了较多努力。因此，留守妇女更应该认识到社会对于女性角色的重新定位，认识到留守妇女的角色转变，开放思想，尝试接受新的观念和行为模式。男性在城市务工的同时，也接触到城市的思想观念和行为模式，因此出现城市化的发展，如果留守妇女仍旧维持原样，则可能与男性的差距逐步拉大，难以相互理解和认同。因此，女性要学会在新环境下重新塑造自己。

二 "三留守"群体身份标签化

"三留守"群体的出现是伴随农民工群体出现的，其出现具有被动性和必然性。"三留守"群体的身份不是主动认同而是被标签化的。一方面，"三留守"准确地形容出农村儿童、妇女和老人的现实困境；另一方面，这个词也成为一种标签。让人无奈的是，由于留守群体的相应特征和一些特殊社会事件及其对应的报道，留守群体被打上一些"负面标签"。

以留守儿童为例，当社会称呼留守儿童时，这些儿童本身对于这个称呼并不一定接受。"听到别人说我是'留守儿童'，心里就觉得好像爸妈不要自己了一样，特别难受。"①社会对于留守儿童概念的不断强调以及一些歪曲的报道使留守儿童被从普通儿童中孤立出来，"问题儿童""缺

---

① 《马长军：关爱留守儿童应该"去标签化"》，新华网，http://www.xinhuanet.com/mrdx/2015-11/03/c_134777162.htm。

乏关爱""自卑""封闭孤僻"等标签被强加在留守儿童身上。与留守儿童相同,留守妇女与留守老人同样背负着众多标签,被社会刻板印象化,成为贫困、不幸、牺牲品的代名词。社会对于留守的反复强调,反而增加了该群体的"被留守"感,使他们"被迫"从正常群体中脱离出来,更加难以融入正常社会。

从实际情况来看,留守群体的差异根源并不一定在于留守本身,而更多是家庭和社会结构的问题,各个地方的留守也表现出不同的特点,不可一概而论。对于一些家庭,父母外出打工对于整个家庭经济的帮助是不可缺少的,打工收益支撑着整个家庭的运转和发展,为家庭提供更多的机会和社会资源,从这种意义上说,留守群体的出现是每个家庭理性选择的结果,是家庭利益最大化的表现。

第四节　差异化的两代农民工群体

农民工是中国由传统社会转向现代社会,由以农民占多数转向城市居民占多数,现代化、城市化进程中出现的特殊群体。农民从农村进入城市在工业和第三产业就业,从职业上由农民转为工人,成为产业工人的一部分。为何农民选择成为农民工?从理性选择的角度可以分为两方面原因,农村的推力和城市的拉力。

农村的推力主要表现为经济因素。随着城镇化、现代化发展,传统农业模式使靠之生存的农民难以维持正常的生活,逐步走向贫困。农业收入难以满足农民日益增长的生活需求,农民单纯靠农产品收入生存和发展较困难,必须寻求其他方式以改善经济压力。因此,农民将目光瞄准日益崛起的城市。在城市中,农民工主要从事第二产业和第三产业相关工作,无论是工业还是服务业,其基础性工作都可以在经过短时间的培训后迅速上岗,这为受教育水平普遍不高的农民工提供了工作可能。两类产业都能提供比农业更能满足农民需求的经济收入,因此大量农民选择放弃农业进入城市务工。

同时,城市对农民进城务工提供拉力。城市的发展和城市的生活对农村人口形成吸引,尤其是对青壮年人口。随着中国城乡差距的拉大,城市的现代化发展使城市比农村具有更好的生活环境、学习环境、居住环境、工作环境，交通环境等，城市便利的生产生活、高效的生活节奏、丰富的生活方式都成为吸引农民进入城市的主要原因。农民工希望通过进入城市开阔视野，获取更好的发展。

在推力和拉力的互相作用下，农民工进城的情况逐年递增并趋于稳定，大量农民工涌入城市，在享受城市生活的同时也面临制度与身份认同等问题。

一　第一代农民工的出现与壮大

（一）农民工的兴起

改革开放后，就业机会的多元化和土地收益的减退让大量农民重新思考自己的出路。传统的小农经济受到市场的冲击，中国在走向世界的过程中，工业与商业不断发展，工业市场与商业市场出现巨大的人力资源空缺。与此同时，农业市场被压缩，农产品价格走低，农民难以从土地中获得足够的生存资源，不得已离开土地尝试进入其他行业。第一批农民工"被迫"出现。第一批农民工很快补给了城市发展的劳动力市场并获得了不错的经济效益，从打工中获得的经济效益完全可以弥补不在家务农造成的亏损。明显的经济效益对其他在村农民形成吸引，最终逐渐形成"民工潮"。

第一次的"民工潮"还具有一定的地域局限性，主要以所在地附近乡镇或城市为主。农民工虽然离开土地却并没有离开家乡，与家乡依然联系紧密。第二次的"民工潮"则与第一次"民工潮"完全不同，第二次"民工潮"突破了地域的局限，农民工离开家乡进入城市，在这一过程中，城市对农民工进行了最初的管理，暂住证制度等相关制度安排随之出现。农民工也开始面临身份困境，一方面城市对农民工的需求日益增加，另一方面城市对农民工的制度壁垒逐渐形成，让农民工在城市的发展出现合法性危机。

作为城市劳动力需求和农民经济需求互相博弈的结果，农民工的出现与壮大具有时代的必然性。

（二）第一代农民工的特征

1. 政治参与意识淡薄，缺乏维权意识

首先，对于刚刚离开农村进入城市的第一代农民工，政治权利还

是一种非常模糊的概念。实际上，由于身份的不平等，农民工所拥有的政治权利一直受限较多，这是农民工阶层多年来所面对的社会现实。对于第一代农民工，进入城市更多属于一种"被迫"行为，能在城市工作多长时间，可能会面临哪些变化，这些都还是未知数。第一代农民工频繁的流动导致他们难以长期在一个固定的地域维护政治权益，权益维护的延续性和时效性大打折扣。即使他们的政治权利在一定程度上受到侵害，由于未知的流动，第一代农民工的维权期待和维权决心仍然不足。

其次，在第一代农民工向城市流动时，城市尚未做好接纳的准备，相应的政治制度也尚不健全。户籍制度的调整，暂住证制度的出现，一定程度上都导致了农民工的个人权利与社会权利相分离。其个人权利受到地域限制，即其社会保障权、选举权、受教育权等权利实际上只有在乡村才可以充分享有，当其身处城市时，他们无法真正意义上参加选举或者其他政治活动，也就难以为自己发声，建立属于自己的政治代言。对于第一代农民工，这种不健全的政治制度虽然对他们的工作生活产生了潜移默化的影响，但大部分第一代农民工却难以意识这一点。客观上，他们在城市的就业往往集中于非正规部门，因此缺乏身份保障，没有正式的职工身份，缺乏能为其发声的代表，缺乏与政府沟通联系的有效渠道；主观上，他们更加关注维护自身的经济权利，对于政治权利既不关心也难以理解。在主客观的共同影响下，第一代农民工无形中成了城市中的"无政治群体"。也正因如此，当他们突然发现自己的权利难以得到保障时，往往只能选择通过一些较极端的方法或者其他阶层的呼吁来表达其政治诉求，如上访、静坐或者社会媒体的关注、学者的研究等。

2. 文化程度普遍较低

与城市居民相比，第一代农民工在受教育程度、专业技能、特长发展、职业素养等方面难以相提并论，绝大部分农民工仅为初中及以下受教育程度，这种情况一直持续到现在。根据调研数据，目前仍然有超过70%的农民工仅为高中及以下受教育程度，56.97%在初中及以下（见表6—1）。可以想见，第一代农民工在进入城市时，其受教育程度与城市居民的差距之大。许多第一代农民工语言上仍以家乡话为主，不会说或者只会说很少普通话，难以进行有效沟通。

表6—1 湖北省农民工受教育程度分布

本人受教育程度	频数	有效百分比（%）
文盲	2	1.15
小学	12	6.98
初中	84	48.84
高中	35	20.35
中专或技校	26	15.12
大专	11	6.40
本科及以上	2	1.16
总 计	172	100

资料来源：课题组调研数据统计得到。

在这种情况下，第一代农民工的文化素质亟须提升，相应的再教育和再社会化也亟待推行，然而相应的政策制度直到近10年才陆续推出，如国务院2010年发布的针对农民工培训教育的文件《关于进一步做好农民工培训工作的指导意见》，这些政策和制度对于逐渐老去的第一代农民工已经帮助有限，难以达成根本性的改善。

（三）第一代农民工的身份认同

大多数农民工，尤其是第一代农民工进入城市是在社会转型压力下做出的"被迫"选择，离开故土，改变世代传承的经济模式，进入城市后，这些农民工依然在心理上游离于城市边缘，对于城市的期待集中于"挣钱回乡"，对于他们来说，挣钱是过程，回乡是归宿。

1. 城市中的"局外人"

对于传统农民来说，城市的车水马龙从来不是他们的。城市的高门槛将他们始终束缚于城市下层，缺乏文化知识和相应技术让大部分第一代农民工只能从事繁重的体力劳动和简单的脑力劳动。工作烦琐辛苦，依靠的是时间的累积和精力的投入，而对应的经济报酬往往不尽如人意。尤其是在民工潮兴起的初期，相应的法律制度尚不健全，缺乏充分的法律保障，薪酬难以及时发放，居住和子女被城市教育和政策拒绝和排斥，住最破旧简单的房屋，吃最廉价普通的食物，生存环境恶劣，处于城市关系中的弱势阶层。可以说,对于第一代农民工来说,他们始终是城市中的"局外人"。

2. 遥望故土的"望乡人"

离开了土地的第一代农民工在城市里始终觉得身如浮萍。城市难以接纳这群"局外人",而他们也对城市并无过多期待,对于第一代农民工来说,他们的身份始终是农民,出来做工只是迫不得已,农村才是他们的家。"去那边也从来没想过就留在那里,不敢想,就是挣钱,认识的人都不在,还是想回去,回去好。"F 村的某大爷说起以前在城市打工的感受十分感慨,大爷从年轻时出去打工,走南闯北,一直飘忽不定,直到年纪大了才回到乡村,说起回到乡村的感觉,大爷说,"舒服呀,想干吗都可以,大家也都一样,在外面时总是想回来,有时候真是苦,但是要挣钱,家里孩子要养,没办法,就想着赶快多挣点钱了就回来"。回乡,是老农民工们心底的愿望,所以一到过年,无论多么艰辛,都要回到家乡去看看,在田间地头走一走,和亲人说说话,感觉在乡土里积蓄了新的一年外出奋斗的力量,然后重新走入城市,成为在城市遥望故土的"望乡人"。

身若浮萍心似海。城镇化的进程伴随着坎坷和曲折,制度的建设也只能循序渐进,对于直面这些的第一代农民工,他们无私地贡献了半生的力量,城市对他们的接纳与保护却姗姗来迟,对此他们依旧能笑着面对。如今,国家对于农民工的各项制度和待遇都予以重视,对于解决农民工问题用心良多,这些都是第一代农民工用自己的努力与汗水换来的,可以说没有他们的出现,我们的国家绝不是现在的样子。第一代农民工逐渐老去,新生代农民工随之产生,农民工的问题还在继续,如何让农民工获得更多的认同和尊重,如何保障农民工的基本权利,对这些问题的思考将伴随城镇化的进程一直延续下去。

二 城市之殇:无法融入城市的新生代农民工的身份认同危机

(一) 新生代农民工群体的壮大

2010 年 1 月 31 日,国务院发布的 2010 年中央"一号文件"《关于加大统筹城乡发展力度进一步夯实农业农村发展基础的若干意见》中,第一次在国家文件中提到了"新生代农民工"这一词,对这个群体给予了重点关注，明确要求采取有针对性的措施，着力解决新生代农民工问题。它是学者们在研究"三农"问题的过程中提出的一种新概念。王春光最早对新生代农民工进行了阐述，他认为"新"有两层含义，一是指年龄"新"，他们大部分是在 20 世纪 90 年代以后流入城市的，年龄上相较于老一辈农民工小很多，与老一辈农民工具有明显的代际差别；二是指思想"新"，他们与第一代农民工有明显差别，具有更高的受教育程度，能够快速接受新鲜事物，他们与城市的联系更为紧密，而与农村、农业的关系较弱，大部分不愿意再回到乡村务农。同时，他们进入城市后更看重的是所学而不是单纯受经济利益驱使。

新生代农民工与老一辈农民工之间出现明显差别，其主要特点表现在以下几方面。

第一，文化程度普遍较高。老一辈农民工文化水平有限，在城市摸爬滚打一辈子吃了很多文化程度低的苦，很多老一辈农民工主要在建筑工地上干苦力，长年累月无法改变现状，深切地认识到文化的重要性，因而对于子女的教育极为看重，希望通过教育改变子女的未来发展。同时随着生活状况的好转，老一辈农民工有意识地将子女送入学校读书学习，近年来九年义务教育的普遍实施更是为农民工子女提供了学习的硬件保障。因此，新生代农民工相较于老一辈农民工文化程度更高。

第二，非农化。新生代农民工因为离开农村时年龄普遍较小，在农村生活期间主要从事学生学习活动，因此从农业劳动技能的角度看，大部分新生代农民工没有从事农业生产活动的经验和技能，缺乏基本的农业生产知识和技能，其中更有小部分新生代农民工从未干过农活。这种情况一方面使新生代农民工更容易适应城市生产生活方式，另一方面也导致了其对城市生活的依赖性，即使经济形势波动，就业形势恶化，新生代农民工也难以返乡务农，只能继续在城市中寻求机会。可以说，新生代农民工脱离农业生产和向城市流动已经成为一个不可逆转的过程。

第三，行业选择更倾向于制造业和服务业。与老一辈农民工主要集中在制造业和建筑业的情况不同，新生代农民工主要集中在制造业和服务业。从职业选择可以看出，新生代农民工比老一辈农民工面临更小的经济压力，因此在选择职业上并不仅仅看重经济效益，还注重工作环境、工作平台、发展前景等。新生代农民工会着力考虑职业的社会评价、安稳性和发展前景。

第四，身份上更倾向于将自己看作城市群体。在社会认同方面，新生代农民工更倾向于将自己看作城市群体。新生代农民工本身对于城市生产生活方式的快速适应，让他们从心理上更愿意融入城市，对城市的认同要远远大于对农村的认同。同时，由于进入城市时年龄普遍较低，因此新生代农民工在农村的生活时间较短，对乡土眷恋度大为降低，甚至有部分新生代农民工出现"厌农"和"弃农"情绪，对农村缺乏归属感。

（二）城市排斥

新生代农民工大多都怀揣着成为城市人的美好愿望来到城市。相较于其父辈，新生代农民工对于进入城市的愿景更加看好，因此对于城市的期望更高，这也导致在面临现实问题时，新生代农民工更难以接受。新生代农民工普遍感觉到来自城市的排斥，而这种排斥感主要表现在以下几方面。

第一，政治排斥。新生代农民工面临的政治排斥主要在于政治参与度不高。这种情况的出现主要是因为政治制度本身的不完善以及群体对于维护自身政治权益的认知不足。一方面，目前中国针对农民工的政治制度还在建设中，虽然每年国家和地方都有大量针对农民工的政策出台，但如果不能从户籍制度这类根本性制度上做出调整，农民工的政治权利保障就难以真正得到改善。可以说，户籍制度成为制约农民工政治权利的根结所在。因为农民工在城市中没有户口，所以中国法律规定中那些与户籍绑定的合法权利他们就无法享受，如政治选举（被选举）权、保障权、劳动权等，而这些正是政治权利的主要组成部分。新生代农民工由于文化水平不高，年纪小，社会经验不足，因此往往缺乏政治参与意识，甚至对自己所拥有的政治权利都不太清楚，更不用提维护自身的政治权益了。他们往往难以从具体生活中感受到政治权利的重要性，对于自己是否拥有政治权利、拥有哪些政治权利、是否正确行使了政治权利并不关心，因此也就更难在城市中形成属于自己的政治发声，也无法获得相应的政治地位。

第二，经济排斥。受教育水平不高、缺乏专业技能成为新生代农民工遭遇经济排斥的主要原因。这两方面的缺陷导致新生代农民工难以在城市中获得高收入的工作，而是更多局限在服务业，既难以进入城市正规就业市场，又难以融入城市主流社会。可以说，新生代农民工虽然是城市经济发展不可或缺的一部分，但实际上并没有真正享受到城市经济发展的成果。当然，与局限于建筑业和制造业的第一代农民工相比，新生代农民工已经进步很多，但是许多共性问题仍然没有解决，比如工作不稳定、工资拖欠、劳动合同签订不规范等问题。因此，随着城市发展的速度越来越快，新生代农民工想要稳定在城市的难度也越来越大，他们无法在城市落户，更无法在城市购买属于自己的房产，理想与现实间的差距与他们的期望之间形成巨大反差，成为众多新生代农民工融入城市过程中难以逾越的鸿沟。

第三，文化排斥。文化心理则是影响其定居决策和实现农民向市民转化的决定性因素。新生代农民工作为一个特殊群体，在城市融入的过程中需要面临的问题不仅是政治和经济上的，更加难以克服的是长期以来的文化习惯。新生代农民工在进入城市后工作强度大、休闲时间少，机械式工作多、提升式培训少，这些都导致农民工缺乏时间、缺乏精力、缺乏机会了解和学习城市文化。因此对于新生代农民工，融入城市更多地意味着经济融入而不是文化融入。实际上，与政治和经济相比，文化融合是一个非常漫长的过程，只有从内心真正认同城市的文化价值、生活方式，才意味着从心理层面真正适应了城市，这需要经济基础、政治保障和社会平台，而这些对于现阶段的新生代农民工来说是难以实现的，甚至对于很多已经在城市生活工作了几十年的第一代农民工来说也很难实现。农民工与城市居民之间形成了一种"互不关心"的状态。

同样的，受限于户籍制度，新生代农民工在文化上融入城市的难度进一步加强。难以取得城市户口，难以在城市购房，缺乏稳定的住所，缺乏相应的保障和权利，新生代农民工无法取得优质的资源、身份和地位，而这些与城市居民之间形成差距，并反映在社会交往之中。城市居民对新生代农民工缺乏了解，不能正确对待他们，而产生一种"距离感"，这种"距离感"在一定程度上导致了排斥的产生，从而加大了融合的阻力。而这些新生代农民工都能明确地感知到。

美国学者弗兰克·帕金认为，集体排他的结果是产生另外一个"共同集团"。① 当新生代农民工普遍在城市感受到排斥,而其又无法退回农村寻求支持时,新生代农民工被迫转向同类寻求自我共同体的认同,这也促成了新生代农民工的"内卷化"问题。

(三) 新生代农民工的身份认同

1. 农民? 工人? 城市人?

新生代农民工与第一代农民工的明显区别在于对自我身份的界定。对于老一代农民工,在身份认同上他们对于农民身份认同度极高。虽然许多老一代农民工每年在外打工的时间已经远超过在村的时间,甚至在外打工的累积时间超过在村成长的时间,但是从其内心深处仍然认为自己是农民,对于农村他们有着天然的归属感。这种归属感随着代际的变迁而逐渐减弱。无数的农民工进入城市,在这个过程中他们被城市再塑造,再社会化。其中很多农民工也尝试留在城市,在不断尝试的过程中,他们对自己农民的身份以及农村与城市的差异进行了思考,这种思考在一定程度上动摇了农民的身份认同。农民工在城市漂泊、逗留、挥洒汗水,除了没有城市户口,他们在城市的时间不比城市人少,甚至很多农民工的子女也在城市出生和长大,他们中的一部分成为新生代农民工。新生代农民工在生长环境、家庭文化、身份期待等方面与老一代农民工之间存在差别。他们没有经过完整的农村文化熏陶,对农村文化的融入程度和认可程度也远低于其父辈,越来越多的新生代农民工从未有过从事农业生产的经历。在身份认同上,他们处在一个尴尬的境地,他们既不认为自己是农民,也不认为自己是工人,更不是一个真正的城市人,他们难以为自己的身份寻找到一个更恰当的定位,似乎只有农民工这个词可以形容他们。相比较于第一代农民工,新生代农民工思考的更多,对生活品质向往的更多,对自身权利要求的更多,对于身份期待追求的更多,这些都难以在目前城市规划与相应制度中得到满足,新生代农民工陷入身份认同的困境。

2. 新生代农民工的身份认同困境:"内卷化"

新生代农民工群体逐渐壮大,虽然已经与第一代农民工在文化素质、

① [美] 弗兰克·帕金:《中产阶级激进主义》,转引自杨川丹《新生代农民工的城市社会认同》,《人民论坛》2011 年第 17 期。

身份认同等方面有了较大区别，但在进入城市的方式上面，新生代农民工仍然主要依据血缘、姻缘、地缘关系进入城市，群体具有一定的排外性，难以在短时间内与城市居民建立新的联系。一方面，融入城市的过程中面临着空间、身份与社会认同的转换，环境和生活方式的改变等让他们难以适应，即使是新生代农民工，依然难以完全克服农民身份带来的自卑感，这些心理作用使他们在融入城市过程中面临阻力。另一方面，城市群体的排斥也加大了融入难度。很多新生代农民工在城市进行生活方式的积累，却并未在身份上取得城市户口，这引起了各种合法性争议。虽然相应政策已经陆续出台，但是城市大环境的调整还需要时间，一些体制障碍还暂未得到解决。新生代农民工在城市融入过程中缺乏正确引导，经济上难以获得较上层的地位，职业上局限于工业和制造业，职业的社会评价仍然不高；城市居民对新生代农民工的认知缺乏，易受刻板印象的影响，因部分农民工成员的不适宜行为而对整个农民工群体抱有偏见。这种情况下，新生代农民工难以在短时间内融入城市群体，出现"内卷化"的情况。

　　美国人类学家戈登·威泽首次提出了"内卷化"的概念，他用这个概念来描述一种文化模式，即"当达到了某种最终的形态以后，既没有办法稳定下来，也没有办法使自己转变到新的形态，取而代之的是不断地在内部变得更加复杂"。[①] 之后这个概念被人类学界和社会学界广泛使用。美国人类学家格尔茨将"内卷化"概念用于对印度尼西亚爪哇地区农业经济过程的概括，指这种社会虽然允许一定程度的微调，但并不支持真正的变迁。"内卷化"在此处的含义即指内卷于原有的农业生产方式，而没有达到真正的经济变革。[②] 在社会学界，"内卷化"现在已经逐渐发展成为描述社会现象的专用概念，它为社会学研究打开了新的视角，社会学家开始广泛使用这个概念进行研究。

　　新生代农民工在城市化过程中遇到的障碍使他们不得不在心理层面上寻求一个族群归属。群体认同的对象不仅仅指其同乡、家人，还包括

---

　　① 李立：《城市少数民族流动人口再社会化研究——以武汉市为例》，《中国集体经济》2013 年第 7 期。

　　② 刘世定、邱泽奇：《内卷化概念辨析》，《社会学研究》2004 年第 5 期。

跟他们有同样经历的所有新生代农民工。新生代农民工作为一个特殊的群体,在城市融入的过程中需要面临的问题不仅是文化、政治和经济上的,更加难以克服的是长期以来的历史惯性。城市居民难以在短时间内认同新生代农民工的生活习惯、个人素质,大多数城市居民因此采取"不闻不问"的态度,避免与他们直接接触。即使很多人可以理性面对新生代农民工,但在潜意识中却难免有排斥情绪,并且在无意中表现在行为举止中。

当问起在城市打工的感受时,T压铸公司的陈姐告诉我们,"城里的人见识广阔一些,农民是种田的,农村条件差,交通不便,城里人看不起我们,不愿意拿我们当朋友"。

新生代农民工在流入城市的过程中感受到排斥,这种排斥更加促使其向群体内部寻求情感支持。新生代农民工内部互通往来,互相支撑,通过内部的交流发展削弱来自城市的排斥以及城市居民的态度造成的情感压力。这种社会认同的"内卷化"具有极强的感染力,流往城市的新生代农民工非常容易习得,并且进一步发展,出现盲从等问题。

T压铸公司的高某谈及在城市的交往状况时就说道:"平时主要和老乡们来往。我也想交一些城里的朋友,但是和城里人之间总会有一些隔阂,说话做事的方式都不一样,说不到一起去,也玩不到一起去。还是和老乡们一起比较玩得来,一个地方的,说起话来都比较亲切。"

在S物流公司跑车的范某也提到,"我做物流这块,这一行的朋友也比较多。空闲的时候大家一起小聚一下,打打牌,喝喝酒啊,蛮好的。武汉市的朋友很少,平时上班忙很少出去,打交道的机会不多,再加上我是个农村人,城里人看不上我,我也看不上他们"。

新生代农民工的城市融入过程中,"内卷化"不可避免,因而城市融入与"内卷化"之间形成张力。一方面,新生代农民工一定程度上受到城市大环境的排斥,但仍有融入城市的愿望;另一方面,因城市大环境排斥而出现的新生代农民工"内卷化"完善了新生代农民工的内部组织,增强了其交流,反使其更加难以融入城市。两方面形成的博弈关系可以从文化、社会经济和社会认同三个方面来进行具体分析。

第一,文化融入与"内卷化"的博弈。新生代农民工的文化融入与"内卷化"的博弈表现在许多方面,以文化素质最为突出。许多新生代农民工在进入城市后因为受教育程度相较于城市居民更低，个人文化素质难以达到城市居民的水平而受到城市居民排斥。这种文化素质的落后源于城乡经济和教育水平的巨大差距，经济落后导致农村人口在日常见闻、生活体验、思想观念、个性培养等方面极为匮乏，与丰富多彩的城市生活和高速发展的信息化社会格格不入。教育上，中国农村目前普遍存在教育问题，基础教育难以达到城市的普通标准，农村儿童的课内教育和课外教育均无法与城市相提并论，导致农村人口在起跑线上就落后于城市人口，这种情况难以在短时间内得以改变。

新生代农民工的"内卷化"一定程度上弥补了新生代农民工的心理需求，但同时也为新生代农民工的城市融入设置了壁垒。"内卷化"一方面削弱了新生代农民工对城市的依赖，减少了他们融入城市的动力。另一方面又反作用于新生代农民工的城市融入，使新生代农民工在接收城市现代信息和思想观念上受到影响，该群体的部分落后或固有观念在"内卷化"的过程中，在新生代农民工群体中得到加强，反而导致整个群体更难以改变观念，从而继续保持原本的模式，越发地与城市隔离，难以融入城市。

第二，社会经济融入与"内卷化"的博弈。新生代农民工并未在城市建立正式的经济组织，但由于地缘、血缘、姻缘的纽带，他们之间形成了相互扶持的经济共同体。据了解，新生代农民工在流入城市后会受到内部成员的引导，了解一些新生代农民工在该城市的经济活动情况。有些小群体还存在领导者，负责规划经济活动，如帮助选择经营地，挑选打工的工种，培养徒弟等，以避免竞争压力和经济纠纷。这种情况反映了新生代农民工在经济融入中的联系。新生代农民工在城市的经济融入过程中建立关系网络，一方面促进资源共享，另一方面也是一种自我保护机制。然而这种自我保护意识极强的关系网络同样也是导致"内卷化"的重要原因。新生代农民工从内部获得资源和心理依靠，"内卷化"的同时建立了一种心理防线，极不利于他们融入城市，反而使他们在经济上从城市体系中剥离出来。城市居民在进行经济活动时，时常感觉必须小心对待这些农民工群体，这其实就是对城市居民态度的一种反映。城市居民难以真正接纳新生代农民工，受刻板印象影响，表现出一定的排斥；新生代农民工在经济融入上缺乏引导，又感觉到与城市氛围格格不入,就越发"内卷化",在社会经济上与城市融入形成博弈。

第三,社会认同融入与"内卷化"的博弈。社会认同融入问题相较于文化融入和社会经济融入更多地体现在心理层面,所以其涉及面更广,甚至文化融入和社会经济融入的内卷都伴随着社会认同的内卷。

随着新生代农民工进入城市,其子女也可能随之进入城市。这些农民工子女很快面临教育问题。部分新生代农民工会将子女送入当地的普通学校或者直接送入专门的农民工子弟学校之中。然而,也有部分农民工会将适龄儿童送回家乡入学。农民工虽然身处城市,与城市居民有经济、生活交流,但其生活其实难以真正融入城市,由历史和经济原因导致的群体自卑感始终环绕在新生代农民工群体周围。

这种现象是社会认同融入困境与"内卷化"的另外一种表现。同样的情况也出现在医疗、婚姻等方面。与老一辈农民工不同,新生代农民工对于城市社会的不公平和歧视难以接受,他们拥有向外、向上拓展的迫切愿望,他们对于生活满意程度的参照主要是城市居民的生活,但现实总是残忍的。部分新生代农民工在融入过程中感受到排斥,对城市的社会认同感较低,对城市系统缺乏信任,而更倾向于向群体内部或者其原住地区寻求支持。这种"内卷化"的影响相较于文化融入问题和社会经济融入问题更加深远,极容易在农村形成刻板印象,影响新生代农民工融合意愿,最终阻碍他们融入城市系统。

因为以上各种原因,新生代农民工又被称为"无根的一代",既没有"乡土情结",也因为城市的排斥难以对城市形成归属感和亲近感,于是构建内部共同体,通过自己所认同也被认同的群体来维护自尊和实现自我的价值,形成畸形的心理平衡模式。

第 七 章

促进湖北农民群体全面发展的
政策建议

农民群体的全面发展不仅仅指农民个人，而且涉及农业、农村和农民等方方面面的全面发展，这与乡村振兴战略强调的农业强、农村美、农民富不谋而合，可见，农民群体的全面发展事关乡村振兴战略的落地和实施。因此，湖北省应从农村经济社会的各方面着手，发展好优质农业，培育乡村发展新动能，繁荣兴盛农村先进文化，丰富农民精神文化生活，积极推动农村各类教育发展，为农民群体全面发展提供智力支撑。同时，有效改善人居环境，积极完善农村社会保障体系，增强农民群体获得感；多措并举，切实促进农民群体全面发展。

第一节 健全农村社会保障体系，解决
农民群体发展后顾之忧

根据本书前部分分析发现，湖北农村地区社会保障事业总体发展滞后，对于农民群体的社会保障面不够宽、保障水平较低。其中，留守老人养老保险个人缴纳费用高，且难以兜底；农民工群体由于其工作的流动性强，多为非正规就业渠道，致使其在就业过程中难以得到"五险一金"的保障。对于湖北农民群体总体而言，医疗保险费用高，且报销项目限制多、报销比例低，农民群体医疗负担重，因病致贫、返贫现象普遍存在。同时，农村地区医疗卫生设施和条件落后。此外，对于留守儿童的隔代抚养，使得留守老人面临较大精神压力。留守妇女受制于文化水

平不高、经济难以独立、夫妻常年分居等因素，很容易产生心理和精神等方面的问题，人身和财产安全易受到威胁，留守妇女的合法权益得不到保障。因此，湖北省各级政府和相关部门应积极完善相关政策制度，健全农村社会保障体系，切实发挥社会保障作为社会秩序稳定器以及居民生活安全网的作用，推动和实现农民群体的全面发展。

一 完善相关政策制度

(一) 加快户籍制度改革

从根本上说，户籍制度是造成湖北农村留守儿童教育问题、留守妇女权益问题、留守老人养老保障问题、农民工身份认同问题和新生代农民工城市融入问题的关键，户籍制度导致的城乡二元分割使农民群体在教育、就业、政治和社会保障等关系民生权益方面存在机会不平等，同时也限制了农民群体由农村向城市的自由流动，造成了城市与农村之间的身份差异和认同差异。因此，为了实现农民群体的全面发展，加快户籍制度改革刻不容缓。第一，湖北省各级政府应根据农民流动的现实情况，尽快研讨并出台相关政策，消除城乡居民身份认同差异和社会福利待遇差异。同时，建立健全流动人口管理制度，根据流动人口在流动地的居住时间、居住条件以及就业能力等标准，按照流动人口的主观意愿进行户口管理登记，并保障其享有与当地居民同等的权益。第二，改革户籍制度并非意味着取消户籍管理制度，而是逐步弱化乃至取消与户籍相联系的城乡隔离的各种制度，如社会保障、教育、政治参与、就业、医疗和住房等方面的制度。因此，湖北省各级政府应积极调研，探索出台针对农民工，尤其是新生代农民工的优惠政策，使其能够在自由流动的同时，还能够享有与城市居民平等的权利和社会权益。探索出台针对留守儿童的优惠政策，适当鼓励、帮助农民工将其子女带到城市上学和生活，充分发挥家庭的教育功能。这不仅可以从根本上解决留守儿童的教育和心理方面的问题，而且对于缓解留守老人的精神压力也具有一定的帮助。探索出台针对留守妇女的优惠政策，湖北省各级政府及相关部门可加大资金和政策的支持力度，适当规划和建设廉租房和公租房，解决农村留守妇女随丈夫进城务工的困难，逐渐减少农村留守妇女数量。第三，湖北省各级政府应研讨出台相关政策措施，尽快消除因户籍制度带来的身份差异，消除农村剩余劳动力流动过程中存在的身份认同障碍，切实保障农民群体在流入地享有平等的社会保障权利。

（二）构建好监督保障机制

社会保障体系的运行需要依靠良好的监督保障机制，只有这样才能确保农民群体真正享受到政策制度带来的红利。第一，湖北省各级政府应积极推动社会保障机构和部门依法行政。社会保障制度的相关执行部门应在法律规定的权责范围内用法律规定的方式和手段管理社会保障事业，在工作过程中坚持依法办事、依法行政，认真贯彻落实各项社会保障制度。第二，完善农村社会保障制度的审计监督。各级审计监督部门定期对社会保障项目的资金使用、投资等情况做好审查工作；同时，对于农民群体或媒体等投诉报道的相关违规违法案件及时跟进和处理，并且及时有效地公布处理结果，切实保障各类社会保障项目资金真正用到实处。第三，湖北省各级政府应积极呼吁引入第三方监督，加强农民工团体、新型农业经营主体、社会团队、新闻媒体等社会监督的力量，充分发挥好其作用。第四，大力加强社会保障项目资金的监管力度，构建由政府、社会力量和农民群体参与的监督大格局；对于承接项目资金托管的银行定期做好监督和审查，切实保障项目资金的安全；对于项目资金的使用情况要定期向社会公布，充分发挥第三方和舆论监督的作用，提高资金使用的透明度。

（三）维护好农民群体权益

在湖北新型城镇化建设过程中，由于城乡二元分割的制度因素，湖北农民群体的各类权益在一定程度上受到了影响，因此，维护好农民群体各项权益是保障农民全面发展的基础。湖北省各级政府应切实保障农民工群体，尤其是老一代农民工合法收入的获得权；应建立城市用工单位农民工用工备案制度，设立劳动保证金制度，用制度保障好农民工的合法权益。同时，农民工劳务输出地政府应切实承担起责任，积极为农民工群体收集和发布就业信息，组织农民工参加技能培训，指导农民工签订就业合同，用合同的形式保障农民工的合法权益。当接到农民工的侵权投诉后，农民工劳务输出地政府应尽快与劳务单位联系，联合农民工劳务单位所在地政府，切实帮助农民工维护权益。农民工劳务输入地政府应切实为农民工提供更多的城市公共服务项目，让农民工能够享受

到与城市居民相同的待遇。此外，湖北省各级政府应切实保障农民群体
的政治参与权，尤其是新生代农民工，鼓励新生代农民工积极参与所在
社区管理和服务活动，增强其作为社区主人的意识；增进新生代农民工
与城市居民的社会交往，建构起没有身份区别、地位和权利平等的"新
市民制度"，增强社区凝聚力和新生代农民工认同感、归属感。湖北省各
级政府和妇联应进一步保障留守妇女的劳动权益和财产权益，针对权益
受到侵害的留守妇女应制定相应的救助措施；同时，联合妇女权益保障
公益组织机构，监督好妇女权益保障法的落地实施。

二　健全农村社会保障体系

农村社会保障体系是保障广大农村群众生活的安全网，社会保险可
以有效地解决农民养老和看病难、看病贵的问题，社会救助可以帮助生
活困难的农民维持生计，社会福利可以保障广大农民享有更好的待遇、
满足他们更高的生活要求。鉴于此，完善社会保障体系对于实现农民的
全面发展具有重要的意义。

（一）提高社会保险保障水平

湖北省当前农村社会保险水平普遍较低，因此需要秉持"保基本、
广覆盖"的基本原则，大力提高农村社会保险保障水平，扩大社会保险
覆盖面。第一，湖北省各级政府应加大社会保险投入力度，通过财政支
付介入农村社会保障事业，实现再分配；通过预算收支政策和相应的税
收政策，提供农村社会保障公共产品，从而体现社会保障的公平性；同
时，不断完善筹资机制，拓宽筹资渠道；引导多元化投资，保障各类社
会保险资金稳定充足并实现增值。第二，各级政府应意识到城乡社会保
险水平的差距，将提升留守老人和农民工等农民群体的社会保险水平工
作放在首位，转换过去重城市轻农村的社会保险投入政策，切实加强对
农民群体的投入力度，特别是加强留守老人医疗保险和养老保险的投入
力度，通过中央财政、地方财政共同支出，尽快建立类似城市的完善的
养老保障体制，为符合一定标准的留守老人发放一定数量的养老金等，
为其构建牢固的安全网络。第三，湖北省各级政府应在财政预期的合理
范围内加强对新型农村医疗保险的补助和投入，加大其保障力度；通过
出台政策，明确各级财政的分担比例，在财政允许的情况下，适当提高

住院补偿比例金额封顶线；对于新型农村合作医疗的具体报销应出台相应标准，明确报销项目、报销范围和报销比例，方便相关监督部门的检查和审计；同时，简化报销程序，使农民群体能够方便及时地获得医疗补偿。第四，各级政府应积极动员农民群体参与新型农村社会保险，政府应做好前期政策宣传工作，主动向农民群体介绍新农保的相关信息，如账户结构、财政补贴等，使农民群体真正了解国家新型农村养老保险和医疗保险政策以及其不同缴费档次收益情况，提高其参保的积极性。第五，各级政府应高度重视对农民工的社会保障。湖北省农民工基数庞大，加之农民工的流动性极强，对其进行社会保障的难度较大。因此，湖北省各级政府应积极出台政策引导和鼓励农民工就业单位和农民工个人积极缴纳社会保险，为农民工提供"五险一金"，并制定有效的监督措施或成立监管机构，监督农民工就业单位按时为农民工缴纳各项社会保险，将农民工的保障落到实处。

（二）提升农村社会救助能力

在湖北农村"三留守"群体（留守儿童、留守妇女、留守老人）中仍旧存在家庭境况的差别，如贫困留守儿童、贫困留守妇女、贫困留守老人等贫困户，其日常生活难以维系，因此需要湖北省各级政府承担救助责任，并不断提升社会救助能力，从而为其构筑最后一道安全网络。第一，湖北省各级政府应在全面充分地了解贫困留守儿童、贫困留守妇女、贫困留守老人等家庭收入、家庭开支、家庭人口结构等相关情况的基础上，严格按照救助对象的确定程序对其进行评档定级，力争做到精准界定。第二，湖北省各级政府应及时掌握救助对象家庭的经济状况，采用回访等形式定期对其进行跟踪调查，若发现其已摆脱贫困后，应及时更新救助对象，从而使社会救助资金的使用能够发挥最大效用。第三，湖北省各级政府应尽可能地全面覆盖农民群体中的贫困户，尤其是因病致贫、因病返贫的农民群体，结合精准扶贫过程中的建档立卡工作确定救助对象，给予其农村低保的待遇，帮助其维持生计。第四，湖北省各级政府应根据农村经济社会的不断发展和物价水平的变化，逐步更新和提升低保标准，使低保标准能够与时俱进地满足困难农民群体的需要。

（三）推动社会福利事业发展

相较于社会保险和社会救助，农村社会福利事业旨在满足和保障农民群体更高层次的要求。综观湖北当前的农村社会福利发展状况，由于财政条件的制约，其对于农村社会福利的资金投入水平比较低，农民群体并没有享受到社会福利事业发展带来的益处。第一，湖北省各级政府应清楚地认识到社会福利资源的配置不仅关系到农村建设和发展，更关系到农民群体的切身利益和其全面发展。因此，湖北省各级政府应在中央财政的支持下，合理预算本级政府的财政支出，并逐步加大对农村社会福利事业的财政预算和支出，确保农村社会福利事业在财政预算中占据一定比例。第二，湖北省各级政府应积极引导新型农业经营主体、农业龙头企业等农村集体组织积极参与农村社会福利事业的建设，并使其充分认识到作为农村集体组织其有义务和责任为了农村社会福利的发展尽可能地投入资金或人力。如各类新型农业经营主体在收入开支允许的情况下，可安排部分资金支出，用以推动农村社会福利事业发展。第三，湖北省各级政府应积极引导和鼓励社会第三方或者慈善组织参与农村社会福利事业的发展，各级政府应广泛借鉴国外或国内发达地区较为成熟的慈善组织的做法，引导非营利组织在农村社会福利事业发展过程中贡献其力量。同时，大量吸收热衷公益事业的组织和机构，充分发挥其作用，积极促进农村社会福利事业发展，从而推动湖北农民群体的全面发展。

（四）优化医疗卫生资源配置

综观湖北当前农村医疗卫生事业发展现状，其中医疗卫生资源配置不合理、资源短缺和浪费的现象并存。如农村地区医疗卫生院没有充足经费购买医疗仪器和设备，而在部分城市医院中各类型医疗设备储备十分充足，甚至存在长期搁置没有使用的情况，这种短缺与浪费并存体现了城乡医疗卫生资源分配的不均，也严重影响和制约农民群体的全面发展。因此，需要不断优化城乡医疗卫生资源配置。第一，湖北省各级政府应借助国家对乡镇"撤、并、扩"调整的历史机遇，同步跟进调整基层医疗卫生资源的布局，不断扩大基层医疗卫生院等医疗机构的辐射半径，发挥基层医疗卫生资源的最大效应。第二，对于较为偏僻的贫困地区农村医疗卫生机构要根据实际情况，科学决策其"撤、并、扩"的问题，而不是一味地强调节省医疗卫生开支，置贫困地区广大农民群体医疗卫生需求而不顾，在贫困地区可以适当保留基本的医疗服务项目，为贫困农民提供便利。第三，政府应考虑到随着城镇化进程的不断加快，农民群体数量处于不断变化中，对于基层医疗卫生需求层次也逐步提升，因此，政府应根据农村经济社会发展的状况和农村居民分布的特点，合理确定农村医疗卫生机构的数量和规模，最大限度地提高医疗资源的使用效率。第四，合理确定农村医疗卫生机构的功能定位，明确其诊疗范围，充分发挥好其方便、价廉的服务优势，切实帮助农民群体解决其遇到的各种小病；针对较大疾病的治疗，农村医疗卫生机构应及时帮助患者转往省市大型医院或对接相关专家，帮助患者争取救治时间并节约医疗支出。

第二节 大力发展优质高效产业，加快农民群体增收步伐

根据本书前部分分析发现，湖北农民群体普遍经济收入水平不高。较低的经济收入不利于湖北农民群体的全面发展，并为其发展带来诸多影响。如为了改善家庭经济状况，农民群体外出打工，从而给留守老人、留守儿童、留守妇女带来负面影响；又如受制于经济收入，无法使留守儿童享受均等的教育机会等。湖北农民群体全面发展过程中面临的各项问题，在一定程度上是由农民群体经济收入水平低造成，因此，大力发展各类优质高效产业，千方百计推动农民群体增收步伐，提高农民群体的经济收入水平，是实现农民群体全面发展的关键。

一 积极推动县域经济发展

（一）培育特色主导产业

湖北农村地区具有较好的县域经济发展基础，各个县域资源优势和产业特色突出，这为县域经济专业化和集群化发展奠定了良好的基础。湖北省各级政府应打破常规化的思维，走出"全而抓、抓而全"的困境，结合湖北各县域经济发展的现实基础和实际情况，深度挖掘自身优势，打造独具特色的主导产业，培育"人无我有、人有我优、人有我特"的市场亮点，从而为农民群体的就业和增收提供基础。第一，制造业作为国民经济发展的重心，不仅可以带来县域经济的快速发展，而且可以创

造就业岗位,解决农民群体的就业问题。因此,湖北省政府应紧紧把握中国经济转型升级和东部沿海地区产业转移的良好契机,及时出台相关优惠政策,吸引沿海制造业等劳动密集型产业不断向湖北转移,从而为湖北农民群体提供大量的就业机会。第二,湖北在承接发达地区产业转移的过程中,要协调好生态环境保护与经济发展间的关系,避免出现产业发展带来的生态环境破坏问题;要积极吸引和承接优势制造业集群,坚决抵制能源消耗大、环境污染重的企业,在为农民群体创造就业的同时保障好农民群体追求美好生活环境的权益。第三,积极推动县域物流业发展,打造区域性的物流基地,从而辐射带动周边农民群体增收。湖北作为长江经济带的重要节点,地理位置优越,是连接东西部地区的重要枢纽。湖北各县拥有良好的铁路和高速公路等交通运输体系,具有发展县域物流的先决条件。应积极推动县域物流发展,完善铁路和高速公路等交通运输体系,加大网络和信息化服务体系建设,大力引进国内外知名物流企业,努力打造特色县域物流基地,为各类优势农业龙头企业的网络化和电商化发展提供产业保障。物流业具有很强的吸纳就业人口的潜力,积极发展物流产业,可以为湖北新生代农民工创造更多就业机会。第四,商贸业作为县域经济体系的重要组成部分,在辐射带动就业人口方面具有重要的作用,尤其是商贸业对于劳动力素质的要求不高,这有利于湖北农民群体的就业,尤其是文化水平较低的农民群体。因此,湖北省各级政府,尤其是县级政府应科学决策,结合县域物流的发展,积极鼓励商贸业的发展,着力打造连接城乡、富有规模竞争力的商贸业,从而吸纳更多农民群体就业。

（二）推动产业集约化发展

综观湖北以往的县域经济发展模式,过于分散和马赛克化,这不利于县域经济的可持续发展。随着社会化大生产要求的不断提高,县域经济的发展必须坚持走集约化道路,否则无法充分发挥各类生产要素的集聚效应,不利于自然资源和物质资料的节约,不利于中小企业的规模化、效益化和更高水平的发展,也有碍于中小企业市场竞争能力的提升,更不利于农民群体的就业和各类权益的实现。第一,湖北各政府应积极抢抓机遇,围绕湖北产业整体发展方向,延伸和完善产业链;要将县域经济的发展与湖北产业整体布局相结合,推动产业发展不断向规模化和集约化发展；按照大企业—产业基地—产业集群的发展模式，积极打造各具竞争力的特色县域产业。第二，湖北农民群体中有相当一部分家庭经济收入主要依靠农业，大力发展规模化、产业化农业，不仅有利于推动县域经济发展，而且对于农民群体增收、农业增效和农村发展具有重要的作用。因此，湖北省各级政府应在农业基础条件好的县域充分发挥好优势，积极打造高效、集聚的农业产业，按照"规模大、品种优、效益高"的原则，坚持以市场需求为导向，积极推动农业产业化经营，壮大农业龙头企业，发挥好龙头企业的带动示范效应，加快推进科学技术进步和创新，用好、用活最新科学技术，积极推动农业生产加工基地建设，大力推动传统农业转型升级，提高农业的整体效益。第三，在第三产业发展基础较好的县域，积极发展第三产业，尤其是邮电通信、信息咨询、家政服务等新兴产业，加快县域第三产业的发展，并不断向乡镇辐射，带动农民群体就业和增收。

（三）激发民营经济活力

民营经济不仅可以为县域经济的发展注入活力，而且可以创造大量就业机会，增加农民群体收入，对于保持社会稳定具有重要的作用。发达地区民营经济的快速发展证明，民营经济是富民经济，民营经济的活跃可以有效提升农民群体生活水平、促进农民群体的全面发展。因此，湖北省各级政府应在有条件的地区，积极发展和壮大民营经济，从而推动和促进农民群体就业增收。第一，政府应充分认识到民营经济对于县域经济发展的重要性，将民营经济的发展纳入县域经济发展的整体规划；放宽民营经济的市场准入标准，不断消除民营经济发展的体制性和政策性障碍，为民营经济发展创造一个公平的市场环境，从而为农民群体提供稳定的就业市场环境。第二，民营经济大多规模小、技术水平低、资本原始积累少、净利润不高，各级政府应充分发挥好政策的引领作用，加大对民营经济的扶持力度，引导民营企业集聚，形成产业集群优势，增强自身竞争能力，从而为农民群体提供稳定的就业岗位。第三，政府要适当鼓励民营企业不断追求进步和创新，建立规范的企业经营制度，提升企业家才能，积极应用科学的管理模式，塑造企业信誉和品牌，实现其可持续发展，从而保障农民群体的可持续就业和生计。

二 做大做强农村集体经济

农村集体经济是农村统一经营的重要组成部分,农村集体经济组织长期为农民生产生活提供各种有效服务,对于促进农业持续发展、农村社会稳定发挥了重要作用①。但从当前湖北农村集体经济发展情况来看,仍然存在很多问题,主要表现在农村集体经济综合竞争力不足、农户与集体经济间连接不够紧密等。因此,做大做强农村集体经济,对于实现湖北农民群体的全面发展具有重要的意义。

(一) 完善政府政策支撑

新型农业经营主体的培育和发展需要良好的外部政策环境,因此,湖北省各级政府应积极调研,结合湖北新型农业经营主体发展的实际,积极出台有针对性的扶持政策,鼓励和引导新型农业经营主体健康、有序发展,从而发挥好对农民群体的持续带动作用。第一,湖北省各级政府应探索出台相关农业政策,为新型农业经营主体的发展创造政策支持环境,落实税收、土地、人才、资金、科技服务等优惠政策,持续加大对农业财政支持力度,加强农业、农村基础设施建设,降低新型农业经营主体发展过程中的建设成本,践行"资本下乡",通过各种举措吸引社会资本注入农业。鼓励和引导各级政府建立土地规模经营扶持专项资金,研究制定农村土地流转服务体系,鼓励地方设立农业担保公司为专业大户、家庭农场提供融资服务等,扩大针对新型职业农民的农业保险险种和覆盖面。第二,认真做好农村土地的确权工作,明确土地归属,做好土地归属权登记备案工作。对于存在纠纷的地块、有历史遗留问题的地块以及尚未确权的地块,要详尽统计,尽数备案。规范和完善土地流转模式,鼓励农民群体通过转包、转让、入股、合作、租赁、互换等模式流转土地,建立土地流转中介或市场平台,对于农民群体在土地流转过程中发生的各类纠纷进行仲裁,要确保农民群体利益得到保障。第三,湖北省各级政府应在切实保障农民土地承包权和收益权的基础上,积极探索推出新理念、新举措、新方法,切实加强对新型农业经营主体的管

---

① 薛继亮:《农村集体经济发展有效实现形式研究》,博士学位论文,西北农林科技大学,2012 年,第 1 页。

理水平，从而促进新型农业经营主体健康快速发展。同时，各级政府还应坚持以市场为导向、以农民生产为主体、以特色优质农业为依托、以"探索、发展、规范、提高"为原则，引导各类新型农业经营主体完善内部运行和管理机制，推动各类新型农业经营主体建立现代企业制度，用良好的制度引领发展，使其能够发挥示范带动效应，带动农民群体增收。第四，湖北省各级政府应定期调研各类新型农业经营主体，合理评估其发展现状。针对其发展存在的问题，采取措施，出台政策，大力引导其良性发展。鼓励已经具备规模的经营主体以扩建基地、兼并重组等方式跨区域发展，不断壮大经营规模和提高整体实力。尤其是在全面推进各类合作社发展的同时，着力推动合作社跨区域合作和同业联合发展，打造一批有较强发展实力和竞争能力的联合社。指导合作社兴办农产品加工、贮藏和物流等服务业，支持合作社信息化、品牌化建设，加快提升其生产经营水平和辐射带动能力。

（二）培育新型农业经营主体

新型农业经营主体，是坚持和完善农村基本经营制度、创新农业经营体制机制、构建新型农业经营体系的骨干力量，是加快推进农业现代化发展、促进农业增效和农民群体增收的重要载体。湖北省各级政府应充分认识到新型农业经营主体培育和发展的重要性，积极鼓励和引导其发展，从而扩大农民增收的途径。第一，积极培育专业种养大户和家庭农场，鼓励农村能人、农村精英或返乡创业农民工等充分发挥自身能力和优势，通过土地承包、土地流转等方式组建农业经营团队，以绿色蔬菜、名优经果、生态渔业、优质畜禽等种养殖业为主，逐步提高规模化经营水平，逐渐向种养大户发展。同时，按照"生产有规模、产品有市场、经营有场地、设施有配套、管理有制度、农户有收益"的要求，积极推动种养大户扩大现有规模，向家庭农场转变。第二，大力培育农民专业合作社，鼓励农村科技户、种养能手或拥有大型农业机械购买能力的农户，组建农民专业合作社，积极发展优质种养殖业，扩大种养殖规模，提高集约化经营水平；并通过合作社实现农产品育种、种肥购买、生产技术培训、二次加工、深加工、销售和社会化服务。第三，积极培育农业产业化龙头企业。湖北省各级政府应充分认识到湖北农村地区的发展潜力和市场空间，聚焦具有市场潜力的农业相关领域，认真研究出台各项优惠政策，吸引和引导农业大型集团或企业落地湖北，通过农业企业的人才引进、科技创新，提高农业企业的现代化管理水平、科技创新能力以及市场竞争力，实现新型农业经营主体在生产和管理上的转型，进而提高效益。

（三）发挥龙头企业示范效应

湖北现有的龙头企业发展水平不高、实力不强、融资能力不足、管理方式不新、效益不高，导致龙头企业的带头作用并没有得到充分发挥，也没有有效带动农业生产基地或在村务农家庭的发展。因此，第一，湖北省各级政府和农业主管部门应积极推进农业龙头企业的发展，发挥好龙头企业的示范效应，将单个农民家庭与龙头企业捆绑，采取"龙头企业＋农户＋基地""龙头企业＋合作社""龙头企业＋基地"等多种联结方式，最大限度地降低在村务农家庭的市场风险，增强农户的市场竞争力。第二，积极鼓励有条件的农业经营大户创办龙头企业，引导农民以土地经营权入股农业产业化龙头企业；改革、重组、培育扶持一批具有一定竞争实力的农业产业化龙头企业，发展适合企业化经营的现代种养业、农产品加工流通和农业社会化服务公司。第三，引导民间资本、工业资本、商业资本、农业龙头企业直接经营农业；拓宽龙头企业融资渠道，各级政府应给予龙头企业更多的财政扶持，除了农业专项资金外，政府还可探索更多形式的资金支持，如农业项目补贴等。以农业为主导的龙头企业一般都是中小型企业，在市场竞争中往往处于弱势，经营的风险和不确定性大，融资方面相较于其他产业也比较困难，因此，政府应在税收方面给予龙头企业一定的倾斜和优惠，为龙头企业的正常运营提供支持。第四，龙头企业自身要结合实际，坚持"面向市场、依托基地、连接农户"的发展思路，确定合理的主导产业，建设生产基地，不断壮大自身实力，充分发挥好模范带动作用。第五，龙头企业要加强与科研院所、大专院校和农业技术推广机构的合作，走农科教、产学研相结合的道路，依托科研机构，推广先进实用技术，加快科研成果转化为现实生产力，积极研发市场领先的新产品、新技术和新工艺，依靠科技创新进一步提高农产品的附加值。

（四）建设新型职业农业队伍

当前，湖北农民群体，尤其是传统农民群体，由于缺乏必要的农业知识、技术和经营方法，使其对农业新技术的接受和应用能力较弱，这不仅不利于农业技术的进步和现代农业产业化的发展，而且有碍于传统农民群体的发展。因此，培育和建设新型职业农民队伍对于实现农村集体经济和现代农业的发展至关重要。第一，政府应加大对传统农民群体的人力资源开发力度和农村实用人才培养，大力提高传统农民群体的科技素质、职业技能、经营管理能力和创新能力；同时，对于新型农业经营主体或返乡创业的新生代农民工，要加强其创业教育，培养其风险意识、创业意识和创业精神，使新型农业经营主体或返乡创业的新生代农民工能够根据市场的变化，采取恰当的投资经营策略，合法经营、诚信经营。第二，建立职业农民培育基础档案，调查摸底湖北各农村地区家庭农场经营者、农民专业合作社骨干人才、种养大户、农民经纪人等新型职业农民数量和资质，对符合条件的录入职业农民培育监管系统，建立职业农民培育工作基础档案，为新型农业经营主体发展做好后备人才储备工作。第三，政府应制定政策并积极鼓励农业龙头企业、农民专业合作社、家庭农场、专业大户和农业服务组织，发挥主观能动性，加大人才开发投入力度，积极引进农业专业技术、经营管理等各类适用人才。第四，进一步强化对新型农业经营主体管理人员的培训工作，培养一批懂农业、会管理、善经营的优秀人才；加强与大专院校、科研机构的紧密协作，不断提高其经营管理和运用现代农业实用技术的能力。

三　不断助推现代农业发展

湖北地处中部地区，农业基础良好，但较之沿海地区农业现代化程度不高，农民群体依靠农业增收能力不足，在农村地区出现大量的撂荒现象。因此，积极推动现代农业发展是拓宽农民增收渠道，提高农民生活水平的有力保障，也是实现农民群体全面发展的基础。

（一）发展休闲观光农业

休闲观光农业集生态、生活、科技、文化和娱乐于一体，是一种新型的农业发展形式，对于增加农民群体收入、提高农业生产率具有重要作用。湖北省各级政府和农业相关部门应将休闲观光农业的发展作为推动农业现代化，提高农民群体收入和实现农民群体全面发展的有效途径，积极出台政策引导其发展。第一，湖北省各级政府和农业相关部门应针对休闲观光农业的发展和规划做到科学决策。休闲观光农业的发展牵涉面广，不仅涉及农业部门，而且也牵扯到交通、旅游等众多部门，因此需要做好宏观指导，树立全局意识，统筹规划。充分考察湖北农村地区自然资源、市场前景、旅游产业发展状况等，做好对市场的充分调研，不盲目上马规模大、效益低或超出潜在顾客消费水平的项目；结合农业生产季节性与观光旅游时间性，合理选择瓜果蔬菜品种和观赏型作物品种，尽可能延长观光农业的观赏期。第二，休闲观光农业作为一种体验型产业，更应关注顾客群体的消费体验。因此湖北省各级政府应强化服务业、交通、市政设施等部门的合作，积极完善休闲观光农业区域周边住宿、餐饮、度假等设施。同时，还应积极做好休闲观光园区内基础设施的改扩建工作，定期维护道路、水电、卫生等基础设施。第三，休闲观光农业的发展还需考虑到农民群体对于生态环境的需求，因此要处理好生态保护与资源开发间的关系，在生态红线范围内做好开发，即做好"点上开发、面上保护"，不仅要发展休闲观光农业，还要保护好青山绿水。第四，休闲观光农业的发展还应注重创新，在发展过程中根据湖北农村地区的区域特色和预期市场，打造有特色有差异性的休闲观光园区，避免产生同质化的恶性竞争。同时，针对老年人、儿童或者情侣等不同顾客群体打造形式多样的体验区。第五，积极推动农旅深度融合，重点协调好农业旅游景区与中小型观光休闲农业项目间的关系，通过开展种类多样的农业体验活动，吸引游客，扩大休闲观光农业规模，从而增加农民群体的收入。

（二）扩大生产加工基地

湖北农村地区农业资源丰富，农特产品种类多样，但由于生产加工水平的限制，农特产品的附加值不高，农民群体获得的收益也较低。因此，湖北省各级政府和农业相关部门应积极推动农特产品生产加工基地的建设和发展。第一，湖北省各级政府应综合考量当地农业发展的实际情况，合理引导和建设各类经济作物基地，如蔬菜、中药材、生态畜牧业、优质水果、生态有机茶、特色杂粮基地等。同时，利用现代农业发展的良好契机，加大招商引资力度，外引内联优质农特产品加工企业落户湖北，以合资或提供土地等各种方式共建农特产品加工基地。第二，按照"绿色、生态、安全、优质、高效"的原则，促进农业发展向优质、高产、高效转变；大力发展农产品加工，拉长产业链和产品链，提高附加值，带动农民群体增收致富。第三，通过加大政策、资金、科技等方面投入农业，改善农业生产条件，提高农业综合生产能力，大力推动特色农业设施化，实现农特产品的工业化、规模化、订单化生产。利用好互联网媒体资源，实施农特产品品牌化营销战略，借助微信、微博等新媒体推介优质农特产品，拓宽农特产品营销渠道，从而丰富农民群体增收途径。

（三）改造农业基础设施

农业基础设施的完善不仅有利于在村务农的传统农民群体生活水平的提高，而且有助于新型农业经营主体的发展，能为现代农业发展奠定良好的基础。因此，湖北省各级政府和农业相关部门应大力改造农业基础设施。第一，湖北农业部门应积极开展耕地轮作休耕试点，逐步减少农田化肥投入量，倡导增施有机肥，合理施用配方肥，有效改善土壤质量。建立完善的肥料质量监督及耕地肥力质量监测体系，建立耕地质量地理信息管理平台，合理选取耕地肥力质量长期定位监测点。第二，加快中型水库规划建设，完成一批规模合理、标准适度的应急水源工程；加强农田水源及排灌工程建设，改善节水工程；建立农村中小河道轮疏机制，实现农村河道常态治理；积极开展标准农田建设，完善渠系配套；实施水土保持、地表水污染治理、地下水保护、城市水源地保护等工程；加强农田林网、农电设施建设。第三，加快高性能拖拉机的配置，提高主要农作物机械化作业效率；报废或更新老旧、高耗能农业机械，加大先进、适用、节能、减排新型农业机械的推广力度。加大渔业、畜禽养殖机械化生产设备的推广应用，加大对粪污处理等机械设备的推广力度。建设农机跨区作业信息网络设施和智能调度管理服务平台，提高农机信息化服务水平。

四 引导扶持农村电商发展

湖北农村地区电商发展迅速，电商与农业、农村和农民群体的融合发展，不仅提高了农产品的销售效率，扩大了农民群体创业、就业的机会，而且为湖北农村地区精准扶贫提供了有效的途径，显著促进了农民群体收入的持续增加。因此，引导和扶持湖北农村电商发展，对于增加湖北农民群体收入、实现农民群体全面发展具有重要的意义。

（一）加大基础设施投入

电子商务是以网络为依托的交易平台，农村电子商务的蓬勃发展离不开安全稳定的网络环境①。湖北省各级政府应继续提高农村网络覆盖面，确保农村宽带户户通；提高运营速度，降低资费标准，让农民群体都能上得起网、开得起店。政府要完善农村电商网站建设，为有意愿、有基础开办电商的新生代农民工或新型农业经营主体配备相应的计算机软硬件设施。通过在电商平台上实际体验操作，熟悉掌握电商销售流程。鼓励农民群体积极参与和发展农村电商，推广电子商务在农产品销售方面的应用，拓宽农产品销售渠道。此外，在农村电子商务发展较好、条件成熟的地区，建立农村电子商务园区。电商园区可提供整合性物流发货平台，增加电商的议价能力。引入发达地区较为市场化的电子商务第三方服务机构，提供电商所需要的网络营销、摄影美工、信息咨询、法律维权、会计财务等多方面的服务，以及配套园区周边的餐饮、住宿、娱乐等服务。

（二）完善物流配送体系

湖北省各级政府要切实做好农村物流信息化顶层设计，与淘宝、京东等优质电商合作，借助"三网合一"，综合运用物联网、大数据、云计算等技术，搭建权威性强、覆盖面广、时效性强的农村电商物流信息化平台，主要检测和发布农产品运输信息，方便农民及时查询，也有利于提高物流配送效率。同时，政府应着力优化农村道路建设，通畅的道路有利于提高物流效率，节约物流人力成本；针对规模较大、效益好、就业带动力强的农村电商，政府还应在仓储建设和冷藏车辆的配备等方面提供帮助。探索尝试农村代售服务，建立村级服务站点。对于不了解电商的传统在村务农群体，可以尝试开展代售服务，农民可以将自己的农特产品放在服务站点展示，并由站点工作人员拍照上传到网店销售②。如若有订单，也由站点工作人员代为操作，由物流公司运输。这种方式既

---

① 张传秀：《当前中国农村电商存在的问题及对策分析》，《中共南宁市委党校学报》2016年第1期。

② 林洁：《农村电商的发展现状研究》，《南方农机》2015年第1期。

可以帮助网络知识匮乏的传统在村务农群体销售产品，同时也开拓了农村电商销售和运营的新渠道。

（三）创新电商营销模式

由于电子商务的准入门槛较低，加之质量监管缺失等问题，使得农特产品的网络销售陷入困境。为了解决这一问题，湖北省各级政府应积极引导电商经营群体，创新营销模式。各级政府可以鼓励电商经营群体试点 F2O（Focus to online）的营销模式，即通过电视、网络等各种新媒体对热点事情的传播，电商根据实际情况，迅速推出与热点事情相对应产品的一种营销模式。简而言之，即电商将热点事情效应快速转化为实际订单①。以纪录片《舌尖上的中国》为例，开播至今无论是电视收视率还是网络点击量都创新高，观众对节目中出现的小吃、农特产品等需求暴涨，而这正好给农村电商带来广阔的销售市场。因此，湖北农村电商经营群体应合理借鉴 F2O 的营销模式，借助与之相关的新闻热点，适度生产对应农产品和周边农副产品，运用电商平台高效、及时销售。同时，根据差异化的市场细分产品种类，树立品牌意识，挖掘现有农产品的品牌潜力，不断推陈出新，培养已有消费者和目标消费者的品牌忠诚度。

（四）培养农村电商人才

受制于相对落后的经济文化条件，湖北农村电子商务的发展缺乏大量有经验、懂技术的专业人才，因此加强农村电商人才培养至关重要。第一，湖北省各级政府应结合本地农村电子商务发展的实际情况，定期举办组织农村电商运营相关方面专业知识和技能培训，分批次培养具有电商理论基础和实际操作能力的人才，为农村电子商务的发展提供人才支撑。第二，湖北省各级政府应鼓励和吸引具有丰富电商工作经验和物流运输经验的新生代农民工、"乡贤"返乡创业，使其加入和推动本地农村电子商务发展。通过优秀返乡农民工和"乡贤"的创业示范，带动本地农民群体积极从事电子商务和物流配送等工作，充实本地电商人才储备库。第三，政府应积极引导本地高职院校与农村各大电商平台建立紧密的合作关系，高职院校帮助各电商平台培养既有理论又有实践经验的专业人才，各电商平台也可为高职院校学生提供真实的实践环境，培养

---

① 贺国杰：《农村电商的物流瓶颈及应对措施》，《物流技术》2015 年第 14 期。

其实际操作能力①。

第三节　繁荣兴盛农村先进文化,培育农村社会交往新风气

　　根据本书前部分分析发现,受益于城镇化和现代化进程的不断推进和农村劳动力的频繁流动,湖北省农村地区农民社会交往范围不断扩大,逐步走出传统"熟人社会"的交际圈,迈入"半熟人社会"。然而这也使得农民的社会交往呈现出"短频快"的特征,且逐步趋向于理性计算,甚至将其看作是一种"人际投资",即忽视交往的情谊而过分重视交往的回报。同时,湖北农民群体人情消费占家庭总支出比重增大,人情消费的攀比心理严重影响农民家庭经济收入水平的提升。此外,虽然公共文化硬件设施齐全,但综合利用率不高。农民群体的精神生活缺乏富有时代精神的先进文化的引领,致使赌博和酗酒等不良社会风气盛行,宗教迷信等落后文化兴盛,这在一定程度上影响了湖北农村先进文化的建设和农民群体新风气的塑造。因此,积极推进湖北农村先进文化建设,培育农村社会交往新风气,是凝聚湖北农民群体信念,强化农民群体身份认同,激发农民群体创造热情的关键,也能够为湖北农村的发展提供精神动力和智力支持。

一　塑造乡风民俗新风尚

(一)保护发扬优秀乡风民俗

　　乡风民俗,即农村社会的风气、风俗、风尚,是农村区域内的人们在长期的生活生产实践中形成,经过历史积淀传承、为农村群体所遵循的信仰观念、生活习惯、行为方式、规则制度的总和。乡风民俗来源于农村群体的生产生活实践,以地缘为基础,由乡贤士绅领导全体村民共同制定,其内容包括乡村经济生产、调整家庭社会关系、生产生活互助合作、净化民风、保护生态和明确奖惩措施等。农村优秀主流的乡风民俗是健康积极向上的,是符合农民群体发展需求的,其在凝聚人心、维

---

① 曹翔、杜荣良:《高职农村电商人才的培养模式探究》,《中国商论》2015 年第 25 期。

护农村社会秩序方面具有显著的作用。因此，针对这类乡风民俗，湖北省各级政府应采取措施加以保护，并积极弘扬和发展，使其能够成为推动湖北农民群体发展的内在力量。湖北省各级政府应积极倡导和弘扬优秀的乡风民俗，如谦虚礼让、仁爱孝悌、克己奉公等，在公共文化中心、村委会等农民经常聚集的地方，通过张贴宣传横幅、宣传标语或利用村级广播输出等形式，积极宣传优秀的乡风民俗，潜移默化地影响农民群体。如"温、良、恭、俭、让"等品行规范可以规范农民群体的行为，有助于农村的稳定；礼貌待人等乡风民俗在化解邻里矛盾，调节人际关系方面具有重要的作用。因此，湖北省各级政府应积极引导农民群体社会交往行为，改变其过分重视"人际投资"的短视认知。

（二）抵制改造陈规陋习

湖北农村地区或多或少存在陈规陋习，如赌博、名目繁多的高额人情消费、性别歧视、封建迷信和人伦差序性等落后思想和行为。为了推动湖北农民群体的全面发展，就需要坚决抵制和改造这些陈规陋习。因此，湖北省各级政府应积极传播和弘扬"民主、自由、平等、公正、法治"的社会主义核心价值观，用与时俱进的先进思想武装湖北农民群体；同时，通过宣传教育等手段，积极推动农民群体主动反思陈旧的乡风民俗，引导湖北农民群体自觉抵制和改造落后文化和陈规陋习，推动乡风民俗的变迁。此外，湖北省各级政府应大力抵制和反对农村赌博、封建迷信、邪教、伪科学等腐朽文化和民间亚文化的传播，适时加大对农民群体的预防性宣传教育力度，在农村营造健康向上的生活文化氛围，塑造积极进取的精神风貌。

（三）培育积极向上的社会风气

积极向上的社会风气不仅能够凝聚人心，而且还可以鼓舞和激励农民群体的发展。因此，湖北省各级政府应高度重视农村社会风气的培育，营造健康积极的社会风气，从而推动湖北农民群体的全面发展。第一，湖北省各级政府应重视对农民民主、理性和协作等精神和社会风气的培育①，引导农民群体树立新集体主义意识和形成互助合作精神，从而增强

---

① 黄梅君、汪校芳、黄立鹏：《村规民约与弘扬农村先进文化》，《时代文学》（理论学术版）2007 年第 2 期。

农村村落间的内聚力;帮助农民群体树立市场观念、权利与义务观念,开拓进取的精神和开放创新的现代意识,提高农民群体市场参与能力,从而为培育新型农民奠定基础。第二,培育符合时代发展主流的乡风民俗,针对名目繁多的农村人情消费,如婚丧嫁娶、小孩满月、生日寿诞、拜师谢师、房屋修建搬迁、高考录取等,由农民群体推选本地德高望重的乡贤士绅和农民代表,共同商议制定符合时代发展趋势、朴素热闹、不失礼仪的办理形式,并对各种人情消费划定大致规格,并将其以村规民约的形式固定下来,用其规范引导农村人情消费。① 第三,湖北省各级政府要积极讲好农村故事,用发生在农民群体身边的真实事件或历史上耳熟能详的故事引导农民群体树立健康向上的思想;同时,加大主流媒体对农村积极向上的乡风文化的宣传力度,政府和社会组织还可举行公益讲座,评比先进个人、道德模范等,在农村形成向上向善的社会风气。第四,湖北省各级政府或公益组织等,可以采用农民群体喜闻乐见的方式,积极开展润物无声的农村先进文化宣传工作,如借用漫画、展览、小品等形式传输社会主义核心价值观和积极向上的社会风气,从而提升农民的思想觉悟,改善农村社会风气。

二 丰富农民公共文化生活

(一) 加大公共文化建设资金投入

湖北农村地区由于自然环境的限制和相对缓慢的市场化进程,使得基层政府财政收入匮乏,基层政府对于农村公共文化建设的资金投入明显不足,甚至难以满足农民群体对公共文化生活的需求,因此湖北省各级政府应充分认识到农村公共文化建设的重要性,不断加大农村公共文化建设资金投入。第一,湖北省各级政府应高度重视农村公共文化设施的建设。丰富农民群体公共文化生活,并将其作为衡量和评价湖北农村地区经济社会发展水平的重要指标,从顶层设计层面为湖北农村地区公共文化建设和发展保驾护航。第二,综观中国现有的财政体制和湖北农村地区经济发展水平,显然,湖北基层政府财政吃紧,没有足够雄厚的

---

① 吴理财、夏国锋:《农民的文化生活:兴衰与重建——以安徽省为例》,《中国农村观察》2007 年第 2 期。

公共财政支撑农村地区公共文化建设的各项投入和公共文化项目的发展。因此，为了满足湖北农村地区农民群体日益增长的文化需求和社会交往的需求，必须依靠中央政府、省政府和当地政府等各级财政的帮助。湖北省各级政府要拨付专项资金，确保农村公共文化设施建设的财政投入占财政总收入的一定比例。第三，湖北省各级政府应调研出台合理的政策，引导和鼓励社会资本广泛参与农村公共文化建设。同时，采用财政补贴、市场运作、社会捐助、群团组织帮扶等多种方式，整合闲散社会资金，努力拓宽农村公共文化建设资金来源。第四，湖北省各级政府应积极促进文化和经济的深度融合，大力推动并形成"以文补文、多业助文"的产业发展格局，并创造条件将市场机制引入农村公共文化发展领域，激发农村地区公共文化建设和发展新活力。第五，对于湖北特色民俗和文化资源，湖北省各级政府要划定专项扶持资金。针对各种专项资金和公共文化资金的具体使用情况，加强审计和监督，确保专项资金的使用符合预算，并能够落到实处。

（二）提升农村公共文化供给质量

湖北农村地区受制于基层政府财政孱弱、公共文化建设体系紊乱和农民群体收入水平低等因素，致使农村地区公共文化基础设施陈旧、精品公共文化活动欠缺。因此，提升农村公共文化基础设施和精品公共文化活动的供给质量，是丰富湖北农村农民群体公共文化生活和推进其全面发展的必要举措。第一，针对农村公共文化设施和精品公共文化项目的供给，湖北省各级政府要统筹安排，在乡一级要逐步覆盖无线网络、无线电视、图书馆、博物馆、球场、文体娱乐中心等基本文化设施，在偏远的民族村和贫困村要全面覆盖有线电视、有线广播、文化馆、文化站、农村文化活动室、农家书屋、体育场等基本公共文化设施。同时，组织公共文化事业单位或机构，定期维护相关基本公共文化设施[①]。第二，大力实施文化惠民工程，依托乡镇文化站和农村文化大院，选取符合时代精神和农民群体需要的优秀影视作品，定期开展"舞台艺术送农民"、送戏下乡和农村电影放映等活动，为湖北农民群体搭建一个社会交

---

① 孙浩：《农村公共文化物品有效供给研究》，博士学位论文，武汉大学，2011 年，第135 页。

往的平台，营造积极向上的生活文化氛围。第三，增加农家书屋图书数量和类别，定期定制化地添置农家书屋书目种类。如针对留守儿童，可增加童话故事、绘画画本等教育方面的书籍；针对留守老人，可增加养生保健、医疗健康等方面的书籍；针对留守妇女，可增加心理健康、两性健康、家庭食谱、子女教育等生活、健康和教育方面的书籍；针对新生代农民工，可增加就业技能培训、人物传记等职业和品格塑造方面的书籍；针对各类新型农业经营主体，可增加农业种养技术、农产品销售、农业企业管理等技术和经管方面的书籍。通过定制化的图书，吸引湖北农民群体走进农家书屋，充分发挥好农家书屋的积极作用，同时也丰富农民群体的精神文化生活。第四，配套建设农村标准化小型休闲广场，在休闲广场定期为农民群体举办健康、理财、法律宣传等公共文化知识讲座，积极开展"道德讲堂""三级联创"和"星级文明户"评选活动，通过提供形式多样的活动，逐步丰富农民群体的公共文化生活。第五，在公共文化产品供给方面，湖北省各级政府应转变单一的政府包揽的供给方式，探索通过委托经营、建设—经营—转让（BOT）或政府购买服务（PPP）等形式，推进投资主体多元化和运营维护市场化，动员营利性文化公司、公益性文化组织等社会力量共同为农民群体提供优质的公共文化设施和产品，满足农民群体多元化的公共文化需求①。

（三）激发农民群体文化创造热情

农民群体是农村先进文化的建设者，湖北省各级政府应充分认识到农民群体在农村先进文化发展过程中的重要作用，积极动员农民群体参与农村文化建设，并通过各项政策引导激发农民群体的创造热情。第一，积极引导和支持农民群体对具有湖北特色的民俗活动和文化资源进行创新性的开发和设计；鼓励农民群体将日常生产和生活中遇到的有意义和有价值的奇人轶事编排成通俗易懂的文艺作品，加大特色文化村和剧团的培育力度。第二，根据农民群体的日常文化生活和新的文化生活需求，改造和创新原有文化活动内容和形式，增加符合时代要求、体现积极向上风貌和农民群体喜闻乐见的文化活动，开创农村先进文化建设的新格局，让农民群体在参与中享受文化的熏陶，在愉悦中受到潜移默化的熏

① 赵语慧：《农村公共文化生活的困境与出路》，《中州学刊》2015 年第 9 期。

陶和教育。第三，湖北省各级政府应从财政收入中划拨出一定比例的资金作为农村文化建设资金，制定对具有特色的农村文化活动的鼓励扶持发展政策，从而激发农民群体的创造热情。

第四节　持续推动各类教育发展，
提升农民群体造血能力

根据本书前部分分析发现，湖北省农村地区"读书无用"的教育观念仍旧存在，义务教育阶段教育基础设施落后、师资储备不足、师资结构不合理、教师质量参差不齐、教育经费投入匮乏，贫困山区男女接受教育机会不平等，且贫困山区义务教育阶段辍学率居高不下；学前教育供给不足，高等教育负担重；留守儿童的教育问题最突出，留守儿童的隔代抚养不利于其形成完整的社会认知，父母在教育阶段的缺位，使留守儿童缺乏正确的引导管理和监督，难以形成良好的学习习惯和培养浓厚的学习兴趣，最终走上外出务工的道路。同时，教育需求与教育供给存在不对等，新生代农民工对于职业教育的需求无法通过基础教育的获得得到满足，可见湖北省职业教育发展水平尚处于初级阶段。此外，针对农民工群体的专业技能和就业技能培训不足，甚至在有些地区还处于空白阶段。因此，持续推动各类教育发展，办好学前教育和职业教育、实现义务教育均等化和定期开展农民培训，不仅能够提升农民群体的人力资本水平，增强农民持续造血能力，而且还可以增加农民群体获得非农就业的机会，增加其向更高层次转移的可能性，对于实现湖北农民群体的全面发展具有积极的意义。

一　做大做强职业教育

（一）转变职业教育发展理念

职业教育在促进经济增长、增加就业和转变经济发展模式等方面发挥着重大的作用，培养技能型、应用型人才是职业教育的终极目标，是促进社会经济发展的巨大引擎。湖北农村地区农民群体普遍认为职业教育低于普通高等教育，这种思想不利于推动职业教育的发展，因此亟须转变农民群体对于职业教育的看法。第一，湖北省各级政府和相关教育部门应重点关注和引导社会舆论的发展，改变农民群体关于职业教育错误的思想观念认识，积极推动职业教育与普通高等教育并驾齐驱的发展模式。在条件允许的情况下，通过出台政策规定等措施，改变目前企业招聘过程中对职业学校学生的不平等对待，转变用人单位的错误认知。第二，湖北省各级政府应在农民群体中积极倡导终身学习、终身教育的理念，并将职业教育作为终身教育的一种类型，引导农民群体积极参加；通过政府政策宣传、学校课堂教育、新媒体传播报道等方式，让农民群体意识到终身教育的重要性，认识到终身职业教育对于自身发展和社会进步的作用，从而促使其积极主动参与职业教育。第三，湖北省各级政府和企业可以联合探索终身职业教育的新模式，如建立职业资格证书认证制度、学分制弹性学习制度等，大力推动终身职业教育的发展，为促进农民群体全面发展和农村经济社会进步做好人才储备。

（二）加大职业教育投入

职业教育的发展要以服务农民、农村和农业为根本要求，大力发展农村职业教育对于壮大和充实农村实用人才队伍具有重要的现实意义。第一，湖北省各级政府应充分认识到职业教育的重要性，继续加大农村职业教育的投入力度，尤其是对农村职业教育基础设施建设和师资力量两方面的扶持，努力缩小由于城乡二元结构带来的城乡教育的差距，实现城乡职业教育的一体化发展。第二，湖北省政府应重点投入，规划和建设好一批农村职业院校，按照国外或者发达地区的发展模式，规范其发展路径和教学标准，努力打造专业技术过硬的职业院校，形成职业教育的标杆，从而辐射带动其他职业院校的发展。第三，大力推动湖北区域内少数民族集聚地区职业教育的发展，针对具有独特民族文化特色的职业教育要重点扶持，湖北省各级政府可在政策或资金等方面给予帮助，使其能够发展壮大，能够作为民族地区职业教育发展的一面旗帜，形成示范带动效应。第四，湖北省政府应积极引导农村职业教育的发展方向，使其能够将学校类型、办学模式、专业设置等方面的内容与湖北农村地区产业结构调整相结合。此外，农村职业教育培养模式不应局限在单纯的劳动密集型产业工人的输出，还需与湖北农村经济社会发展紧密结合，大力培育符合本地经济社会发展需要的新生代农民工。

（三）实现职业教育规范化

当前，湖北职业教育市场发展参差不齐，既有政府主导的公益性职业教育机构，同时又遍布市场化运作的各类职业院校，因此亟须推动职业教育办学的秩序化和规范化。第一，职业教育要突出特色性和专业性，要具有一定的不可取代的竞争优势，尤其需要改变以往大而全、杂而乱的局面，职业教育强调的是独特性而非综合性。湖北省各级政府和相关教育部门要引导职业院校建立突出自身特色的专业，这不仅可以有效避免各类院校间的恶性竞争，还可以强化自身专业性和技术性，引导和鼓励学生尽早合理选择就业方向，提高职业教育的就业率。第二，职业教育不同于普通高等教育，因此在培养环节应该更加注重技能训练和实践实习，采用课堂理论学习、课外模拟操作和户外实践实习一体化的教学模式，积极推行案例教学、项目教学的教学方法。同时，职业院校应充分团结和发挥广大校友的社会力量，为学生创造实践实习的机会，在实践中提升学生的专业技能。第三，注重职业教育课程设计，课程设计要重点体现职业教育的特色，即强调特色性、专业性、实用性和针对性，设计的方向要与农村区域产业和经济发展的方向相吻合，并根据农村产业发展方向的调整实时更新课程内容，使职业教育的内容更能贴近就业所需，更具时效性和可操作性。第四，实时增强或更新职业教育师资，职业教育的老师不仅需要理论知识，更应该具备相当丰富的实践、生产、建设或管理的工作经验或人生阅历。为了保证职业教育师资水平，需大力培养"双师型"教师，对于老师的教学水平和实践能力定期进行考察和评估。对于生产实践经验丰富的即将退休教师，可以适当地放宽标准，允许他们在能力范围内继续任教，或者提高薪资待遇吸引或返聘优秀的退休教师回校任教。

（四）推广校企合作办学

校企合作的办学模式可以将职业教育与就业、产业发展相结合，具有实用、高效的竞争优势。因此，湖北在推动职业教育发展的过程中，要积极推动校企合作办学，深化校企合作，实现学校和企业优势互补、互利双赢。第一，职业教育院校要充分依托校友等社会资源，与各类企业建立长期稳定的合作关系。各类企业可根据公司培训发展需要定期选派优秀的员工到职业院校进行深度学习，以此提高员工的理论素养。同时，企业还可在条件允许的情况下为职业院校提供种类多样的实训基地和实操厂房等，在实习实践中表现优秀的学生可在毕业后优先到本企业就业，或者设立企业奖学金资助品学兼优的学生。职业院校和企业还可根据实际情况，探索开展"订单式"教育模式，不仅可以满足企业的用人需求，还可使学校的教育更具就业导向和实用性。第二，紧紧把握"大众创业、万众创新"的良好契机，借助各类小微企业和创业公司的发展，推动产学研的深度融合。职业院校可以利用自身丰富的理论知识，为各类小微企业和创业公司提供"场外指导"，小微企业和创业公司也可在现实条件允许的情况下招聘和吸纳有意愿的学生前来实习或工作，甚至可以帮助有意愿的优秀学生参与创业。第三，湖北省各级政府应出台各项政策措施，如税收优惠、土地出让金返还等政策，支持校企合作办学，引导校企创新培养模式，鼓励校企共建产品设计和研发中心，持续推动产学研的深度融合，实现理论知识与实际生产的紧密结合。

（五）做好新生代农民工职业教育

相较于老一代农民工，湖北省新生代农民工呈现出新的特征，其成长环境优越、从业年龄提前、文化层次较高、就业动机内倾、归属预期转移、维权意识强烈和职业期望高，尤其是对接受职业培训有强烈的期待。因此，湖北省各级政府和相关教育部门应积极为其创造教育培训条件，给予职业教育关怀，同时构建具有针对性的职业教育与培训体系，丰富培训内容。第一，湖北省各级政府和相关教育部门应为新生代农民工的技能培训提供充足的经费和师资支持，可以尝试建立财政补贴、企业捐赠、金融机构融资等多渠道的经费投入模式。同时，建立校企合作的职业院校和办学机构，帮助教育培训基地与机构在教学管理、师资力量、教学方式、课程设置等方面进行优化与创新。加大资金投入，做好新生代农民工的创新与创业教育。第二，积极建立新生代农民工职业教育培训基地，湖北省政府可与当地企业等建立合作关系，在企业的厂区、工地与车间直接建立新生代农民工教育培训基地，推动社会办学机构教师与企业技师的"双师型"教师队伍建设，并把教育培训考核结果与就业准入挂钩，推动新生代农民工就业由"体力型"向"技能型"转变。第三，湖北省各级政府应联合相关部门，建立就业信息发布体系，为新生代农民工提供更多免费、及时的就业信息和政策咨询。借助互联网大数据，积极实现多省市、各级地市劳动力资源信息互联互通，并通过劳务中介机构，实现求职者和用工单位的对接，推动新生代农民工有针对性地流动，减少其求职成本。第四，湖北省各级政府和相关教育部门要积极引导鼓励新生代农民工做好自身职业生涯规划安排，从社会发展以及自身需求的角度出发，积极参加职业教育的各种学习活动，为日后职业发展做好准备。新生代农民工要积极充分利用各项资源，在就业技能学习的过程中，不断增加自身职业道德以及个人修养，为社会的进步和发展贡献一份自己的力量。

二　积极发展各类教育

（一）大力发展义务教育

义务教育是国民教育体系的重要组成部分，义务教育的发展和完善对于提高湖北农民群体思想认知和人力资本具有重要的作用。因此，湖北省各级政府和教育主管部门应积极推动义务教育在农村地区的发展，妥善解决农村地区义务教育发展过程中出现的一系列问题。当前，湖北农村地区读书无用的思想仍然存在，一方面，这主要是因为农民群体自身思想认识的局限，无法认识到教育的重要性和预见教育未来可能带来的家庭经济收入和社会资本的变化；另一方面，农民群体经济收入水平较低，而教育投入成本和机会成本远远超出了农民群体的经济承受能力，且农民群体对于教育投资的经济回报期望较高，而现实情况却是教育的投入和产出不成正比。为了妥善解决上述问题，第一，湖北省各级政府和教育主管部门应引导农民群体树立正确的教育观念和思想意识，帮助其认识到教育对于家庭和社会的重要性，并鼓励适龄入学儿童积极接受义务教育。第二，深入落实国家义务教育阶段"两免一补"政策，建立健全困难家庭子女资助体系，妥善解决寄宿制学校学生住宿和吃饭困难问题，提高湖北农村地区义务教育阶段家庭经济困难寄宿生生活补助标准，确保贫困村接受义务教育的学生营养早餐全覆盖。第三，为了确保每一位贫困学生都可以均等地接受义务教育，湖北省各级政府和教育主管部门应加大贫困地区义务教育阶段教育经费投入，将贫困地区义务教育阶段的辍学率控制在一定水平。同时积极推动义务教育在贫困地区的均等化发展，消灭义务教育阶段入学机会在性别方面的不平等。第四，加大湖北农村地区义务教育阶段教育基础设施建设投入，稳步推进中小学校舍安全、农村薄弱学校改造、农村初中校舍改造等工程项目；实施一批农村中小学学校扩容工程，新建、扩建、改建一批农村义务教育学校，基本消除农村超大班现象。第五，进一步提高中小学教学装备水平，农村初中和中心小学均全面配备多媒体、现代化和远程教育的教学设备，农村镇中心中小学以上学校教学仪器设备、图书藏书量等均需达到国家规定标准。全面巩固九年义务教育，提高义务教育水平和质量，减轻农民群体的教育负担，严格控制义务教育阶段学生辍学率。第六，随着湖北农村地区人口出生率逐渐走低，适龄学生入学率也持续低迷，湖北农村地区广泛实施撤点并校，建设成立中心小学、中心中学。然而，针对贫困地区和偏远地区的农民群体而言，撤点并校意味着义务教育成本的提升。因此，湖北省各级政府在加快教育网点布局调整的同时，要谨慎对待贫困和偏远地区的村级教学点撤并问题，不能仅以学生数量、教学点辐射范围等简单的标准量化，而是要综合考虑如果撤并教学点后周边学生上学的便利性和成本，为广大农民群体提供切实的方便和实惠。

（二）扎实办好非义务教育

1. 幼儿教育

幼儿教育是基础教育的基石，是终身教育的开端，是国民教育体系的重要组成部分，是实现教育公平的起点。高质量的幼儿教育不仅可以促进幼儿大脑社会性发展，提高幼儿未来认知和阅读能力，而且对幼儿阶段总体发展和下一阶段学习进步都有显著影响。然而，在湖北农村地区幼儿教育发展存在诸多问题，幼儿园供给不足、办学条件落后、幼师师资匮乏、幼师资质较低、师生比居高不下。因此，湖北省各级政府和教育主管部门，应积极推动湖北农村地区幼儿教育的发展。第一，湖北省各级政府和教育主管部门应从战略高度充分认识到幼儿教育的重要性，逐步将幼儿教育列入湖北省经济社会发展总体规划中，用规划引导幼儿教育事业健康发展。第二，依据湖北农村地区经济社会发展水平和现实情况，加大公办幼儿园的供给，切实做好农村地区幼儿教育的空间布局，尤其要做好农村幼儿教育网点建设，在人口比较集中的农村单独设园、设点，确保每个镇至少有一所普惠性镇中心幼儿园。逐步将幼儿教育从乡镇中心学校小学教育中剥离，充分体现幼儿教育的办学特点，切实满足农民群体对于幼儿教育的需求。第三，加大对幼教育财政投入的力度，改善幼儿教育办学条件。要重点向幼儿教育办学条件落后的民族地区和贫困地区的广大农村倾斜，逐步缩小城乡幼儿教育差距。第四，弥补幼儿师资不足缺口，湖北省各级政府和教育主管部门应出台免费幼师培育政策，合理增加招生人数，及时补充幼师队伍，将师生比稳定在合理的标准。同时，提高幼师准入门槛，做好幼师准入的资格审查、心理健康排查、行为审核等工作，重视对幼师的甄选过滤，构建科学规范的幼师遴选机制，将爱心、良知和职业素养作为幼师聘任的关键指标。积极提升幼师质量，建设一支师德高尚、业务精良、结构合理的幼师队伍，将湖北农村地区幼师基本学历稳定在专科及以上，淘汰非专业、低学历人员。

2. 高中教育

湖北省各级政府应充分认识到农村地区高中教育的发展，对于农村地区经济社会发展和农村建设具有十分巨大的作用。因此，需要加快发展高中阶段教育，改善办学条件，提高教育质量，扩大优质教育资源。第一，湖北省政府和教育主管部门应加大教育经费投入，同时也应认识到政府在资源配置中应该是雪中送炭，而不是锦上添花，因此要积极向农村地区或贫困地区的普通高中倾斜。第二，由于"读书无用论"的盛行，湖北农村地区，尤其是贫困地区初中生的辍学率居高不下，使得湖北农村高中生源严重不足。因此，湖北省各级政府和教育部门要利用各种宣传媒介，引导农民群体树立正确的就业观和教育观，帮助农民群体认识到子女接受高中教育的必要性。第三，做好困难学生的救助工作，通过采取补助学费、减免杂费及发放奖学金、贷学金等措施，建立起经济困难学生资助政策体系，减少农村初中毕业生中因家庭贫困而终止高中教育的人数。第四，湖北省各级政府和教育主管部门应根据农民群体对于教育的具体需求，积极探索实践办好富有特色的农村普通高中教育，而不是完全拘泥于高考的框架之下。立足于湖北农村地区高中教育发展的实际，如自身办学历史、学校的发展、师资状况、生源情况、区域特色、农村社会需求等，创建特色的高中教育，提高人才培养质量，培养农村地区社会经济发展需要的人才。第五，进一步提高湖北农村地区高中教育阶段教师数量和质量，湖北省各级政府和教育主管部门，应在财政允许的情况下，进一步提高农村地区高中学校教师的工资和补贴标准，凡是在农村高中任教的大学毕业生、硕士研究生和优秀教师，可以上浮 2 级至 3 级工资，并保证城乡高中教师有相同的补贴、养老保险、医疗保险、失业保险等，以调动他们的积极性和主动性。实施农村高中教育硕士培养计划，扎实开展学历培训、骨干培训、校本培训等多形式、多渠道的继续教育和师资培训工作，提高教师队伍素质。

（三）壮大农村师资队伍

师资队伍的建设不仅关系到学生的受教育情况，而且事关湖北农村地区义务教育稳定和有序发展。然而，当前湖北农村地区义务教育阶段教师师资总量、质量和结构三方面都存在诸多问题。不断培育和壮大义务教育阶段师资队伍，培训和吸纳高学历、高素养的教师，是提高义务教育阶段教育质量的基础和关键。第一，湖北省政府和教育主管部门应根据湖北农村地区义务教育发展阶段教师储备的实际情况，制定和出台具体的政策，合理有序地招聘高质量的教师，扩充义务教育阶段师资队伍，增加师资储备。针对贫困地区和偏远地区较为分散的教学点，除了参考在校学生数量，还应结合教学任务和工作量，适当增加农村教师队伍编制，切实确保每一所村级小学至少有一名教授英语、音乐、美术、体育、信息技术的老师。第二，湖北省政府和教育主管部门应妥善配置湖北农村地区教师资源，优化师资结构，对于年龄较大、知识结构老化的在编农村教师进行职业技能再培训，若培训之后依旧无法胜任教学工作，应鼓励其主动退出，从而引进优秀的教师。第三，创新农村教师招聘模式。教育主管部门应瞄准从湖北省贫困地区或偏远地区走出来的大学毕业生群体，针对这类群体实施定向招聘，即与湖北教育管理部门签订合同的大学毕业生必须至少在湖北贫困地区或偏远地区的农村中小学或教学点服务 5 年，5 年后可以续签或到其他地区或其他学校任教[①]，充分利用湖北农村地区浓厚的乡风和较为熟悉的环境留住本土优秀大学

---

① 范先佐：《义务教育均衡发展与农村教育难点问题的破解》，《华中师范大学学报》（人文社会科学版）2013 年第 2 期。

生，从而优化义务教育阶段的师资结构，提升师资质量。第四，教育主管部门应积极推动湖北省城市地区优质教师与农村地区教师的交流与沟通，推动教师轮岗制度的落地。积极鼓励城市优质教师定期去农村地区中心小学工作，建立一对一的帮扶机制，指导帮扶学校教师备课和教学，提升农村教师教学业务能力。湖北省教育主管部门可试点推行城市教师轮岗与职称评定相挂钩的制度，从政策层面激发城市教师轮岗交流的积极性和主动性，从而推动农村教师质量和业务能力的提升。第五，全面提升农村地区教师经济待遇，改善其生活条件。除却基本工资，湖北省政府应重点向农村贫困地区与偏远地区教师倾斜，将农村贫困地区与偏远地区环境和条件恶劣程度作为发放教师津贴和补助的重要参考指标，并划分合理的津贴梯度。此外，改善教师生活条件，改扩建教工宿舍，配套水、电、气和网络等基础设施，全面提升义务教育阶段教师待遇。

（四）重点关注留守儿童教育

留守儿童的产生实则是农民群体需求和认知的不断调整，以及湖北农村地区经济社会发展和农民群体追求更高物质和文化需求的必然产物。湖北农村地区留守儿童大量存在，留守儿童的教育问题较多，其中隔代抚养、双亲缺位、学习兴趣低迷和心理健康等问题严重影响着留守儿童的健康成长。因此，湖北省各级政府和教育主管部门应重点关注留守儿童的知识教育和心理教育问题。第一，湖北省各级政府及教育主管部门应加强寄宿制学校的建设，加大对寄宿制学校的投入力度，确保每个乡镇在中心学校所在地都有一所寄宿制学校，同时改善食堂、浴室等生活设施；配备专门的生活教师，负责对住校学生进行思想、情感教育和日常生活的集中管理。第二，湖北省各级政府和教育主管部门应鼓励寄宿制学校创新工作做法，积极建立"留守儿童"学习和生活档案，开设亲情热线电话，使留守儿童可以和外出打工的家长保持联系，也使家长能够经常了解和掌握孩子的思想动态，一旦出现任何不利于留守儿童成长的思想苗头，可以及时发现、梳理和引导。充分利用假期、春节家长回家的时机，召开留守儿童家长会，与家长交流，互通信息，掌握留守儿童的学习情况和思想动态。同时，联合农村地区教育、妇联、扶贫等有关部门对家庭经济条件困难的留守儿童给予一定的补助，保证其正常学习和生活。第三，注意发挥好学校和老师对于留守儿童教育的重要作用，针对学习困难、行为、性格异常的孩子，学校和老师应更多地关心他们的学习、生活情况和思想变化，增加情感投入，让他们有集体归属感。同时，还要做好帮助引导工作，开展师生间、同学间"结对子"互帮互助活动，对逃学、辍学的留守儿童进行寻访，帮助他们重返学校。此外，开展丰富多彩的课外活动，鼓励他们参加课外集体活动或兴趣小组活动，使留守儿童在集体大家庭中得到关心，感到温暖。注意发挥留守儿童的主体性和积极性，进一步改变单一的教学形式，充分激发其学习的愿望和动机。第四，针对自尊心强、内心封闭、情感压抑且不愿意与老师或祖辈老人交流的留守儿童，做好同辈辅导工作。思想稳定健康的班级干部与留守儿童为同龄人，彼此之间共同语言比较多，比较容易建立起亲密交流的关系，可鼓励其多与留守儿童互动，帮助留守儿童形塑良好性格。学校和老师可以充分发挥班级干部的纽带作用，从他们那里直接或间接获取留守儿童的心理、思想和道德状况，学校和老师可以有准备、有针对性地与留守儿童交流和沟通，及时解决留守儿童内在的心理和思想问题，避免问题淤积影响留守儿童成长。第五，湖北省各级政府和教育主管部门可以试点开设与留守儿童相关的课程，如安全教育、法制教育等，帮助他们了解各类知识。有条件的农村地区可以成立心理咨询机构，开设针对青少年身心发展规律的心理课程，专设心理教育老师，及时疏导留守儿童显性和隐性的心理压力。第六，依靠社会力量，为留守儿童的成长营造良好的环境，如启动"留守儿童"关爱工程，成立留守儿童托管中心，开设关注留守儿童成长热线等，凝聚社会各界的关心，以此支持留守儿童教育事业的发展，力争使每位留守儿童都能得到全面健康的发展。

三 定期开展农民群体培训

综观湖北农民群体，劳动力素质不高、缺乏过硬的技能，致使相当数量的农民工在进城务工中很难谋到一份稳定体面的工作。因此，积极开展农民工技能培训可以提高其就业能力，提升其人力资本水平；对培养新型农民、发展和壮大农村经济、增强农民造血能力和促进农村剩余劳动力转移具有重要的作用。

（一）健全农民群体培训相关机制

农民群体的培训对于促进农村劳动力的有序转移具有重要作用，同时也是推动农民全面发展的重要举措，政府应从顶层设计层面健全农民培训的相关机制，助推农民全面发展。第一，政府应高度重视农民培训工作，健全农民群体培训工作机制和管理方法，根据湖北农民群体发展的实际情况，制定相应的政策。第二，优先确定农民群体培训目标是就业或创业，因此开展培训的首要目的是满足就业市场的需求，即农民群体经过培训拿到证书之后，可以在短时间内实现充分就业。同时农民群体培训还需与农业产业发展相结合，对于从事农业生产的劳动者来说，经过培训之后可以在实际农业生产中实践获益。第三，加快建立健全农民职业资格证书制度，对农业从业者、第三产业从业者、第二产业从业者、老一代农民工、新生代农民工等不同农民群体提出专门化的知识、技能要求，助推农民职业培训步入正规化轨道。第四，借助广播、电视、新媒体等媒介，加大农民群体培训就业、务工典型案例宣传报道力度，在湖北农村地区创造良好的培训环境，为农民群体培训服务、自主就业做好造势宣传，针对农民群体的各类技能培训项目发展搭建平台，吸引潜在农民群体积极参与培训学习。

（二）市场化运作农民群体培训

湖北省各级政府应鼓励和引导市场力量积极参与农民群体培训。第一，湖北省各级政府和相关部门应大力鼓励和支持农业企业自办或与新型农业经营主体合力组织农业培训，积极吸引农技推广机构、农业专业合作社等参与农民群体培训，这在一定程度上可以降低农民接受培训和再教育的成本，对于有意愿受训的农民具有相当大的吸引力。第二，加强培训机构师资队伍建设，政府可以优先聘请有专业知识和实践经验丰富的教师、农村能工巧匠、农村实用人才担任培训机构的教师，充实培训机构师资队伍。第三，为了提高农民群体培训的质量，湖北省各级政府应在农民群体培训中合理引入市场竞争机制。可以初步构建具有可操作性的农民职业培训评价指标体系，根据评价指标对市场上的农民群体培训机构量级，依照级别的高低确定政府相应的补贴水平。建立退出机制，针对评级较低且培训效果不理想的机构应取消其资格。

（三）确保培训内容与方法多元化

在农民群体培训的内容与方法方面，湖北省政府应该积极鼓励其多元化发展。第一，结合农民群体生产实际，尊重农民群体选择，确定培训时间、内容和方式。采用针对性强的教学培训方式，定期邀请涉农高等学校和科研院所专家教授到农村田间地头，围绕农业种植、农业增产增收等方面的难题现场授课，面对面答疑解惑，解决职业农民"怎么种"问题。充分利用多媒体、科技电视短片与视频等，传播农业技术新知识。第二，整合教育、扶贫和人社等部门专项"三农"资金，加大职业农民培训投入，定期组织受培训农民赴山东、河南等农业大省考察学习，切实提高职业农民"怎么种"能力和水平。第三，政府在财政允许的情况下，大力扶持农村农业示范园区、现代农业生产基地和特色农产品加工基地建设，培育特色农业大户和专业合作社，并将其作为农民实践训练基地。定期派遣农民去基地参观学习，亲身体验现代化农业和高效农业生产，增强他们对实践内容的感性认识，帮助他们提高从事农业的实际操作能力①。第四，鼓励农业技术"大咖"通过结对子，以"师带传""科技赶集"等方式进行传、帮、带，促进实用知识、技术和经验等传播，培养更多农村实用人才。

第五节 全面实施乡村振兴战略，打造美丽乡村新景象

实施乡村振兴战略，是党的十九大作出的重大决策部署，是决胜全面建成小康社会、全面建设社会主义现代化国家的重大历史任务，是新时代"三农"工作的总抓手。农业强、农村美、农民富是乡村全面振兴的主要目标。因此，湖北省各级政府应按照社会主义乡村振兴的要求，主动作为，不断促进农村经济社会发展，从而推动农民群体全面发展。

---

① 官爱兰、蔡燕琦:《农业现代化中农民职业培训：美国、韩国经验及启示》,《高等继续教育学报》2013 年第 5 期。

一　完善农村基础设施

完善的基础设施是农村经济社会生活发展的关键，湖北省各级政府应在国家各类政策文件的指导下，积极配套农村地区基础设施建设，以期推动乡村振兴，从而为农民群体的发展创造良好的外部环境。第一，加强农村公路建设，提高建设标准，尤其是在湖北民族地区和偏远山区，要超前谋划公路布局，在实际建设过程中适当提高建设标准，以满足农民群体对于出行的需求。完善交通布局，重点布局村与村、村与社联网公路，提高互联互通能力，改善农村出行条件，修建农村人行便道，提高出行可达性、通畅率和舒适度。积极建设石板路、水泥路，方便农民生产生活的田间道路、出行便道，有条件的村镇可将村道硬化并延伸到农户院坝。第二，湖北省各级政府应继续实施新一轮农村电网改造升级工程，实现农村电网换代升级，增强电力服务农村农业发展的能力。加强农村邮政设施建设，加快服务网点建设和改造，开展"收订到农户、配送到家门、服务到田头"的一条龙服务，推广"试验示范＋配送""科技培训＋配送""配送＋分销＋农户"等快捷服务模式。第三，湖北省各级政府应加快发展农村新型能源，积极开发农村新型能源和生物能源，在种养殖农业较发达的湖北农村地区大力发展大中型养殖场沼气工程和规模化秸秆供气工程，推动新型能源在农村地区试点和使用。开展水、煤、气利用和新型优质燃料试点示范工作，大力发展农村沼气，扩大集中供气规模，实现农村沼气社会化服务全覆盖；大力推进天然气管网向镇村延伸。第四，湖北省各级政府应突出重点水源、农村供水、防洪减灾、农田灌溉、水生态管理能力等工程建设，积极推进中小型水库建设，开展病险水库整治、江河治理、后期扶持、抗旱应急连通等工作，综合治理水土流失，搞好节水灌溉，加快防汛抗旱工程建设步伐。继续推动农村饮水工程建设，全面保障农村饮水安全和饮水质量，实现农村自来水全面覆盖。

二　积极推进乡村振兴

在城镇化和工业化快速发展的宏观环境下，湖北农村青壮年劳动力大量流失、传统农村村落衰败、农村生态环境破坏、农田撂荒、人地关系失衡等问题越发严重，湖北大力推动实施乡村振兴战略，整治空心村问题、改善农村人居环境、重构乡土空间、缩小城乡差距，不断实现城乡一体化发展。

（一）明确政府主导地位

乡村振兴与生态文明建设息息相关，因此在建设过程中要形成多元参与的大格局。湖北省各级政府要明确政府的主导作用，协调好多元参与主体间的关系，积极推动多元参与主体间的信息资源共享和交流沟通。湖北各级政府应根据湖北农村地区不同的地域特色、文化风俗和农村发展基础等现实条件，制定符合本区域乡村振兴的规划，在规划过程中要注重其地域性和独特性，防止"千村一面、万村雷同"。同时，做好规划引领工作，强调"一张蓝图绘到底"，规划是乡村振兴的前提和基础，其未来的发展方向需要严格按照规划执行，防止发生因领导更迭导致规划中断的情况。因此，在制定规划的过程中要具有前瞻性和系统性，将乡村振兴作为长期性的目标，而非短期行为。

（二）有效整合建设资金

乡村振兴作为一项长期的发展规划，是一个牵扯面较广的复杂工程，不仅需要大量的人力和智力资源投入，更需要大量的资金支持。但是，单纯地依靠湖北省各级政府的各项补贴支持很难覆盖乡村振兴的方方面面，因此需要有效地整合各项资金，拓宽资金筹集渠道。第一，湖北省各级政府应在政策层面鼓励多元主体参与新农村的打造，通过制定相关的优惠政策吸引社会资本进入；同时政府还应实施切实可行的资金管理和监督机制，确保专项资金用到实处，避免资金使用过程中的浪费和滥用。第二，湖北省各级政府可以根据乡村振兴的实际情况，采取多种措施筹措建设资金，如对于发展较好的农业企业、村镇企业、专业合作社等，政府可以引导和鼓励他们采用实物或资金等形式参与乡村振兴。第三，湖北省各级政府应积极推动农村投资环境的改善，针对经济发展水平较高和产业基础较好的县域，如黄冈浠水县、荆州公安县等，可以适当放宽外来企业的进驻标准，大力吸引外来企业落户，实现企业产品生产与乡村农业生产相对接，为广大农民群体提供就近就业的机会，同时增加当地政府税收收入，为乡村振兴集聚资金。

（三）保护传统文化村落

乡村振兴离不开对优秀传统文化的保护和发展，"留住文脉、记住乡愁"是乡村振兴的普遍共识。因此，湖北省各级政府应该特别注意传统村落、传统民居以及历史文化名村的保护与发展，不盲目大拆大建，尤其是要做好传统村落的保护工作。要尊重湖北传统的吊脚楼建筑群、家族式建筑群、连体式建筑群等村落的特色，在保护和修建的过程中充分挖掘乡土文化的内涵，大力培育特色文化村，结合现代文明的发展，将历史文化底蕴丰厚的传统村落建设成集传统文化与现代文明于一体的特色文化村。同时，充分挖掘传统的农耕文化、山水文化和特色民族文化，规划建设好农村特色文化村，将乡村振兴与农村特色文化弘扬相结合。此外，在乡村振兴过程中要充分尊重特色乡村文化传统和民族传统，尊重农民群体意见，合理布局农村居民点，保持乡村风貌和地方特色。根据乡村的特色整体规划，做到村庄发展与人文特色的统筹协调，合理安排镇和村庄建设、农田保护、产业集聚、村落分布、生态涵养等空间布局，实现农业产业与生态环境、土地节约与资源利用、经济建设与农民群体收入的同步发展。

（四）发展农村生态文明

农村生态环境不仅关系到乡村旅游和现代农业的发展，也密切地影响着农民群体的身体健康。因此，积极发展农村生态文明是乡村振兴的关键。湖北省各级政府应大力推行农业清洁生产，倡导"绿色消费"和"低碳生活"，增强农民群体的环保意识。积极开展农村环境集中连片整治行动和卫生村、健康村创建活动，加大生活垃圾处理、污水治理、改厕和村庄绿化美化力度，增添垃圾清运设备及垃圾分类处理设备，完善垃圾收集点，改进污水处理技术，改善农村人居环境，积极推进乡村振兴。

三　推动乡村治理现代化

乡村治理现代化是实现国家治理体系与治理能力现代化的重要保障，也是实现农民自由和全面发展的重要体现。综观湖北当前的乡村治理现状，存在大量基层政府职能不清晰、农民群体参与治理意识薄弱等问题。因此，为了促进湖北农民群体的全面发展，亟须推动乡村治理现代化。

（一）促进政府职能转变

政府并非"全能型"政府，推动政府职能转变，建设服务型政府是实现乡村治理能力现代化的基础。湖北省各乡镇政府应合理界定其职能，明确乡镇政府在乡村振兴中的首要职能是为农民群体提供有效的公共产品和公共服务。只有明确好政府自身的定位和角色，才能厘清相对应的权责关系。湖北省各乡镇政府应强化服务意识，在日常工作中时刻体现服务精神，为农民群体提供满意、高效、优质的服务。同时，创新管理方式，综合运用科学的管理方式，不断提升综合素质和服务能力，密切联系群众，改善服务质量，提升工作效率。

（二）建立完善规章制度

湖北基层政府应建立健全完善的规章制度，使乡村治理有章可循，提高治理效率和能力。第一，湖北基层政府应建立规范的议事规则，对于乡村治理过程中需要决策的重大事项，应该在广泛听取农民群体的意见之后，通过乡镇领导班子议事决定。议事形式以召开会议或者民主表决为主，会议类型主要包括党委会、乡镇长（主任）办公会、党委书记办公会、党政联席会等，杜绝"一言堂"等非会议形式和党政主要领导碰头"通气会"的做法。第二，湖北基层政府应建立规范的运行机制，完善农民群体参与、专家咨询、集体讨论决定的决策制度，逐步推进乡村管理的各项事务决策过程公开。第三，湖北基层政府应强化问责制度，健全内部检查制度，对乡村治理过程中的各项制度落实情况进行定期检查。建立责任追究制度，明确过错责任的内容和主体的认定，形成有效的问责制度，实现基层治理制度化、规范化，从而为乡村治理现代化奠定好制度基础。

（三）发挥农民主体作用

乡村不只是农民群体的居住地，更是农民群体生产生活的重要场所，农民群体作为乡村的主人，是乡村建设和治理的主体，在乡村治理过程中农民群体具有相当的话语权和决定权。对于乡村发展规划的编制、项目的落实和资金的使用等，农民群体都具有决定权。因此，湖北省各级政府在治理过程中应充分尊重农民群体的意愿，体现农民群体的主体性。积极提升农民参与乡村建设和管理的意识，培养其正确的参与行为和习惯。农民群体受自身文化水平的局限，对于参与乡村建设的积极性不高，参与意识比较淡薄，对于政府的依赖性较高，尚未正确认识到其作为乡村建设的主体作用。因此，政府应积极调动农民群体参与热情，充分运用入户宣传、下田讲解等方式让农民群体认识到其主体地位，积极参与到乡村建设的规划、建设和管理当中，从而使农民心中所期盼的与乡村建设发展相统一，使农民成为乡村发展的真正受益者。积极拓宽农民群体参与乡村公共事务的渠道，吸纳新生代农民工或"乡贤"加入到乡村治理中；建立和完善信息公开制度，确保农民群体的知情权，保障其对于村务管理的话语表达权；村民委员会应将乡村建设和发展的重点、乡村领导的换届与选举、村民委员会的日常经费开支、乡村各类专项资金或补助等使用和发放情况等关系到乡村持续发展的重大事务及时有效地告知农民群体，使其能够充分了解各项事务；做好农民群体与村委会之间的沟通交流，对于农民群体提出的各方面建议等，村民委员会应给予重视和回应；同时，村民委员会也应将上级政府制定出台的与农民群体生活息息相关的政策及时传达给农民群体，实现信息在双方间的双向流动。

（四）重视乡村精英力量

乡村精英作为乡土社会中的成功人士，如乡村教师、经济能人、退休干部等，他们因某方面的特长或技能优先累积了一定的财富和地位，在乡村社会中具有一定的影响力和感召力，甚至在日常乡村相关事务的处理中具有一定的威望。因此，在推动乡村治理能力现代化的过程中，湖北基层政府要特别重视乡村精英的力量，充分发挥好其威望以此促进乡村更好地发展。积极引导乡村精英参与乡村选举、乡村事务决策与管理等，树立乡村精英参与乡村建设的正面形象，从而示范带动农民群体参与到乡村治理中。乡村精英通过其艰苦奋斗和努力拼搏，在其工作的行业内积累了较为优越的资源，并具备了一定的领导能力，他们眼界较为开阔，见识多，不仅可以为乡村发展和建设进言献策，还可以带动农民群体致富。因此，湖北基层政府应努力优化乡村各方面环境，大力发展社会事业，吸引乡村精英回流，并大力培育新的乡村精英，为实现乡村治理现代化提供人才支撑。

实现农民的全面发展不仅是农村经济社会发展的关键，也是中国实现平衡和充分发展的重中之重。农民的全面发展和乡村振兴离不开农村经济产业、文化教育、民主建设、社会保障、扶贫开发的完善和发展，只有这些方面协调统一推进，才能推动和实现农民的全面发展。本书充分认识到农村经济社会的总体发展有利于农民的全面发展，因此主要从产业、文化、教育、医疗、社保和乡村振兴等方面提出相关促进农民发展的政策建议：第一，健全农村社会保障体系，解决农民发展后顾之忧；完善社保相关的政策制度，为农民的全面发展做好顶层设计。第二，大力发展优质高效产业，加快农民群体增收步伐。通过县域经济、农村集体经济、现代化农业和农村电商产业的发展，为农民群体创造更多的就近就业机会，增加农民群体收入，提高农民群体生活水平，推动农民的全面发展。第三，加强农村先进文化建设，培育农村社会交往新风气；大力培育乡风民俗新风尚，不断丰富农民的公共文化生活。第四，持续推动各类教育发展，大力发展义务教育，做大做强职业教育，定期开展农民群体培训，切实提升农民造血能力。第五，实施乡村振兴战略，打造美丽乡村新景象。

第 八 章

总　　结

1978 年，中国改革开放的历史征程开始于农村。跨越 40 年，中国农民的发展虽历经曲折，但成果丰硕，取得了举世瞩目的伟大成就，农民群体的温饱问题得以解决，生活水平日益提高，生产条件更是发生了翻天覆地的变化。这一成果的获得很大程度上依赖于党中央、国务院对农民的热切关注、对"三农"问题的大力支持。40 年来，湖北历届省委、省政府认真贯彻落实中央精神，坚持把"三农"工作作为重中之重，不断改革创新，扎实工作，推动了农民生活质量的迅速提高和农村面貌的巨变。站在新的历史起点上回顾 40 年农民的巨变，总结湖北农民群体发展取得的可喜成绩和积累的宝贵经验，了解其存在的不足之处，拓展农民群体发展的空间，对于湖北农民获得更为美好的生活，具有重要的现实意义。

第一节　湖北农民群体的发展成就

从 1978 年 12 月党的十一届三中全会至今，中国的农村改革大体上经历了三个阶段：1978—1984 年为农村改革启动期，农民由自发改革转向国家自上而下推动的大型改革；1985—2002 年为曲折期，农村改革既不断深化，又充满曲折；2003 年至今为跨越期，走出曲折历程的中国农村改革进入新阶段。通过三个阶段的改革，湖北"三农"工作取得了显著成效，农民得到了更多实惠。通过家庭联产承包制改革，解放了农民生产力，调动了农民生产积极性，农民生活水平也不断提升。1978 年，湖北农民家庭人均年收入仅为 110.52 元，2016 年增加至 12725 元，农民人均生活消费支出也由最初的 107 元增长到 10938 元[①]，由生存型消费转变为发展型消费。生产方面，机械装备更加齐全，机械化水平显著提升，农业机械总动力由 1978 年的 616.07 万千瓦增长为 4187.75 万千瓦[②]，农业生产条件得到显著改善。实行农业税费改革，使农民负担进一步减轻。2005 年取消农业税后，与税收改革前的 1999 年相比，湖北省农民每年减负 55 亿多元，人均减负 139 元左右[③]。实行农村合村并组，湖北村民委员会由 1986 年的 32734 个减少到 2016 年的 25063 个，村民小组也由259128 个缩减至 208050 个[④]，有效改善了基层管理机构冗杂、权责不分的局面，大大提升了农村基层管理的效率。农村社会保障经历了从无到有、由寡到多的过程，保障体系不断健全。养老保险、医疗保险、低保与五保户供养体系日益完善，老农保与新农保实现了有效衔接。农民工的劳动权益保障也更加健全，保障标准显著提升，保障人数不断增加。2016 年湖北农村新农合保障人数为 3820.9 万人；享受农村低保的人数为159.6 万人[⑤]；农村五保户年集中供养标准平均达到 7402 元，分散供养标准平均达到 7294 元[⑥]；前两批试点县（市、区）的养老保障综合参保率达到94%[⑦]。在农村教育方面，对教育的重视性不断提高，农村人口教育水平显著提升。第六次全国人口普查数据表明，湖北适龄人口小学及以上文化程度占比高于全国平均水平。农民享受的文化福利也更为全面，文化产品丰富多样，农家书屋、图书阅览室、文化广场、乡镇文化站、综合文化活动室等农村文化设施一应俱全，文化供给质量更高。

---

① 《湖北统计年鉴2017》，湖北统计局，http：//www.stats-hb.gov.cn/info/iIndex.jsp? cat_id = 10055。

② 同上。

③ 《辉煌的过去 灿烂的未来》，荆楚网，http：//news.cnhubei.com/xw/zt/ncsfgg/201212/t2365653.shtml。

④ 《湖北统计年鉴2017》，湖北统计局，http：//www.stats-hb.gov.cn/info/iIndex.jsp? cat_id = 10055。

⑤ 同上。

⑥ 《湖北城乡低保标准较上年提高15%》，荆楚网，http：//news.cnhubei.com/xw/wuhan/201702/t3784556.shtml。

⑦ 《新农保试点覆盖湖北2983万人 过60岁可领养老金》，荆楚网，http：//news.cnhubei.com/ctdsb/ctdsbsgk/ctdsb06/201110/t1851422.shtml。

第二节 湖北农民群体的发展经验

回顾改革以来湖北农民发展历程，取得的成果来之不易，积累的经验更是弥足珍贵，不仅对湖北下一阶段"三农"工作的开展，对全国层面的"三农"工作也具有一定的示范效应。总体来看，湖北农民取得的伟大成绩源于以下几方面：一是党中央对农村工作的高度重视、大力支持与合理规划，为湖北"三农"工作奠定了基础；二是湖北省委、省政府积极贯彻落实党中央的涉农政策，让全省农民得到了实惠；三是坚持实事求是原则，在实践中发挥干部群众的创造力，基于地方特色的有益探索与实践创新给农民带来了切实福利；四是坚持机制体制改革先行，以解决农村上层建筑与经济基础不适应的深层次问题，创造了有利于农民增收、农业发展的环境；五是坚持以保障农民权益为核心，从农民群众反映最强烈、影响生产力发展最突出的问题入手，维护农民切身利益，保护、调动了广大农民群众参与农村建设发展的积极性；六是坚持不间断地改革，由点到面、从局部到整体，循序渐进，避免了农村经济和社会的大震荡，为农民提供了分享改革成果的机会。

一 中央政府高度重视，稳步提供政策保障

农业是国民经济的基础，农村稳定是整个社会稳定的关键，农民问题始终是中国社会主义现代化建设、改革和发展的根本问题。高度重视并认真解决农业、农村和农民问题，是党中央领导集体在长期实践中一以贯之的战略思想。在改革开放之初，小岗村实行了土地承包到户，勇敢地迈出了改革的第一步。但是旧的思想、制度仍然禁锢着许多人的思想和行为。在这种情况下，是政府的引导与支持将这一行为上升为国家意志，推动了改革向纵深发展。此外，在40年的发展中，国家相继出台了一系列政策，做出了许多攸关农民切身利益的重大改革，如取消农业税，减轻农民负担；实行粮食直补和良种补贴，让利于民；实行新农村建设，优化农民生产生活环境；推行新农合、新农保等社会保障制度，让农民安居乐业；开展农村扶贫攻坚，帮助贫困人口脱贫致富；不断完善农业转移人口基本公共服务和农民工权益保护制度，保障农民能够在

城市"进得来、留得住"。1982—1986 年、2004—2018 年，中央"一号文件"更是连续多年聚焦"三农"，这充分表明了党中央对农村、农业和农民的热切关注。党中央一直坚持把解决好"三农"问题作为全党工作重中之重，为湖北层面乃至全国的农民发展提供了强有力的保障，农民的收入才能够实现巨大的提升，农民的生产生活条件才能够得到根本性的转变。

二　积极围绕党政路线，全面落实各项政策

"三农"工作的顺利开展，除了宏观上的顶层设计外，还有赖于省级层面上的重视。一直以来，湖北省委、省政府坚持以中共中央为领导核心，以党中央历次会议精神为指导，围绕中心、突出重点，切实履行党对农民的各项政策。20 世纪 80 年代，湖北将自身定位为农业大省和全国重要粮棉生产基地，坚持把发展农业放在首位，积极稳妥地调整农村经济结构。此后，在传统农业向现代农业转变的关键时期，湖北省委、省政府提出了要实现由"农业大省"向"农业强省"的跨越；2014 年，再次表明坚持以习近平总书记提出的"农业强、农村美、农民富"为全省"三农"工作的总目标。认识决定思路，湖北省为了抓好"三农"工作，在资金安排和干部配备等方面主动向"三农"倾斜，从上至下形成了"支农、谋农、爱农、建农"的强大合力和重视农村、支持农业、关心农民的氛围。正是湖北省委、省政府不折不扣地落实了这些政策，矢志不渝地践行党中央相关惠农政策，才真正让全省农民群体得到了实惠，切实扭转了"农民真苦、农村真穷、农业真危险"的窘迫局面，使湖北省现代农业得到迅猛发展，农村生活环境明显改善，农民的收入连续翻番，湖北"三农"事业发展焕发出了蓬勃生机与活力。

三　遵循因地制宜原则，充分发挥地方特色

湖北的"三农"工作，既具有全国"三农"工作的普遍性，又具有地方上的特殊性。在具体实践过程中，湖北省委、省政府坚持实事求是的原则，因地制宜，通过发挥地方干部和农村群众的主动性、积极性，创造出了许多"湖北模式"，为当地农民谋得了更多福利。如"沙洋模式"提出实行土地按户连片耕种，提高了土地农业生产效率，增加了农

民收入。"咸安模式"实行农业综合配套改革，理顺了农村基层管理体制，减轻了乡镇财政负担，提高了农村治理效能。秭归县"幸福村落"模式通过发挥村民自治的积极性和创造性，实现政府组织、社会组织和市场组织有机结合，形成了有效的乡村社会治理模式①。此外，在农村基础设施建设中，宜都农村实行个人参与型的 PPP 融资模式②，破解了新农村基础设施建设中的资金筹集难题，为农民开展农业生产提供了良好的条件。在扶贫开发中，秭归县的"1119"整村推进工作模式，讲究村户并扶、以村带户、直扶到户、村户共享的做法，推动了当地更多贫困人口的发展，得到了党中央的认可。历史经验告诉我们，基于地方特色的有益探索与实践创新，是农村蓬勃发展、农民生活条件持续改善的源源动力。

四　坚持体制机制创新，持续带动农民发展

　　机制体制不畅是阻碍农村发展和农民增收的制度障碍。在湖北农村取得的巨大成就中，很重要的一点就是通过机制体制改革先行，以此来解决农村上层建筑与经济基础不适应的深层次问题，创造了有利于农民增收、农业发展的制度环境。1978 年，将"一大二公"的人民公社制度转变为以家庭联产承包经营为基础、统分结合的双层经营体制，激发了农民生产积极性，解放了农村生产力，农民的生活也由衣食不足到基本温饱得到解决并有额外剩余。在农产品销购体制上，实现了从统购统销到有计划的市场调节"双轨制"，再到市场化流通体制的转变，使得市场在资源配置中发挥了基础性的作用，也确保了农民利益更好地实现。2005 年，取消了沿袭千年的农业税费，极大地减轻了农民负担，增强了农业和农村发展活力，也为农民平等参与市场竞争奠定了基础。自 2006 年起，以农村乡镇机构、农村义务教育、县乡财政管理体制改革等为主要内容的配套改革，有力地破解了制约农村经济社会发展的体制机制性

---

　　① 谭志、陈瑶：《武陵山片区乡村社会治理模式研究——以湖北秭归县"幸福村落"治理模式为例的分析》，《吉首大学学报》（社会科学版）2015 年第 6 期。

　　② 郑春美、唐建新、汪兴元：《PPP 模式在我国农村基础设施建设中的应用研究——基于湖北宜都农村水利设施建设的案例分析》，《福建论坛》（人文社会科学版）2009 年第 12 期。

障碍，消除了制约农民生活水平提升的深层次矛盾，为农村建设发展增添了新的动力和活力。今后的农村改革和发展，也应该以这一基本经验为立足点。

五　秉持农民需求导向，维护农民切身利益

"三农"问题的核心是农民问题。习近平总书记多次强调，"中国要富农民必须富""要尊重农民意愿和维护农民权益"。在湖北改革开放的40 年里，始终坚持在党的领导下，在改革的每个步骤、每个环节的推进上，以农民需求为导向，以农民利益为根本。如 1985 年，在全国农民整体负担凸显的趋势下，湖北不断下调困难农民群众的农业税起征点，严厉打击税费负担外的其他乱收费现象，以缓解农民生计压力。为了解决农村困难群众的生活问题，湖北省委、省政府加大了精准扶贫的力度，以实现到 2019 年底全面完成脱贫攻坚任务。近年来，实行新型农村合作医疗、新型农村社会养老保险、最低生活保障、五保户供养等在内的一系列社会保障制度，保障范围逐步扩大，保障水平不断提高，让广大农民群众老有所依、病有所养。大力关注湖北农村留守老人、留守妇女、留守儿童、农民工及流动儿童等群体，保障他们在农村的生产、生活、教育、安全问题及在城市的各项基本权益，为他们舒心得体的生活夯实了基础。这一系列政策，为农民谋得了福利，也得到了广大农民群体的支持，激发了农民群体撸起袖子加油干的热情。实践证明，只要把农民利益作为各项工作的根本出发点和落脚点，就会得到农民群体的支持和拥护，就能取得成功。

六　立足湖北省情民情，循序推进改革步伐

40 年来湖北农民取得的辉煌成就，很重要的一点在于不间断地改革。湖北农民群体的发展经历了三次大的改革。第一步，实行以家庭承包经营为核心的农村经营体制改革，彻底改变了农村经营方式，极大地解放了生产力；第二步，实行以农村税费改革为核心的国民收入分配关系改革，使农民彻底摆脱了负担困扰；第三步，实行以促进农村上层建筑变革为核心的农村综合改革，为农民创造了更加美好的生活生产环境，保障了农民的物质利益，维护了农民的民主权利，解放和发展了农

村生产力。在 40 年的改革过程中，根据发展的不同阶段面临主要矛盾和问题的不同，确立了不同的方针，如在改革的前期，坚持的是效率优先、兼顾公平的方针，而在改革后期，则更为关注公平，致力于缩小城乡差距与贫富差距。在具体实施时，做到了在考虑湖北省情的基础上，通过试点，由点到面、从局部到整体，循序渐进推进，又坚持根据不同阶段政策的不同重点，一脉相承、依次递进，避免了农村经济和社会的大震荡，实现了农业经济长期、健康的发展和农民收入的持续稳定增长。

第三节　湖北农民群体的发展空间

改革开放至今的 40 年时间里，湖北省农民群体在党中央、湖北省委、省政府、各级地方政府的团结带领下，努力奋进，顽强拼搏，在各领域内均取得了令世人瞩目的成就，同时也积累了大量宝贵的发展经验。但从哲学的唯物辩证法的角度来讲，我们要常用矛盾的观点看待问题，任何事物的发展都具有两面性。马克思主义认为任何事物都是作为矛盾统一体而存在的，矛盾正是事物发展的源泉和动力。纵观湖北省农民群体的 40 年发展历史，虽较改革开放前获得了长足进步，但从其对立面来看，农民群体在享受改革发展成果的同时，也面临着来自方方面面的挑战，这些挑战正在逐渐暴露出农民群体发展的新问题、新障碍。因此，透过全书内容，本节旨在总结漫漫 40 载湖北农民群体发展中存在的不足之处，拓展可供农民群体继续提升的发展空间，借以希望在未来的改革征途中，推动湖北省农民群体的整体发展水平更进一步。

一　认清历史发展趋势，破除农民阶级局限

从改革开放前的农村合作社社员，到家庭联产承包责任制实施后的承包户，再到乡镇企业中的企业工人，最后到浩浩荡荡的农民工大军，农民群体在不同时期扮演着不同的角色。越来越多的农民"离土又离乡"，乡土情结越来越淡。尽管一纸农村户籍仍然证明着其"身份"，但其生活的重心已然转向城市。

湖北省在厘清改革开放 40 年中农民群体的发展脉络时，要承认历史

发展的必然趋势，即相当一部分乡村正在或者已经衰亡，部分农民已经被淘汰或正在被淘汰的路上。这并不是一种消极的观点，它反而能够促使我们始终保持清醒的认识，今后的农民不再和以前或是现在相同，他们将形成一个新的社会群体和社会阶层。只有认清历史发展的必然趋势，我们才能够有针对性地促进农民群体的整体发展。

逐步破除农民的阶级局限性，改变其落后、狭隘的阶级认知，加大对农民群体的教育工作，是当前湖北省农民发展工作的重要内容。如何做到实现贯穿城乡融合的发展机制，对农民群体"放而有度"，将是今后湖北省"三农"工作需要考虑的重点。

二 加快湖北乡村振兴，提升农民发展信心

湖北省农村地区的改革开放之路全面遵循国家政策方针，扎扎实实，稳步推进。以家庭联产承包责任制为序幕的农村改革为湖北农民带来了一系列的福利，特别是全省在税收、贷款、经营范围等方面的政策放宽与政策扶植，推动了农村经济的快速发展，从整体上提升了全省农民的生活水平。

尽管 40 年来湖北的农村经济提升明显，但仍存在地区差异大的难题。尤其是在老少边穷的山区，贫困依然是我们需要继续抗争的对象。大力促进农村地区经济均衡发展，在新时期仍将是湖北省需要重点关注的议题之一。经济基础决定上层建筑，只有均衡打牢各地区农村的经济基础，我们才能够在其他领域取得突出成绩，才能够"不落一地，不少一人"地带领湖北农民群体建设社会主义新农村。

本书总结了湖北农民群体实现生活条件改善的三条路径，其中"新时代下崛起的新中农"与"勤劳致富的兼业农民"对农村内部的经济发展起到了关键性作用。他们有知识、有能力、有气魄，是农村中不可多得的宝贵财富。尽管如此，湖北省在针对此类"人才"的支持力度上仍然缺乏韧性，在持续性的优惠条件输出上需要再接再厉。而第三条实现路径的主角是那些迫于生计压力外出务工的农民。虽然这种"离土又离乡"的工作模式为其家庭暂时缓解了经济生活上的部分压力，但"留不下的城市与回不去的农村"的现实情况令这些外出务工农民颇感无奈。如何保障这部分农民群体在城市务工生涯结束后，回归农村依然能够获

得高质量的生活条件，如何在其生长的"根"中继续发光发热，值得我们进一步深思。

由于湖北农村地区内部发展的异质性特征较为明显，农村在城乡二元的发展态势中则更加处于不利地位。城市居民获得的经济收入、就业机会、教育资源、医疗条件、文化娱乐福利等均显著超过农村居民。在湖北农村的调研中，我们发现，凡是涉及同城市方面的比较，中老年农民的回答较为一致。"那肯定是城里好""希望子代能到城里去生活""做农民没啥出息"，这样的悲观语句在调研记录中比比皆是。不仅如此，在对武汉市农民工的访谈中，大部分的湖北农村年轻人用"封闭""落后""凋敝"等词汇来形容当前的湖北农村。再同时结合以往针对农民群体发展的大量实证研究，本书深刻了解到农民自身对其身份认同已经发生了本质上的变化，尤其在新生代农民工群体中体现得更为明显，"既不愿做农民，又无法做市民"是这类新生代群体所面临的最为挣扎的现实局面。

身份认同——本书欲暗中表达的中心问题，是点睛之笔。我们努力透过湖北农民群体发展的各个方面来揭示这一不得不面对的现实情况，希望能够引起社会各界的关注。同时，寄希望于湖北省能够从多方位、立体化的角度出发，实现湖北乡村振兴，将农民心里的"根"真正留在荆楚的田野大地间。

三 深入村民自治理念，保障农民土地权益

改革开放40年的"芳华"中，除了湖北农民群体的经济发展之路越走越宽阔外，农民群体"当家做主"的政治地位感与各项权利保障程度也在节节攀升。广大湖北农民不仅更为积极地参与到国家的政治生活中来，对其各项基本权利的保障、利益的维护也更加到位。但是通过走访调研，我们也不难发现，村中各项集体事务的决策流程仍需要进一步规范化，村民的政治生活参与形式应更加多元化，农民各项权益诉求的渠道应更为畅通化。在此三方面上，本书认为湖北农村提升潜力巨大，村民自治的发展空间仍存，需要从中挖掘新特点、弥补新不足。

通过实地调研，我们发现在湖北农民群体各项权益的维护中，土地权益占据重要地位。土地自古以来便是农民赖以生存的根本，依据访谈

资料可以看到，与土地相关的冲突也是当前湖北农村最主要的冲突形式，其中冲突性征地与农户之间的土地冲突是两种典型代表。由冲突性征地而凸显的重要问题仍然离不开土地确权，即农村土地的各项权力的划分问题依然存在。农户间的土地冲突往往因对某一事件的不满而上升到通过土地泄愤，劝和、隐忍是大多数村民的被迫选择，并不是一条权益维护的正确之路。

湖北省农村在未来的改革时期内，深化村民自治理念、合理保障农民土地权益的工作目标应更为实际，需要从中进一步探索出符合地方特色的治理方式，充分兼顾到湖北各地农民的切身利益需求。

四 完善农村社保体系，福泽农村留守群体

通过改革开放 40 年的发展，湖北省农村地区的社会保障事业取得了可喜的成绩。但同时期横向比较来看，其与国内其他发达省份的农村地区仍旧差距明显。主要体现在社会保障面相对不够宽阔、保障水平相对较低。

目前，湖北省老年人口比重不断攀升，农村养老压力进一步加重，这对于湖北省养老保险制度的效用发挥提出了相当大的考验。一方面，农村养老保险供款额度低，对农民未来生活并不能切实起到保障作用。另一方面，由于受国家财力限制，养老保险并没有国家的财政兜底，导致养老保险本质上来说是农民个人的"储蓄积累"。

就湖北农民群体而言，农村医疗保险仍有待进一步完善。对于家庭收入不高的村民，医疗保险的费用相对过高，这类村民存在负担不起医疗保险的困难。同时医疗保险的报销项目限制多、报销比例低，农民群体整体的医疗负担重，因病致贫、因病返贫的现象普遍存在。除了"看病贵"的医疗负担外，"看病难"的问题也较为突出。这里的"看病难"主要是指湖北农村的医疗卫生设施、医疗卫生人才等相对落后，广大农民整体医疗资源有限。

湖北农村外出务工人员的比重较大，且多为中青年劳动力，其肩负着维持家庭生计的重任。又由于其工作具有较强的流动性，且多选择非正规就业渠道，农村外出务工人员在就业过程中难以得到"五险一金"的全面保障。

农村"三留守"群体属于农村弱势群体的典型代表，其中留守老人的精神赡养、留守儿童的亲子教育、留守妇女的情感慰藉等诸多现实问题也同样存在于湖北广大农村地区。针对农村留守群体的相关政策措施，湖北省相对落实缓慢。

湖北农村在社会保障体系的完善、留守群体的福利工作中仍有大幅度的提升空间。想农民之所想，急农民之所急。做好后方的全面保障，方能进一步繁荣湖北农村、增强农民归属感。

五　整顿不良村风民风，传递生活正向能量

改革开放40年以来，湖北省广大农民受益于农村各项优惠政策，就业的渠道也愈加宽阔，对土地的依赖程度大大减轻。农民群体的整体经济状况得到了有效改善，经济收入稳步提升。农民腰里的钱包虽鼓起来了，但自私冷漠的个人主义也正逐渐取代集体主义。告别了集体公社、"大锅饭"的时代，"多劳多得、少劳少得、不劳不得"的进取机制以及无处不在的市场经济理念已经深深烙印在广大湖北农民的心间。加之受益于城镇化和现代化进程的不断推进，湖北农村劳动力流动频繁，农民群体的社会交往范围正在不断扩大，他们已经逐步走出传统"熟人社会"的交际圈，迈入了"半熟人社会"中。"短频快""理性计算""人际投资"等已经成为现今湖北农村"半熟人社会"的核心特征。就在这不知不觉中，改革开放初期的热闹非凡、互串邻里的祥和场景渐渐"谢幕"，取而代之的是一笔笔薄如云水的人情账。就在这一笔笔人情账中，不良的"人情风"开始刮了起来，而且越刮越烈。人情消费的攀比心理在不停作祟，人情消费占家庭总支出比重日益增大，给一些农村困难家庭造成了沉重的经济负担。

此外，虽然农村中的一些基础性的公共文化硬件设施配备较齐，但存在综合利用率不高的现象，大量的健身器材、农村书屋等公共文化设施无法得到有效利用。农民群体的精神生活缺乏富有时代精神的先进文化的引领，他们在日常的闲暇生活中找不到其他乐趣，而打牌赌博则成了他们消磨时光的主流活动。"赌博风"的不良社会风气的盛行将在一定程度上影响湖北农村先进文化的建设和农民群体新风气的塑造。

湖北农村在村风民风的营造上仍需继续加强，坚决抵制"面子工

程",调整农村干部对待"人情风""赌博风"坐视不管的心态,从实际行动上逐步破除"人情风""赌博风"等不良风气。

六 丰富农村教育资源,改变落后教育观念

湖北农村地区特别是贫困山区,适龄儿童的入学率低、辍学率高。其中全书提到的一个最为关键的原因是农村学校少,不少儿童因为学校离家过远而放弃读书。农村基础教育的学校数量不足只是农村教育资源欠缺的一个缩影,实际上,不单单是在"量"上面的缺乏,在"质"的方面,湖北农村学校的教育质量也远远不能同湖北省各级城市的基础教育学校相提并论。湖北省的整体城乡教育水平差距显著,在师资力量、基础教育设施、教育经费投入等方面湖北农村地区依然相对落后。

除此之外,湖北农村地区的家长教育观念总体向好,但"读书无用论"仍旧存在于一些农村家庭中。令人惊讶的是,推崇"读书无用"观点的农村家庭中也存在不少高收入群体。这些高收入群体大多受教育程度不高却身怀一技之长,他们对其子女的教育期望也普遍不高,同时更多地希望其子女也拥有一门独到的"手艺","一招鲜吃遍天",此生足矣。我们认为,这样的教育观念无疑将对子女的学习动力产生持续的破坏性作用,不利于农村高素质人才的广泛输出。

湖北省在城乡教育资源分配上应予以重视,加大农村地区的教育资源投入力度,逐步缩小城乡教育水平差距。同时,破除农村"读书无用"观点,加强对广大农村家长的宣传教育工作和积极的教育观念的培养也将是未来农村教育中的关键一环。

七 关爱农业转移人口,推进市民化新长征

改革开放以来,尤其在近 20 年的时间里,进城务工成了大多数湖北农村劳动力的首选。他们奋斗在城市中的中低端行业,依靠勤劳的双手和踏实的性格博得了颇丰的收入。依据湖北农民工的不同年龄层和其在城市中所从事的行业种类,通过类型学的划分,我们可以初步看到老一辈农民工(亲代,目前集中于"50"后、"60"后)多集中在"纯苦力"型的行业里(最为典型的便是建筑业农民工),他们受教育程度较低、接受新鲜知识能力较弱,同城市的步调格格不入;新生代农民工(子代,

目前集中于"80"后、"90"后）多集中在"半体力半技术"型的行业里（如制造业农民工）。他们的受教育程度较其父辈虽有所上升，但在新时代的就业竞争环境下，依然不足以胜任高要求的职业。不过新生代农民工们的认知能力较强，能够在较短时间内适应城市的快节奏生活。老一辈农民工的终极目标是赚钱回村，新生代农民工则渴望获得成为真正的城市人的机会。对于这两代农民工，其共同面临的问题依然很多，如在政治制度保障中缺乏一定的话语权（如选举权），经济权利保障上遭遇不同程度的危机（超时工作、拖欠工资），文化权利保障容易被忽视（如就业培训、进城子女的教育），社会福利保障面覆盖较窄（如相关保险项目的缺失），这些棘手的现实问题需要湖北省全面结合城乡发展的现状予以逐步解决。

本书的第五章重点关注了湖北省两代农民工的城市融入和身份认同情况，特别重视新生代农民工的发声。通过实地调研，我们总结出湖北省新生代农民工目前面临着来自城市排斥和自身"内卷化"的压力，难以对城市形成归属感与亲切感。同时这一代农民工缺乏一定程度的"乡土情结"，被称为"无根的一代"。湖北省对于新生代农民工的关爱政策仍有巨大的提升空间，对于其市民化的进程需要进一步扎实推进。本书的第五章同时涉及了"第三代进城农民"，主要是指随新生代农民工一同进入城市的子女，这些流动儿童无法享受到与城市孩子们平等的教育机会和同等的教育资源，未来的发展之路更为堪忧。

全书通过对改革开放40年来湖北农民群体所取得的成就、发展的成功经验以及发展中存在的不足之处进行梳理总结，能够使我们在取得成就的同时保持清醒的忧患意识，以期在湖北省未来的发展过程中能够为农民群体谋得更多的福利，不忘改革初心，创造出更多的湖北农村奇迹！

参考文献

顾东辉：《社会工作概论》，复旦大学出版社 2008 年版。

陆学艺：《当代中国社会流动》，社会科学文献出版社 2007 年版。

王竹林：《城市化进程中农民工市民化研究》，中国社会科学出版社 2009 年版。

蔡禾：《"农民工"永久迁移意愿研究》，《社会学研究》2007 年第 6 期。

陈柏峰：《熟人社会：村庄秩序机制的理想型探究》，《社会》2011 年第 1 期。

陈俊峰、杨轩：《农民工迁移意愿研究的回顾与展望》，《城市问题》2012 年第 4 期。

陈庆春：《湖北农村 20 年改革发展》，《政策》1998 年第 12 期。

陈铁铮：《当前农村留守老人的生存状况——来自 258 位农村老人的调查》，《湖北社会科学》2009 年第 8 期。

陈晓华：《大力培育新型农业经营主体——在中国农业经济学年会上的致辞》，《农业经济问题》2014 年第 1 期。

程名望、史清华、潘烜：《劳动保护、工作福利、社会保障与农民工城镇就业》，《统计研究》2012 第 10 期。

楚向红：《河南省新农村建设中留守妇女问题研究》，《学习论坛》2008 年第 11 期。

戴宗芬：《湖北农村改革发展与思想文化建设》，《湖北社会科学》2011 年第 11 期。

房列曙、张神根：《新时期农村经济体制改革的历程及特点》，《中共党史研究》，2008 年第 2 期。

甘信奎：《村民自治与农村政治体制改革》，《学习论坛》2002 年第 7 期。

姜法芹：《乡镇企业的历史发展与特点浅析》，《首都师范大学学报》（社会科学版）2003 年第 6 期。

李长健、陈占江：《湖北农村文化转型困境与化阻发展机制研究》，《江汉大学学报》（社会科学版）2007 年第 4 期。

李金铮、邹晓昇：《二十年来中国近代乡村经济史的新探索》，《历史研究》2003 年第 4 期。

李强、龙文进：《农民工留城与返乡意愿的影响因素分析》，《中国农村经济》2009 年第 2 期。

李强：《影响中国城乡流动人口的推力与拉力因素分析》，《中国社会科学》2003 年第 1 期。

李卫武：《湖北农村改革与发展的几个问题》，《湖北社会科学》1992 年第 2 期。

廖传景、韩黎、杨惠琴、张进辅：《城镇化背景下农村留守儿童心理健康：贫困与否的视角》，《南京农业大学学报》（社会科学版）2014 年第 2 期。

刘传华：《农民阶层分化与农民政治参与的关联分析》，《中国青年政治学院学报》2011 年第 2 期。

刘义强：《建构农民需求导向的公共产品供给制度——基于一项全国农村公共产品需求问卷调查的分析》，《华中师范大学学报》（人文社会科学版）2006 年第 2 期。

鲁礼新：《1978 年以来我国农业补贴政策的阶段性变动及效果评价》，《改革与战略》2007 年第 11 期。

唐绍洪、刘屹、张春华：《从"统治"到"治理"：我国农村政治体制改革的轨迹嬗变》，《社会主义研究》2010 年第 2 期。

仝志辉：《农村政治体制改革三十年的回顾与前瞻》，《科学社会主义》2008 年第 6 期。

王静：《新中国成立以来农产品物流制度变迁及其启示》，《陕西师范大学学报》（哲学社会科学版）2012 年第 1 期。

王明生、杨涛：《改革开放以来我国政治参与研究的回顾与展望》，《清华大学学报》（哲学社会科学版）2011 年第 6 期。

王晓亚:《农村留守老人的生活照料问题探讨》,《郑州大学学报》(哲学社会科学版) 2014 年第 3 期。

王月辉、任兆昌:《中国农民现代化战略的演进与思考》,《云南农业大学学报》2009 年第 6 期。

夏显力,张华:《新生代农民工市民化意愿及其影响因素分析》,《西北人口》2011 年第 2 期。

萧放:《湖北农村文化发展的新构想——读〈荆楚文化金三角发展模式〉》,《湖北社会科学》1999 年第 1 期。

徐玮:《试论当前中国农民的政治参与》,《江西社会科学》2001 年第 7 期。

叶青:《湖北城镇化路径》,《中国经济报告》2013 年第 9 期。

袁方、史清华:《收入不平等与农民工福利》,《管理世界》2013 第 10 期。

曾欣龙、圣海忠、姜元、朱述斌:《中国农产品流通体制改革六十年回顾与展望》,《江西农业大学学报》(社会科学版) 2011 年第 1 期。

张丽君:《改革开放以来农村干群矛盾的演化》,《湖北大学学报》(哲学社会科学版) 2008 年第 6 期。

张丽、李毅弘:《社会组织在农村社会建设中的作用于调适》,《中共云南省委党校学报》2014 年第 2 期。

邹进泰、刘秀清:《完善农村社会保障制度 推动和谐湖北的建设》,《理论月刊》2006 年第 1 期。

陈英:《滑县农村留守妇女婚姻幸福感调查》,硕士学位论文,郑州大学,2012 年,第 19—26 页。

董岱:《农村留守老人的养老现状及其解决思路——基于临县 D 村的实证研究》,硕士学位论文,山西大学,2011 年,第 10—34 页。

高旭:《江西农村留守儿童教育问题对策研究——以万安县为例》,硕士学位论文,南昌大学,2015 年,第 27—41 页。

李瑞杰:《改革开放以来中国农民的历史地位分析》,硕士学位论文,山东师范大学,2014 年,第 31—61 页。

刘雨时:《农村留守妇女的情感需求及其社会支持研究——以湖南 G 村为例》,硕士学位论文,湖南师范大学,2014 年,第 21—23 页。

莫继雄：《关于农村留守儿童的研究》，硕士学位论文，陕西师范大学，2013 年，第 17—41 页。

熊亚：《城镇化进程中农村留守儿童教育问题研究》，硕士学位论文，华中师范大学，2007 年，第 20 页—59 页。

晏俊杰：《城镇化进程中的农民政治化问题研究——以湖北襄阳某村为例》，硕士学位论文，武汉理工大学，2013 年，第 30 页。

尹亚：《多元共治模式下农村留守老人养老公共服务供给研究——基于重庆 311 名留守老人的调查》，硕士学位论文，重庆大学，2016 年，第 32—42 页。

岳博闻：《论社会主义新农村建设中的农民主体性——农民主体性的政治社会学分析》，博士学位论文，吉林大学，2006 年，第 9—13 页。

臧延芬：《农村留守儿童道德教育探析》，硕士学位论文，北京交通大学，2014 年，第 18—41 页。

赵长勇：《湖北农村小城镇发展研究》，硕士学位论文，华中师范大学，2004 年，第 5—7 页。

郑涛：《城镇化进程中失地农民利益诉求问题研究》，博士学位论文，华东师范大学，2013 年，第 5—11 页。

访谈提纲

一 村干部

(一) 村里的基本情况

1. 地形地貌、交通条件、基础设施、人口结构、土地面积、经济水平、生产方式、人口流动情况、为什么流动，该村与镇里其他村情况的比较？

2. 讲述一下自你有记忆以来（或自你担任村干部以来），你们村这么多年的发展变迁，其中最显著的变迁体现在哪些方面？这么多年以来村里发生的重大事件你还记得多少？详细地讲一讲。

(二) 村里的经济状况

1. 你村农民内部分化情况，贫富差距是否很大？富人比例，穷人比例，外出务工比例及原因。

2. 村里有没有村民合作社？农民参与比例，参与意愿如何？村里有没有集体企业？这些集体企业具体都是做什么的？村民在其中可以获益多少？

3. 村民抛荒严不严重（抛荒面积）？村里是否有土地流转的情况（流转土地面积、流转对象、流转方式、收益方式）？如果国家有偿征用你家的土地，你愿意吗？你觉得你家的田和地对你家的生活总体作用怎样？

4. 村里有没有什么特色产业（面积、产量、销售、发展模式、效益、利益分配方式、存在的问题）？

5. 有外来人员到你村投资进行农业生产吗？有多少人？以什么样的方式进行农业生产的？他们给农村带来哪些变化？

（三）村里的政治状况

1. 村里是否发生过征地的情况？民众是否支持？有没有出现过因征地引起的官民冲突事件？有的话怎么解决的？

2. 村里民众是否具有凝聚力？是否响应国家政策（土地确权参与性高不高）？村民是否好管理？村里是否有乡村混混，地痞流氓？

3. 你或者村里人经历过哪些权利受损的情况？通过什么途径解决的？村里上访闹访的情况多不多？你觉得现如今农民的政治地位跟以前相比，变得如何？

4. 国家涉农政策在村子里是如何贯彻的？国家在涉农政策上有哪些问题吗？

（四）村里的社会状况

1. 你村在村民享受社会保障（新型农村合作医疗、新型农村社会养老保险等）方面工作做得怎样？全村享受这些社会保障的比例有多大？你认为这些社会保障对农民帮助大吗？

2. 你村村民在平日里的交往情况如何？村民凝聚力强吗？

（五）村里的文化状况

1. 村民普遍对教育的重视情况如何？一般都支持孩子完成学业到什么文化层次？本村学校的教育质量、师资力量如何？改革开放以前你村在这方面大致是什么情况？

2. 村里的公共文化设施都有哪些？村民们反映的公共文化需求还有哪些？改革开放以前你村在这方面大致是什么情况？

3. 村里的文化福利（如定期播放露天电影、组织广场舞比赛等）都有哪些？改革开放以前你村在这方面大致是什么情况？

4. 在你村，面子文化盛行吗？如建造新房子、秀车、互相攀比。

（六）其他问题

你觉得你未来可以为本村的发展做些什么？

二　普通村民

（一）农户家庭基本情况

1. 家里基本情况，一共几口人，未成年子女各几个？65 岁以上老人几个？有效劳动力几个？出去打工的几个？你在农村的工作情况？全职务工？兼业农民？经商？房屋面积与结构？

2. 讲述一下改革开放以来你自己或你的家庭是怎么一步步发展成当前的情况。村里改革开放以来发生的重大事件你还记得多少？你感受到的最显著的变化有哪些？

3. 你觉得改革开放以来农民的社会地位是提高了还是下降了？体现在哪些方面？

4. 有外来人员到你们村投资进行农业生产吗？有多少人？以什么样的方式进行农业生产的？他们给农村带来哪些变化？

（二）农户的经济状况

1. 生产生活方式、家庭年收入、家庭消费（详细问）、家庭储蓄、借贷与投资；家里劳动力工作情况？（同时询问与 5 年前、10 年前或是更早的时期相比，这些状况发生了怎样的变化，具体举例谈一谈）

2. 村里出去打工的人多吗？他们为什么出去打工？你想出去打工吗？为什么没有出去打工？你觉得出去打工的人以后还会回来做农民吗？

3. 你是否有加入过村民合作社？村里的集体企业你有加入吗？收益如何？

4. 你家土地抛荒严不严重（抛荒面积）？家里是否有土地流转的情况（流转土地面积、流转对象、流转方式、收益方式）？如果国家有偿征用你家的土地，你愿意吗？你觉得你家的土地对你家的生活总体作用怎样？

5. 你在村子里属于什么层次，是有钱的，还是没钱的，还是属于中间的？与你同属于一个层次的人多吗？

（三）农户的政治状况

1. 与改革开放之前相比，你觉得村里的农民是更加分化了还是更加团结了？为什么会出现这种变化？

2. 你经历过哪些权利受损的情况？通过什么途径解决的？你有上访闹访过吗？你觉得现如今农民的政治地位跟以前相比，变得如何？政治权利是否得到了应有的保障？

3. 你认为国家在涉农政策上有哪些问题？

（四）农户的社会状况

1. 你有享受社会保障（新型农村合作医疗、新型农村社会养老保险等）吗？你认为这些社会保障对你帮助大吗？

2. 你在平日里的交往情况如何？闲暇时间里如何度过？你认为你村里的村民凝聚力强吗？

（五）农户的文化状况

1. 你重视家里孩子的教育吗？你支持孩子完成学业到什么文化层次？你觉得你村学校的教育质量、师资力量如何？改革开放以前你村在这方面大致是什么情况？

2. 你觉得村里还应该为村民解决哪些公共文化需求？改革开放以前你村在这方面大致是什么情况？

3. 你村的一些文化福利你是否享受到？改革开放以前你村在这方面大致是什么情况？

4. 在你村，面子文化盛行吗？如建造新房子、秀车、互相攀比。你认为你家在村子里面子大吗？在村子里地位如何？

（六）其他问题

1. 你喜欢做农民吗？你觉得做农民有前途吗？

2. 你觉得农民与城里人之间有差距吗？存在的最大差距是什么？

3. 农民、农村、农业发展最大的问题是什么？

4. 对将来的生活，你有什么打算？

三　农民工

（一）家庭及个人基本情况

1. 老家所在地？家里基本情况？（一共几口人，未成年子女各几个？65岁以上老人几个？有效劳动力几个？出去打工的几个？）个人基本情况？（年龄、从事行业、受教育水平、特殊技能）

2. 一个人出来打工的吗？（如果是结婚了并且孩子已经上学了）配偶从事什么行业？（配偶在家里做什么？）家里有几个孩子，进城了吗？在哪里读书，村里，乡镇，还是在武汉市上学？

3. 你在村子里属于什么层次，是有钱的，还是没钱的，还是属于中间的？与你同属于一个层次的人多吗？

（二）打工经历及工作、生活情况

1. 讲述一下在城市里的工作经历。（什么时候来城市的？为什么出来打工？来了多久了？换了几份工作？为什么要换工作？怎么找到工作的？工作好找吗？工资多少？工资由哪几部分组成？）你住在哪里（城乡接合部、棚户区、单位提供宿舍）？居住环境如何？每个月支出如何？每个月寄多少钱回去？寄回去的钱主要是用于哪些地方？对改善家里情况用处大吗？

2. 讲述一下你们老家村里，自你有记忆以来的发展变化。

3. 讲述一下你们家里情况，自你有记忆以来的发展变化。

（三）社会保障情况

你在武汉这边享受到的社会保障、社会福利都有哪些？

（四）社会交往及融入情况、

1. 你在这里的朋友多吗？都是哪些朋友？与城里人交往多吗？打算在武汉买房吗？还是回到乡镇买？或是回到村里自己重新盖个房子？

2. 你怎么看待城里人？他们友善吗？怎么看待城里生活？你习惯这里的生活吗？

3. 对城市最大的感受是什么？你能融入城市里来吗？你觉得你是城里人吗，为什么？你多久回一次老家？多久和老人家人联系一次？回老家最大的感受是什么？老家和城市有什么不一样的？

4. 你觉得农民与城里人之间有差距吗？存在的最大差距是什么？

（五）未来打算与计划

1. 你怎么样看待现在这份工作？怎么样看待现在的生活？未来有什么打算？还想不想回到农村生活？

2. 你觉得政府重视农民工吗？如何看待农民工的前景（能够长期留下来还是最终不得不回老家去）？

（六）其他问题

1. 你是喜欢出来打工还是喜欢待在老家？为什么？你觉得出去打工的人以后还会回来做农民吗？对你将来的生活，你有什么打算？你希望你的子女未来成为哪里人？

2. 你觉得改革开放以来农民的社会地位是提高了还是下降了？体现在哪些方面？

3. 农民、农村、农业发展最大的问题是什么？

四　新型农业经营主体

1. 家庭基本情况如何？

2. 讲一下来农村进行投资生产的经历。

3. 为什么来农村投资？投入产出情况如何？觉得农村怎么样，存在哪些问题？农民怎么样？与农民有哪些交往情况，交往如何？未来想继续留在农村吗？愿意自己的子女留在农村吗？

附 件 2

改革开放 40 年湖北农民群体
研究调查问卷

尊敬的农民朋友：

您好！我是武汉大学社会调查研究中心的研究员，受湖北省委、省政府及省社会科学院委托，正在进行一项改革开放 40 年湖北农民群体研究的问卷调查，目的是了解湖北省农民的生存、发展等方面状况。您只需在相应答案的数字上画圈圈 "O"。您怎么想的，就怎么回答，答案无所谓对错。回答问题时，请不要与他人商量。

对于您的回答，我们将按照《统计法》的规定，严格保密，并且只用于统计分析，请您不要有任何顾虑。占用了您的宝贵时间，感谢您的合作！

湖北省社会科学院

武汉大学社会调查研究中心

2017 年 6 月 17 日

1. 您的性别（单选）：（1）男　　　（2）女

2. 您的出生年份：_____年。

3. 您的政治面貌（单选）：（1）党员　　　（2）非党员

4. 您的婚姻状态（单选）：

（1）未婚　　　（2）已婚　　　（3）离异　　　（4）丧偶

5. 您的受教育程度（单选）：

（1）文盲　　（2）小学　　　（3）初中　　　（4）高中

（5）中专或技校　　（6）大专　　　（7）本科及以上

6. 您配偶的受教育程度（单选）：

（1）文盲　　（2）小学　　　（3）初中　　　（4）高中

（5）中专或技校　　（6）大专　　　（7）本科及以上

7. 您家里一共有＿＿＿＿＿＿＿＿人，18 岁以下未成年男孩＿＿＿＿＿＿＿＿人，18 岁以下未成年女孩＿＿＿＿＿＿＿＿人，65 岁以上老年人＿＿＿＿＿＿＿＿人，有效劳动力＿＿＿＿＿＿＿＿人。您家里一共外出务工＿＿＿＿＿＿＿＿人。

8. 家庭收入及支出状况（高位补零）

（单位：元）

项目	百万	十万	万	千	百	十	个
a. 2016 年家庭总收入	[＿＿]	[＿＿]	[＿＿]	[＿＿]	[＿＿]	[＿＿]	[＿＿]
b. 2016 年家庭总支出	[＿＿]	[＿＿]	[＿＿]	[＿＿]	[＿＿]	[＿＿]	[＿＿]

9. 和改革开放以前相比，您认为您家现在的生活水平变得（单选）

（1）下降很多　　（2）略有下降　　　（3）没有变化

（4）略有上升　　（5）上升很多

10. 您家土地使用情况是（单选）

（1）无土地　　（2）没有闲置土地　　　（3）有少量闲置土地

（4）有大量闲置土地　　（5）不了解

11. 和改革开放以前相比，您认为农民对土地的依赖程度变得（单选）

（1）下降很多　　（2）略有下降　　　（3）没有变化

（4）略有上升　　（5）上升很多

12. 和改革开放以前相比，您觉得当今农民整体的政治地位变得（单选）

（1）下降很多　　（2）略有下降　　　（3）没有变化

（4）略有上升　　（5）上升很多

13. 和改革开放以前,您认为当今农民的政治权利得到保障的程度如何? (单选)

(1) 下降很多　　(2) 略有下降　　(3) 没有变化

(4) 略有上升　　(5) 上升很多

14. 和改革开放以前相比,您村的社会风气变得 (单选)

(1) 下降很多　　(2) 略有下降　　(3) 没有变化

(4) 略有上升　　(5) 上升很多

15. 您觉得在享受社会保障 (新型农村合作医疗、新型农村社会养老保险、农村最低生活保障等) 方面,和改革开放以前相比,有什么变化? (单选)

(1) 下降很多　　(2) 略有下降　　(3) 没有变化

(4) 略有上升　　(5) 上升很多

16. 和改革开放以前相比,您认为农民享受的文化福利变得 (单选)

(1) 下降很多　　(2) 略有下降　　(3) 没有变化

(4) 略有上升　　(5) 上升很多

17. 您对农民未来的发展有信心吗? (单选)

(1) 非常没信心　　(2) 比较没信心　　(3) 信心一般

(4) 比较有信心　　(5) 非常有信心

18. 您愿意您的子女继续当农民吗? (单选)

(1) 愿意　　(2) 不愿意

19. 您家是否盖了新房? (单选)

(1) 是　　(2) 否

20. 您家的房屋是不是常年有人居住? (单选)

(1) 是　　(2) 否

21. 您出来打工几年了? _____年。

22. 您 2016 年在武汉市工作_____个月,2016 年务工总收入为_____元。

23. 一般情况下,您平均每天工作时间 (含加班) _____小时,每周工作_____天。

24. 您还愿意返乡务农吗? (单选)

(1) 愿意　　(2) 不愿意

25. 您认为自己现在是哪里人?（单选）

（1）本地人　　　（2）新本地人　　　（3）流出地（老家）人

（4）不知道自己是哪里人

谢谢您的合作! 本问卷是匿名问卷，如果您愿意和我们进一步交流，请留下您的联系方式。

姓名：_____　　　联系电话：_____

访问结束。祝您生活愉快!

后　记

改革开放 40 年的发展浪潮中，湖北农民群体展现了其独特的光芒，为湖北经济社会的繁荣稳定做出了巨大的贡献。"吃水不忘挖井人"，湖北农民群体在无数城市人背后默默地耕耘、耐心地付出，这种精神值得我们赞颂。同时，湖北农民群体在其发展过程中所遇到的阻碍也需要更多的力量来一一破除。为此，我们积极撰写了此书，在系统梳理 40 年来农民群体的发展脉络后，发现其优势、找出其不足，为党和国家以及农民群体建言献策。

本书撰写的过程中，我们团队成员频繁出入湖北省档案馆、湖北省图书馆、武汉各大高校图书馆等单位获取了丰富的文献资料，为我们的研究提供了专业性的理论指导。此外，团队成员冒着酷暑，深入鄂南与鄂北农村进行调查，与武汉所在的农民工打成一片，用诚恳的态度、专业的精神打动了受访的农民，取得了宝贵的一手资料。在此感谢全程参与项目调研与书稿框架讨论的胡翔、关远、侯斌、陈洁梅、钱全、刘雪燕、潘玉婉、雷烨 8 名同志。

本书的完成绝非一日之功、一人之力。每一章的作者都付出了千辛万苦的努力，才取得了本书的丰硕成果。以集体的智慧形成了对农民群体发展的独到见解，将农民群体的身份认同作为一个动态的过程，使其成为贯穿全书的主线，每一章、每一节都能够得到精准的剖析。感谢湖北省社会科学院宋亚平院长对本书撰写工作给予的鼎力支持，感谢湖北省社会科学院王金华、毛铖两位老师的大力支持，感谢武汉大学社会学系各位同仁，正是因为有了他们的帮助，本书的撰写任务才得以圆满完成。在此，还要感谢本书的另外两位作者——王晓磊和李梦竹，他们付出极大心血和努力，完成了本书的大部分工作，包括统稿和其他工作。此外，还要特别感谢全程参与本书写作工作的其他同志，他们分别是钟如雨、马丹、关富鹏、闭琢尔、毕文芬、袁祖湘、肖竹、刘天元 8 名同志。

　　总而言之，《改革开放 40 年：湖北农民群体研究》一书其内容既不脱离学术研究的氛围，又保证了适应多样读者群体的可读性，是一部既有理论高度又有实践厚度的好书，值得推荐。

　　本书在撰写过程中难免存在不足与漏洞，欢迎读者在阅读的过程中提出宝贵建议，以便我们后续修改。

林曾

2018 年 7 月 14 日于美国伊利诺伊